浙江科技学院学术著作出版专项资助

保障房住区的空间生产与社会效应

SPACE PRODUCTION AND SOCIAL EFFECT OF AFFORDABLE HOUSING

• 黄扬飞 著

ZHEJIANG UNIVERSITY PRESS
浙江大学出版社

图书在版编目(CIP)数据

保障房住区的空间生产与社会效应 / 黄扬飞著 . —
杭州 : 浙江大学出版社, 2021.9
ISBN 978-7-308-21531-2

Ⅰ. ①保… Ⅱ. ①黄… Ⅲ. ①住宅—社会保障—研究
—中国 Ⅳ. ①D632.1

中国版本图书馆 CIP 数据核字(2021)第 122993 号

保障房住区的空间生产与社会效应

黄扬飞　著

策划编辑	吴伟伟
责任编辑	丁沛岚
责任校对	陈　翩
封面设计	BBL 品牌实验室
出版发行	浙江大学出版社
	（杭州市天目山路 148 号　邮政编码 310007）
	（网址：http://www.zjuprcss.com)
排　　版	杭州林智广告有限公司
印　　刷	广东虎彩云印刷有限公司绍兴分公司
开　　本	787mm×1092mm　1/16
印　　张	12.5
字　　数	245 千
版 印 次	2021 年 9 月第 1 版　2021 年 9 月第 1 次印刷
书　　号	ISBN 978-7-308-21531-2
定　　价	58.00 元

住房，亦称住宅，是指专供人居住的房屋，包括别墅、公寓、职工家属宿舍和集体宿舍、职工单身宿舍、学生宿舍等。从法律上来说，是指供家庭日常起居、外人不得随意进入的封闭空间。《中华人民共和国宪法》第三十九条规定："中华人民共和国公民的住宅不受侵犯。"

住房是人类生存的必需品。结构牢固、外观典雅、环境舒适、功能完善、配套齐全的住房对于保证人类的生活质量和身体健康，保证人们充分休息、调理身心并更加精力充沛地投入工作，具有十分重要的意义。安居乐业，只有安居才能乐业。

合适的住房应具有以下五方面的含义：一是住房品质，包括工程质量和水电卫生设施齐全的程度；二是住房环境，包括优美的住区绿化和便利的交通条件；三是住房数量，包括住房套数与家庭数量的匹配以及家庭人口与住房面积的匹配；四是住房稳定，无论是住房所有者还是租住者，都不会遭到突然或任意的强迁；五是住房经济，主要是指每个家庭都住得起合适的住房，住房消费在家庭收入中占合适的比例。

城市住房是相对于乡村而言的，指位于市镇地域范围内提供给城市家庭居住的住房。城市住房中除了集体宿舍、职工单身宿舍和学生宿舍等一般为机关、企事业单位建设拥有之外，其他住房主要有三种类型：一是政府或公共机构建设并拥有的公共住房，这类住房的房屋和土地所有权、使用权都属国家所有，居民只拥有居住权；二是城市居民建设、购买并拥有的私人住房，这类住房的主体是房改中城市居民购买的房改房、部分城市居民集资建设的集资房和由房地产开发商开发建设的商品房，这类住房的建设用地的所有权仍归国家所有，房屋产权及土地使用权归私人所有；三是由位于城市地域范围内的原乡村农业人口在集体土地建设并拥有的"农民房"，"农民房"的土地所有权归集体所有，房屋及土地使用权归"农民"所有。随着城镇户籍制度改革的推进,"农民"已经转化为城镇居民,"农民房"则成为目前城镇出租房的主要房源。

保障性住房是指政府在对中低收入家庭实行分类保障过程中所提供的限定供应对象、建设标准、销售价格或租金标准,具有社会保障性质的住房。保障房住区是指以保障性住房为主的生活居住空间。

保障性住房是住房市场化的重要补充。作为家庭生活的必需品和一般家庭最重要的财富,住房主要应当通过市场途径进行分配,城市住房问题主要应当通过市场渠道解决。但是,由于市场经济社会是一个竞争社会,再公平的竞争起点和竞争程序,最终都会造成结果的不平均,带来社会的贫富差距。特别是在城市人口快速增长、城市住房相对紧缺阶段,住房价格的过快上涨使得城市中有相当大比例的家庭买不起甚至租不起住房。这时,政府就应当承担起社会保障责任,向不同收入阶层提供不同类型的住房保障。

1966年,联合国通过《经济、社会及文化权利国际公约》明确提出了"确认人人有权享受其本人及家属所需之适当生活程度,包括适当之衣食住及不断改善之生活环境"的社会保障权利。1976年,在加拿大温哥华召开的第一次人类居住大会中,针对发展中国家贫穷落后,特别是有大量人口缺乏住房、流离失所的问题,联合国正式提出了人居问题。1996年,在土耳其伊斯坦布尔召开的第二次人类居住大会提出了"人人享有适当的住房"和"城市化进程中人类住区可持续发展"两大主题,同时通过《人居议程》,敦促各国政府把解决城市住房问题和人居环境问题纳入重要的议事日程。2001年,在纽约召开的"伊斯坦布尔+5"人居特别联大,专门审查和评价了世界各地执行《人居议程》的情况,并邀请联合国所有会员国报告关于其本国和地方执行《人居议程》的情况,以反映政府及其伙伴的意见,评价《人居议程》的承诺和战略的落实情况。

"伊斯坦布尔+5"之后的10年,是我国住房发展最快的10年。随着住房制度改革的逐步深入,以市场为主体的住房建设与发展为城市居民提供了几十亿平方米的城市住房,城市居民住房水平逐年提高,住房条件得到明显改善。但是,市场化在高效发展的同时也带来了越来越严重的住房公平问题,城市住房价格的过快上涨使得很多城市低收入阶层买不起住房,不同收入阶层之间的住房水平差距随着收入差距的拉大而拉大，部分城市居民住房困难问题越来越突出，需要通过进一步完善住房保障措施来解决。

我国自2008年大规模实施住房保障政策以来，保障房建设规模取得了显著成效，基本解决了我国城乡居民住房问题。但是，保障性住房建设在不断发展的同时也显现出不少问题，比较突出的有大规模集中建设、配套设施不完善、空间选址偏僻加剧居住隔离状况和空间分异等，同时不可避免地造就了一系列新的空间生产与再生产，成为我国城市空间重构的主阵地与社会空间重组的主要诱因。本书正是基于此现状，尝试对大规模建成的保障房住区的空间生产与社会效应进行分析、反思，以推动城市住区空间的可持续发展。

目录
CONTENTS

1 绪论

鉴于快速城镇化及高房价带来的广泛的、日益加剧的城市社会矛盾，住房问题被党的十八大报告列为当今社会突出矛盾之一，把城乡保障性住房作为惠民生、促和谐的重要内容。中央到地方明确要求每年的土地供应计划中优先安排保障性住房用地；保障性住房用地在《城市用地分类与规划建设用地标准》（GB50137—2011）中被单列为R20小类，在城乡规划制定过程中进行明确并强制；保障性住房成为住房建设规划的主体，国家、省市各级"十二五""十三五"住房保障发展规划作为专项规划出台。

据住房和城乡建设部数据，自2008年大规模实施保障性安居工程以来，到2018年底，全国累计建设各类保障性住房和棚改安置住房8000多万套，帮助2亿多群众解决了住房困难、改善了住房条件。城镇人均住房建筑面积由1949年的8.3平方米提高到2018年的39平方米。浙江省自2003年在全国率先实施城镇住房保障制度以来，截至2019年底，累计受益城镇住房困难家庭380多万户共950多万人，城镇住房保障受益覆盖率超过23%，人均住房保障面积达到18~20平方米。公共租赁住房基本实现了上年度城镇人均可支配收入80%以下的住房困难家庭"应保尽保"。

保障房建设规模取得了显著成效，基本解决了我国城乡居民的住房问题。但保障性住房建设在不断发展的同时也显现出不少问题，比较突出的有大规模集中建设、配套设施不完善、选址偏僻、居住隔离状况和空间分异加剧等。因此，保障房住区的规划与建设能否切实完成保障目标，推动城市住区空间的可持续发展，"十三五"是关键时期，现在已进入"十四五"时期，也是时候对大规模建成的保障房住区的空间生产与社会效应进行分析、反思了。故展开本研究有以下实践与学术需求：

（1）保障性住房规划与建设是新形势下的新命题，规模之大、涉及面之广前所未有。保障性住房不仅是城市住房建设的重要内容，更是一个重要的民生问题。保障房住区空间实态研究可以更好地推动实现住房保障目标，并促进社会融合。

（2）住房保障政策实施与保障目标之间存在的差距，以及保障性住房区位空间失配到底如何？其住户是福利增加，还是被空间剥夺，还是有部分保障性住房较好地完成了保障目标，或不存在空间失配？亟待深入分析。

（3）保障性住房的大规模建成对城市空间的再生产、新居住隔离的产生有何影响？合理的空间布局应考虑哪些因子？保障性住房政策成效如何？保障房住区社会效应到底如何？要对这些问题进行客观回答，亟须进行深入细致的理论与实证研究。

（4）如何客观直观地反映保障房住区的社会效应？如何借助于新技术、新方法或交叉学科与时俱进地进行科学研究，而非局限于定性描述？亟须进行范式方法的尝试和探讨。

1.1 研究背景

1.1.1 快速城市化导致城市住房问题日益严重

18世纪中叶起始于英国的工业革命，以及由此推动的城市化，在推进人类社会文明进步的同时也给我们带来了许多社会问题，其中最严重的问题就是城市住房问题。住房拥挤加上缺少阳光、用水不卫生、垃圾处理难等问题，使各种疾病蔓延，城市住房问题开始引起城市管理当局的高度关注，英国第一部公共卫生法就是在这样的背景下颁布的。在一系列城市管理法规的干预下，城市政府开始采取各种措施，着力解决城市住房问题，如在大城市周边设置独立居住区，集中解决外来工人的居住和生活问题；责令厂主建造工人宿舍，帮助工人解决住房问题；由专门机构牵头，组织运作形式类似"公积金"的住房储蓄制度，鼓励工人自助式解决住房问题。

针对城市人口集聚与空间蔓延带来的住房和环境问题，霍华德（Howard）在他的传世名著《明日：一条通向真正改革的和平道路》中提出了建设一种兼有城市和乡村优点的理想城市（田园城市）的设想，以解决城市人口集聚与空间蔓延带来的住房和环境问题。从霍华德倡导的田园城市到柯布西耶（Corbusier）的现代主义城市构想，再到戈涅（Gogney）的工业城市理论、马塔（Mata）的带形城市理论、沙里宁（Saarinen）的有机疏散理论、赖特（Wright）的广亩城市理论、佩里（Perry）的社区运动与邻里单位，城市规划科学探索的步伐一直紧随着城市化进程中的各类人类居住问题。

但是，科学技术发展和社会文明进步的速度未能阻止城市化进程加速带来的城市住房问题。1950年，世界城市人口所占比重为30%，1977年为38%，1990年为43%，2000年为46%，2005年为48%，2008年超过了50%，这意味着自2008年开始世界上已经有超过一半的人口居住在城镇。其中发达地区为77%，不发达地区为41%。从各大洲来看,同属发达地区的北美洲、欧洲、大洋洲的城市化水平为73%～79%,亚洲为38%,非洲的城市化水平最低,为37%。需要特别指出的是,最近30年间,世界城市化进程的加速主要是亚洲、非洲和南美洲推动的。作为不发达地区的拉丁美洲和加勒比地区,城市化水平与发达国家水平基本持平,为76%。在过度城市化的拉美地区城市中,住房短缺的家庭占家庭总数的18%,另外有22%的家庭居住在"不适当"的住房里;非洲的情况更加糟糕,几乎所有非洲城市的建成区有1/3的面积被贫民窟所覆盖;在撒哈拉沙漠以南地区,有多达72%的人口居住在贫民窟中。

1.1.2 住房商品化带来了城市住房的"相对短缺"

2019年,中国城镇居民人均住房建筑面积39.8平方米,农村居民人均居住面积48.9平方米。就住房总体数量而言,与改革开放初期相比,城市居民住房条件已经有了十分明显的改善。由于不同收入水平家庭住房状况实际上存在较大差异,城市中尚有相当大数量的居民居住在"不适当"的住房中,或者流离失所。根据2010年第六次人口普查,有23.5%左右的城镇家庭(约4860万户)人均住房建筑面积在16平方米以下。

勿庸讳言,城市住房的"贫富不均"是市场竞争的结果,那么我们可不可以让城市住房退出市场,变成国家的福利,在国民中平均分配呢?其实在改革开放前的计划经济时期,甚至直到彻底停止福利分房的1999年,我国城镇实行的是完全福利化或基本福利化的住房政策。这个制度的主要内容是,以低工资制为基础,由国家(含政府和单位)建设(或购买)公房,通过行政方法按结婚与否、年龄大小、工龄长短和职务高低等条件分配给职工居住,收取不敷维修之用的低租金。由于国家和单位财力有限,每年投入的住房建设资金相对于日益增长的城市人口无异是"杯水车薪",再加上居民收入极低,而且即使有钱也进不了住房领域,所以住房建设速度缓慢。直到1978年,全国城镇居民人均建筑面积仅6.7平方米,农民人均住房面积仅8.1平方米。若按今天的标准,全国都是住房困难户。

在市场竞争社会,由于收入差距的客观存在,就会有些人买得起房,有些人买不起房;有些人买得起好房,有些人买不起好房;有些人买得起大房,有一些人买不起大房。总之,住房商品化在加大城市供应规模、满足大多数城市居民住房需求和推动住房发展的同时,也带来了城市住房分配的苦乐不均和一部分中低收入家庭住房"相对短缺"的问题。

1.1.3　政府大规模建设保障性住房以解决城市住房问题

为了唤醒各国政府对解决人居问题的重视，联合国1976年在加拿大温哥华召开了第一次人类居住大会并正式提出了人居问题，当时主要是针对发展中国家贫穷落后，特别是有大量人口流离失所、缺乏住房的问题人提出的。

1996年，在土耳其伊斯坦布尔召开的第二次人类居住大会，针对发展中国家人口快速向城市集聚，导致生态破坏、环境污染、能源紧张、交通拥堵、居住困难等"城市病"不断涌发阻碍了这些国家的可持续发展的问题，提出了两大主题，一是"人人享有适当的住房"，二是"城市化进程中人类住区可持续发展"。同时通过《人居议程》，敦促各国政府把解决城市住房问题和人居环境问题纳入重要的议事日程。

2001年，在纽约召开了"伊斯坦布尔+5"人居特别联大，中国代表团向大会报告了自"伊斯坦布尔+2"以来中国住宅建设的成就："5年来中国城乡住宅新增约64.7亿平方米，平均以每年12.9亿平方米的建设速度发展。其中城镇建成住宅31亿平方米，城镇人均住宅建筑面积达到20平方米，超过《中国1996年国家报告》的预定目标。同时住宅综合功能与质量也有较大改善。通过住房分配制度改革，基本建立起与中国国情相适应的住房市场体系，居民购房能力得到大幅度提高。"

2010年，国土资源部发布《关于加强房地产用地供应和监管有关问题的通知》，要求各地确保保障性住房用地供应，保障性住房、棚户改造和自住性中小套型商品房建房用地，不低于住房建设用地供应总量的70%。

2012年，住房问题被党的十八大报告列为当今社会突出矛盾之一，把城乡保障性住房作为惠民生、促和谐的重要内容。大规模建设保障性住房、完善住房政策和供应体系上升到政治高度，政策力度不断加大，并从政策层面转向执行层面。

"十二五"期间，国家进一步加大保障性住房建设力度，建设城镇保障性住房和棚户区改造住房3600万套。2015年末，全国保障性住房覆盖面达到20%左右。到2018年底，全国累计建设各类保障性住房和棚改安置住房8000多万套，基本解决了城镇低收入家庭的住房困难，改善了部分中等偏下收入家庭的住房条件。

2019年末，浙江省居民人均住房建筑面积达54.9平方米，其中城镇居民人均住房建筑面积48.5平方米，农村居民人均住房建筑面积67.3平方米。

根据全国各省市设定保障房的准入标准，一般人均住房建筑面积在8平方米以下的设为廉租房的准入标准，9~16平方米可作为经济适用房的准入标准。根据普查统计，2000—2015 年我国城镇人均住房建筑面积在 8 平方米以下的家庭户占比由 11.6% 降至 1.2%，9～16 平方米的家庭户占比由 27.4% 降至 4.3%，尤其是 2010—2015 年，我国人均住房建筑面积在 16 平方米以下的家庭户大幅下降（见图 1.1）。这一方面表现出我国城镇住房困难家庭户有所减少，住房条件已部分改善；另一方面反映出我国城镇在住房保障上的投入在不断加大，同时也说明伴随住房保障措施的进一步落实，城镇空间保障房性质的住区规模在不断扩大。

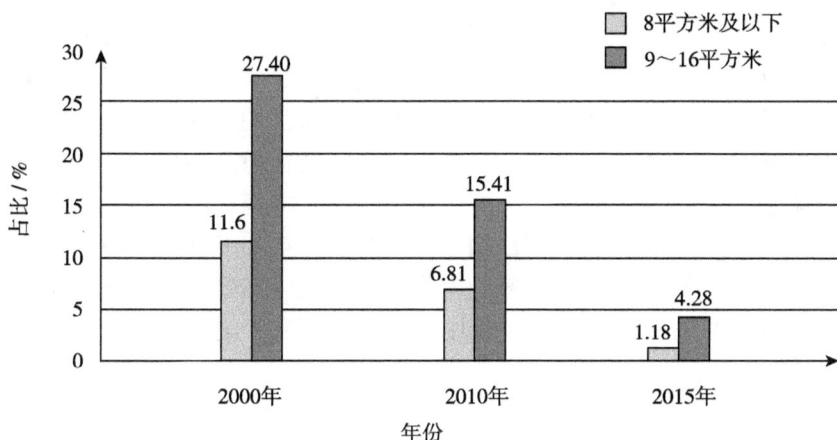

图 1.1　2000 年、2010 年、2015 年城镇人均住房建筑面积统计情况

1.1.4　社会制度变迁下的社会空间转型

改革开放以来，中国社会经历了巨大、深刻的制度变迁，经济体制与行政管理体制都发生了重大变革，城市经济制度、住房制度、税收制度、产业结构、社会结构等都发生了重大变化，即所谓的“社会结构转型”和“经济体制转轨”，城市发展的方方面面都被纳入制度整体变化环境当中。可以说，制度变迁从根本上改变着城市发展的动力机制、作用基础，并强有力地影响着城市空间演化的进程，制度成为塑造城市空间结构的重要力量（张京祥，胡毅、孙东琪，2013）。中国阶层结构也随着经济体制转轨和现代化进程的推进逐渐分化，社会阶层逐渐显现。

空间一旦与人类生产与生活相结合便具有了社会性，变成了社会关系的物化和现实化、社会关系再生产的场所。制度与经济结构的变迁导致了一系列新空间的产生，并通过空间分异加剧了社会不平等（钟晓华，2013）。中国城市居民的社会经济地位发生了严重的利益分化，经济收入差距不断加大，社会阶层化的空间化进程加速，有些问题正在随着经济的快速增长而恶化，社会空间走向分异与碎化。在住房市场化过程中，经济能力成为决定人们拥有和支配社会空间资源的重要因素，社会空间越来越多地被打上"阶层"的烙印，并不断加剧社会分化。

随着制度环境的变化，中国城市空间的生产属性日益显现。在中国压缩城市化的环境下，为应对资源环境约束、推进经济社会结构调整、融入全球经济体系，空间再生产已成为关键的方式。改革开放以来，中国城市旧城区产业结构由工业主导向服务业主导转变，传统老城区成为城市主要的商务中心和消费中心，中国城市正在不断由"生产型"向"消费型"转变。在现代城市发展中，追求的是资本积累，而传统空间的物质空间属性与社会属性体现的是传统的由国家意志掌控的生产型的意识形态，这对矛盾的存在使得不少城市对老城区开始了"消费化"和"商务化"的转型改造。近些年，城市旧城区的大规模改造已经造就了一系列新的空间生产与再生产现象。大规模的拆迁及保障房的建设，住房建成环境的再开发将成为我国城市空间重构的主阵地与社会空间重组的主要因素。

受社会制度背景和住房政策影响，中国的住区空间发展也经历了福利制均质单位空间、市场化住区分异和保障制度影响下住区空间等不同阶段，而当前住房保障制度影响下的住区空间发展也面临着新的问题和矛盾。

1.2　研究意义

目前，保障房住区建设已持续近20年，最初建设的保障房住区已经历了由不成熟到成熟的发展过程，其物质空间与社会空间也发生了巨大变化，居住于此的中低收入人群的日常生活与社会交往也必然与之前有所不同。

全国城镇保障性住房建设取得了明显的积极成效，但由于其建设规模大、速度快，仍然存在许多有待解决的问题，如空间布局的边缘化、配套设施的不完善等。建设保障性住房，不仅是为这些居民提供居住的物质空间，还要为弱势群体提供积极的"发展空间"，所以关注其社会空间效应对于在保障性住房建设大潮中确立正确的核心价值取向和相关政策制定具有重要意义。

1.2.1　研究的理论意义

因保障性住房的"福利品"性质，政府一般从节约成本角度尽可能地在土地、配套上确保"经济适用"，使得保障性住户在获得住房的同时"被郊区化"，被变相地"剥夺空间"。综合考虑通勤等成本，许多受保障的中低收入群体总体福利水平不升反降，加剧了居住空间分异和居住隔离状况，产生了新的社会经济"低洼"区。保障房住区贫困和"孤岛"经济效应往往也伴随着信息贫乏、发展机会缺乏、资源匮乏等问题，加剧与周边社会环境的隔离。不同收入阶层的家庭根据其经济条件、需求和住房偏好等选择住房类型、质量和邻里，单位福利制下"凝固"的城市社会空间逐步走向破碎化和复杂化，导致收入、文化、职业等特征相类似的群体聚居，形成居住分异的格局。保障房住区对城市社会空间带来不容忽视的影响，其空间演变是保障性居住资源在社会空间效应的再生产，是加强住房政策与住房福利体系的顶层设计的重要依据。

保障房住区作为我国住房供应结构中的重要组成部分，其发展现状需要一个客观的认识与评价。由于保障房住区仍将持续大规模建设，对我国城市社会空间结构将产生深远影响。因此，对保障房住区的深入研究显得极为必要。

具体地讲，本书通过保障房住区空间生产与社会效应的研究，试图回答下列问题。

① 保障性住房规划与建设是新形势下的新命题，规模之大、涉及面之广前所未有。保障性住房不仅是城市住房建设的重要内容，更是一个重要的民生问题。保障房住区空间研究可以更好地推动实现住房保障目标，并促进社会融合。

② 住房保障政策实施与保障目标之间存在的差距，以及保障性住房区位空间失配到底如何？其住户是福利增加，还是被空间剥夺，还是有部分保障性住房较好地完成了保障目标，或不存在空间失配，亟待深入分析。

③ 保障性住房的大规模建成对城市空间的再生产、新居住隔离的产生影响到底有几多？何为合理的空间布局？应考虑哪些因子？保障性住房政策成效如何？保障房住区社会效应到底如何？要对这些问题进行客观回答，亟需进行深入细致的理论与实证研究。

④ 如何客观直观地反映保障房住区的社会效应，如何借助于新技术新方法或交叉学科与时俱进地进行科学研究，而非局限于定性描述，亟需进行范式方法的尝试和探讨。

1.2.2 研究的现实意义

随着大规模保障房住区的建成，对保障房住区空间生产与社会效应的研究具有迫切的社会现实意义。简要地说，就是提供社会评价工具、决策参考和规划技术层次理论。

1.2.2.1 提供社会评价工具

由于社会各阶层贫富差距悬殊，关于社会公平与平等的话题在社会舆论中变得日益敏感。作为贫富差距和社会不平等的一种明确的空间反映，保障房住区可能带来的社会空间负效应，对城市物质空间形态及社会心理将产生复杂而深刻的影响。因此，解释社会现象，剖析问题实质，发现社会一般规律，提供社会分析、社会评价的工具，尤其是从城市社会学、城市规划学科出发，对城市社会空间课题的研究将具有直接的现实意义。

1.2.2.2　提供决策参考

就我国社会阶层现状来看，大多数中低阶层都缺少话语权，实质上，所有关于弱势群体问题的讨论也都发自城市其他阶层，真正的弱势群体鲜少发声。

社会空间政策的制定，基本上是奠基于以经济学者、城市规划师、社会学者等技术精英为主体和由政府决策来确立的自上而下的过程，这一过程反映了决策者及规划师的基本思想和价值判断，并将这些思想和判断通过政策的执行呈现出来。作为城市社会主体的广大民众，却无法表达更无法决定他们的利益要求和价值偏好。但是，如果弱势阶层的利益长期得不到保障，只会不断地累积社会矛盾，并在达到一定程度时集中爆发。这当然不是决策层和规划师所期望的结果。

作为城市规划师，应洞悉各社会阶层尤其是普通民众的愿望与要求，发现城市运行中的问题与矛盾，并探究其形成机理及制度症结，然后下情上达，传导至决策层，从而提供给城市决策层参考，这是城市规划的职责。

具体到保障房住区空间生产与社会效应的研究，正确剖析城市中的社会阶层及其空间分布特征，对于正确合理地制定我国城市住房制度、建立成熟而完善的保障房住宅体系、消除空间不平等矛盾，无疑具有明确的现实针对性和重要的理论意义。

1.2.2.3　提供规划技术层次理论

理论可分为科学层次的理论和技术层次的理论，在具体操作中，理论是不可能直接运用的。因此，任何理论都需要逐步地转化为可直接操作的、具体的技术和方法。在此过程中，首先需要建立影响和决定这些技术操作和方法运用的基本原理，也就是技术层次的理论。

现阶段，以社会隔离和物质形态破碎为特征的社会空间问题日益突显。面对日趋明显的社会阶层分化现象与居住空间隔离趋势，如何准确地认识产生这些问题的根源，如何科学地判定问题的严重程度，如何合理地解决这些矛盾，对于城市规划工作者来说是一个不小的挑战。如果说城市规划理论界尚未直面这种现实性与迫切性的话，规划实务工作者则已陷入越来越多的困惑，遭遇着越来越大的工作难度与阻力。在他们的日常工作中，应付处理城市开发中各种各样的空间权益之争，协调社会各部分与城市空间相关联的社会经济利益关系，占去了他们相当多的时间与精力。

我国的城市规划有着注重城市物质形态规划的长处，也有着重视社会宏观政策规划的特点，但是仍在微观技术层面存在理论缺乏与不足的问题。保障房住区空间生产与社会效应的研究着眼于城市社会居住空间结构这一层面，既有城市居住空间结构的整体宏观分析，又有对微观空间结构的深入剖析，并试图提供一些实现社会空间融合、谋求城市未来社会空间协调发展的努力方向与具体路径。

1.3 研究现状

早期的城市居住空间研究主要有：以芝加哥学派为代表的人类生态学、以阿隆索（W. Alonso）的竞租理论为代表的新古典主义学派的区位理论、在居住空间与人的行为间的互动关系中着重强调"人"的行为主体性所起到的作用的行为科学。20世纪70年代中期开始，结构学派从社会制度的角度解释了居住空间分异的社会根源和本质（邹颖，卡洪滨，2002）。新韦伯学派则从城市住房供给和分配的制度结构的角度进行了重点研究。

居住分化问题在欧美国家普遍存在，欧美国家倡导采取住房混合战略以实现混居格局（李志刚，薛德升，魏立华，2007）。最早的居住混居例子可以追述到霍华德的"田园城市"。典型的例子如英国伯明翰郊区的邦维尔村（Bournville Village），在规划引导下成功实现了不同类型的人与住房的集聚。自20世纪70年代起，美国一些地方政府便通过土地使用控制和免税政策，试图将低收入阶层的住宅整合到中高收入阶层邻里中去。同时，美国住房与城市发展部（HUD）改变了以往集中建设公共住房的传统做法，转而以不同收入阶层混合居住作为其根本的发展策略（王承慧，2004）。中国香港以TOD模式引导住房建设方向与城市产业布局相一致，推动居住就业平衡（杨浚，2007）。

20世纪90年代以后，中国城市社会空间结构研究发展迅速，研究主要集中在城市居住空间扩张的历史过程、现状特征、演变趋势等方面的实证研究和居住社会空间地域结构及其分异机制研究两个方面（苏振民，林炳耀，2007；孟繁瑜，房文斌，2007）。

总体来说，国内对保障房住区的研究主要集中在保障性住房政策、保障房住区选址和布局，以及保障房住区社会空间绩效三大领域。

1.3.1 保障性住房政策研究

住房政策研究基本上分为两个视角：一是对欧美国家相关政策的分析借鉴和启示，二是对国内住房政策的相关分析和探讨总结。

快速的工业化和城市化进程给城市住房带来了巨大的压力。部分国家的经验显示，政府对住房市场进行干预并逐步建立国家住房保障体系，是应对这一困境的必由之路（景娟，钱云，2010）。研究方法多采用借鉴美国、英国、荷兰、新加坡等发达国家和地区的做法，结合我国国情，提出相关政策性建议。

谢宏杰（2008）通过借鉴二战后欧美公共住房制度，采取历史研究和比较研究的方法,对欧美国家为保障中低收入群体住房权利实行多年的公共住房制度的异同进行了比较。他认为政府不应该完全放任市场调节，应建立起国家公共住房制度，改变目前过于依赖市场解决住房供应的现状，鼓励采取包括政府直接投资、社会共同参与和规划调控等多种方式保障中低收入群体的住房权利。不同社会阶层的混合居住是很多欧洲国家应对社会排斥、实施城市复兴的核心政策。目前，欧洲国家普遍采取的混合居住政策是推动住房所有权类型的多样化，即通过拆除、出售社会住房和将废弃的社会住房改建为私人住房来吸引较高收入群体迁入社会住房邻里，或者要求新发展地区有一定比例的社会住房。在满足低收入群体住房需求的前提下，要利用政策工具加强城市政府对房地产市场的干预，逐步引导不同社会阶层的混合与和谐共生，从而避免出现贫困集中现象（孙斌栋，刘学良，2010）。

景娟和钱云（2010）通过对"福利国家"的典型代表——荷兰的保障性住房建设的系统回顾及多个发展历史阶段政策特征的分析，认为我国当前首要解决的应当是建立住房保障系统，使各类非营利性住房成为面向城市中低收入家庭的住房供给主体。从荷兰100多年的住房政策与社会住房体系的演变来看，政府的决定权在不断下放，社会住房机构逐渐独立，社会住房机构在良好的社会住房管理体制和积极的房地产发展下，从依靠政府贷款走向了经济独立的发展模式，从而成为荷兰社会住房建设的主体，其社会住房的建设经验可以为中国公租房建设在政策制定和机构设置方面提供一定的借鉴（林艳柳，刘铮，王世福，2017）。

具有80多年历史的美国公共住房发展呈现出复杂的多面性：不仅体现为城市间的差异，也体现为同一城市不同项目之间的差异；不仅体现为问题的差异，也体现为转型计划的差异。王承慧（2016）以芝加哥、纽约和波士顿为例分析了美国公共住房问题产生机制和转型策略，认为综合背景条件下"入住人群、空间区位、设计和建造、维护运营、公共服务"等相关因素的差异最终导致发展的多面性。李德智等（2015）探讨了美国提高保障房社会、经济、生态等可持续性方面的经验:建立机动灵活的管理队伍、促进社区多元化及和谐度、增加人性化的社区支持性服务；满足不同购买力群体的住房需求、多中心协同分担保障房的建设成本、提供经济支持全面激活保障房体系；注重保障房社区的合理化规划、激励保障房社区的节能行动、推广绿色建筑技术的应用。

英国是世界上最早城市化和工业化的国家，也是最早对住房市场进行政府干预的国家。相对于美国住房政策的高度市场化、新加坡政府主导下的住房发展模式，英国的住房政策历时最长、最具有典型性和示范性，且能兼顾住房发展的公平与效率。颜莉（2016）通过分析英国住房政策沿革内容与成效及阶段性特征，对上海住房发展所处阶段做了预判，并在住房制度、住房供给体系结构与保障水平、公共住房补贴模式、社区融合和管理方面提出了政策建议。孙莹（2016）则通过梳理法国不同历史阶段社会住房政策的要点，在历史演变中考察住房政策对社会经济政治环境和实际社会需求的适应反馈，总结出政策引导下的社会住房建设活动的发展变化特征，以期对我国社会住房政策的制定有所思考借鉴。德国的住房政策系统性强，设计合理，较好地发挥了市场、国家和社会的合力，具有较高的借鉴意义（杨瑛，2014）。

新加坡以立法保障住房用地供应、实施多渠道购房融资，以及完善组屋分配等组屋政策的成功经验说明，应在建立完善保障性住房管理运行机制的同时健全住房保障政策动态调控机制，并循序渐进地倡导新型住房消费模式（罗锐，邓大松，2014）。

自住房商品化改革以来，我国实行住房保障政策已有20余年，学界也开展了大量的相关研究。赵万民等（2020）梳理了我国保障性住房政策的演进趋势、动因及协调机制。国内专家学者主要基于政策动力、居住隔离与社会分异（刘玉亭，邱君丽，2018；张清勇，2014；王丽艳，贾宾，葛秋磊，等，2016；徐苗，马雪雯，2015；张波，2017）等视角分析了保障房政策演变过程的阶段性影响。随着近年来各类住房保障政策的创新，专家学者开始关注人才住房、共有产权房、非正规空间改造及集体土地租赁住房等保障房创新形式（官卫华，徐明尧，王青，等，2018；朱亚鹏，2018；陈宇琳，2019；田莉，陶然，2019），同时也产生了保障房建设量将逐步缩减至"剩余模式"、新的住房结构是否应重回福利时代、共有产权的可行性等争议（Wang，Murie，2011；Chen，Yang，Wang，2014；刘玉亭，邱君丽，2018），以及保障性住房政策量化评价（方永恒，陈友倩，2019）。

连宏萍和何琳（2020）从政策网络理论视角指出针对当前中国保障性住房政策网络存在的结构性问题，建议构建一个更为开放的保障性住房政策网络，促进利益主体之间更多更好地协商与合作，促进信息、资源的自由流动和合理分配。

1.3.2 保障房住区选址和布局研究

随着保障性住房的建设，我国保障性住房的规划、选址也显现出不少弊端，如政府干预力度不足、选址不合理、配套设施不完善、居住空间分异和居住隔离状况加剧等（邓大伟，诸大建，2009；边蕾，2009），对此，很多研究倡导混合建设（焦怡雪，2007；杨靖，张嵩，汪冬林，2009；吕艳，扈文秀，2009；汪冬宁，汤小橹，金晓斌，等，2010；陈爱，2010；李锦华，雷杰，陈楠，2011）。

一些学者对保障性住房区位选址、空间布局等进行了实证调研与分析，但大多局限于定性描述与策略建议。郑思齐和张英杰（2010）从低收入住房空间布局的理论基础，以及国际经验和教训视角出发分析了目前我国城市中保障性住房空间选址所存在的问题及背后原因；周素红等（2010）从居住—就业区位选择角度出发，以广州市典型保障性住房社区为案例，研究了保障性住房居民的居住—就业选择特征及其空间匹配性的群体差异和影响机制；章征涛（2010）从和谐视角研究重庆市主城区保障性住房居住空间发展；郭菂等（2011）通过对2002—2009年南京市保障性住房供给的空间特征及其与低收入群体居住空间、大规模拆迁安置等相互关系的分析，提出需进一步研究保障性住房合理的空间布局方案和实施途径，优化城市空间结构。

随着保障性住房的大规模建成，学界开始从社会效率、公平、居住品质、规划管理等视角对保障性住房选址和空间布局进行探讨。宋伟轩（2011）研究了北京、上海、南京等五大城市的保障性住房空间布局特征，指出大城市保障性住房普遍存在空间选址偏僻、大规模集中建设、配套设施不完善等现实问题。他认为大城市保障性住房集中建设在偏远郊区可能导致社会隔离与排斥加剧，出现城市贫民区与贫困文化、贫困的代际延续与社会风险加剧等一系列社会问题，建议政府出台相应法律法规，重置城市保障性住房的空间分配格局，维护城市空间资源分配的公平公正。杨红平和宋伟轩（2012）的研究以南京市保障房住区为例，认为当前保障房住区普遍存在选址偏僻和规模过大等问题，并从社会学研究的角度，认为保障性住房空间布局不合理将使阶层代内与代际向上的社会流动受阻、社会阶层隔离与排斥加剧，将加剧社会冲突的风险、凸显公平与正义的缺失，并通过借鉴美国住房公共政策，提出出台相关立法保障空间正义、推行不同阶层混合居住模式，以此降低社会转型期的社会风险与转型成本。

柳泽和邢海峰（2013）以对北京、长沙、昆明三个案例城市保障性住房的实地调查与综合分析为基础，指出我国保障性住房空间选址的特征与问题，指出由于城市规划在规划布局、建设选址这两个阶段的"属性缺失"导致相关选址问题的产生，提出加强规划调控、加快法制建设、创新保障方式和建设模式等政策建议。石浩和孟伟军（2013）在调查西安市保障房空间分布状况的基础上，着重从建设主体的行为激励、保障性住房的科学规划两个方面提出有助于解决保障房居民获得公平公共服务和发展机会问题的若干建议。张京祥和李阿萌（2013）通过对南京的实证研究，运用空间生产理论进行反思，认为并非所有的建设方式都能行之有效地解决中低收入人群的居住问题。黎均文和钟燕芬（2014）对广州市已建保障性住房进行了空间分布分析，从城市规划、社会民生的视角提出保障性住房的选址策略。董世永和张丁文（2014）指出我国保障性住房边缘化集中布局、职住分离、公共服务设施缺乏等问题根本上是源于政府主导、开发商偏向和低收入居民话语权缺失而失衡的三方选址博弈机制。保障性住房能够改善受保障对象的居住水平和生活质量，具有明显的社会效益；但城市政府供给保障房用地也意味着损失较多的土地出让收入（较高的机会成本）。保障房的合理选址有赖于对上述社会效益和土地机会成本的理性权衡。郑思齐等（2016）在北京市1911个微观区块尺度上，以2010年北京市城市居民家庭调查的大样本微观数据为基础，应用显示性偏好法（hedonic模型）分析了两类群体的选址偏好差异，量化了他们对各个区块的综合支付意愿水平并进行比较，建立并计算了北京市内不同区位的保障房选址适宜性指数，为保障房选址决策提供了技术支撑，有助于兼顾保障房社会效益和土地出让收入的财政约束。

1.3.3　保障房住区社会空间绩效研究

目前，对保障房住区社会空间绩效的研究成果相对较少。张京祥和陈浩（2012）通过对南京市典型保障房住区和老旧住区的深入调研对比研究，从居住条件、就业环境、通勤成本、公共服务、社区认同感等方面揭示出保障房住区的社会空间绩效，并从理论上分析了保障房住区的空间生产逻辑，同时为保障房住区的建设提出了建设性意见。陈劭（2016）基于空间失配理论，制定了空间失配等级测度标准，依据各批次保障房项目与就业区的通勤距离及交通可达性，应用缓冲区分析等方法确定出一批、二批保障房项目的空间失配程度及其演化趋势。

方永恒和陈友倩（2018）以西安市城五区和长安区经济适用房为研究对象，基于年龄差异视角，运用阿马蒂亚·森（Amartya Sen）的可行能力理论，构建了模糊综合评价模型，对西安市保障性住房总体福利体系和不同年龄段保障对象的福利效应进行了量化评价。研究发现，被保障对象入住保障性住房后福利水平有所上升，其居住条件、生活条件、教育条件均得到改善，但交通条件、工作机会、心理因素却有不同程度的恶化；年龄差异对保障性住房的福利效应具有不同的影响，被保障对象在55～70岁年龄段的福利变化最大，而在25～35岁年龄段的被保障对象福利上升水平最低。

刘广平和陈立文（2019）从微观视角对检验保障房开发影响周边房价的研究方法演进进行了梳理，归纳了保障房影响周边房价的传导机制与作用机理，就保障房配建模式对房价的溢出效应研究进行了梳理。魏宗财等（2020）对广州11处保障房住区居民进行了问卷调查和访谈，基于城市工作POI及核密度的分析发现，保障房住区在空间和社会双重孤立的区位布局很大程度上造成了其不宜人的居住环境，难以与低收入居民的实际需求相匹配。而且，既有的行政管理体制、政府职能部门间低效的沟通、不稳定的土地来源成为阻碍保障房供应和住区居住环境品质提升的重要制度因素。

　　总体来看，大部分学者认为国家建立保障性住房系统是一项利国利民的国策，但当前保障性住房政策和保障房住区建设存在诸多问题，保障房住区的大量建成对城市社会空间带来了不容忽视的影响，并且在当前城市开发机制下有逐渐沦为城市贫困聚居区的倾向，容易造成空间与社会的不公平现象。基于整个城市保障房住区政策与选址的宏观研究较多，针对典型保障房住区的空间与社会演化过程研究相对较少，以保障房住区居民日常生活与社会网络关系为视角的质性研究则更少。同时，浙江省保障性住房建设走在全国前列，但研究明显欠缺，很有必要对其空间实态进行客观、合理的数字化分析、反思，使保障性住房不仅仅是向低收入阶层提供基本的居住空间，而是在降低其生活成本的同时提供积极的"发展空间"，以促进居住环境的可持续发展及和谐社会的构建。因此，本书的研究内容可以看成对浙江省保障房住区研究系统的进一步完善。

1.4　研究内容

　　本书内容共分为10章。

　　第1章介绍了研究背景、意义、内容与方法，并对国内外保障房住区的相关研究进行了梳理。

　　第2章介绍了本研究的相关理论与研究进展，主要涉及空间生产理论、居住空间分异理论、城市绅士化现象、住房阶级理论、社会空间辩证法、社会认同理论等。

　　第3章梳理了住房保障体系及保障功能。从西方社会住房保障的基本特征入手，重点介绍我国的住房制度改革、住房保障发展历程及住房保障体系。

　　第4章以浙江省为例探讨了保障政策下的城市住房来源构成时空演变。

　　第5章以杭州市经济适用房的视角探讨了保障房住区时空分异及其演变。

　　第6章通过丁桥大唐苑、德泽家园、嘉绿名苑等典型案例分析了保障房住区及其周边地区的空间演化。

　　第7章以近江家园、阳光逸城、丁桥兰苑为例调研分析了保障房住区居民居住满意度。

　　第8章基于中国社会状况综合调查（CSS）数据分析了保障房住户的社会效应。

第9章在前面分析的基础上探讨了保障房住区的社会空间效应。

第10章探讨了保障房住区演变过程的动力机制。

1.5 研究方法

1.5.1 宏观研究与微观研究相结合的方法

本研究以浙江省为例，对省域住房来源构成的时空演变及保障房住区时空分异着重从宏观的空间结构进行分析；对保障房住区及周边地区空间演化、居住满意度、社会效应等则主要侧重于微观空间及案例研究。在分析论述的过程中，都是既有抽象的、宏观的分析，也有具体的、微观的论述，尽可能多视角、多侧面地对问题进行细致的剖析。

1.5.2 理论实证分析、经验实证分析与规范分析相结合的方法

理论实证分析是回答如果做出了某种选择，将会带来什么样的后果，不带有价值判断。即先提出假设，然后进行推断论证，最后得出结果，书中通常的叙述是采取先分析、后归纳的方法。在给定"社会分层"与"居住隔离"的概念时，运用了列举法。在理论解释时，查阅了大量的国内外文献，对所收集的文献进行解读和分类梳理，为研究奠定坚实的基础。同时，书中采用了经验实证分析方法，在实证分析中访谈、调查了广泛的第二手资源，包括历史文献与统计资料等，并对这些文献与资料进行了整理、综合和分析。在政策梳理部分则采用了规范分析方法，解析政策的演变过程。本研究力求采用系统的理论规范分析方法，来提出问题、认识问题和理解问题，进而为保障房住区的研究提供理论基础，大量的实证调查、数据实证和模拟分析为进一步解决问题提供了依据。

1.5.3 空间定量分析方法

本研究中的空间分析主要借助 ArcGIS 进行，将属性数据投影到空间进行可视化和直观表达分析，融合大数据与空间数据演绎时空变化。

2 相关理论与研究进展

2.1 空间生产理论

2.1.1 基础理论

"空间生产"概念源于法国社会哲学理论家亨利·列斐伏尔（Henri Lefebvre）于 1974 年出版的《空间的生产》。列斐伏尔认为空间不是一种中性的背景或物质存在，而是资本主义生产模式和社会控制中的一种基本要素，在经济社会中发挥着巨大的作用：①空间有生产力的作用；②空间是一种可以被消费的商品；③空间是政治控制的工具；④空间可以表现为上层建筑的形式；⑤空间具有巩固生产力与生产关系的基础作用。（社会）空间作为社会的产物，是各种利益主体角逐的结果，能够介入自我生产之中，每种社会关系、社会产品和社会生产模式下都能产生独特的社会空间。空间是生产力和生产关系的一个组成部分，并且能够反作用于生产关系和生产力，实现生产力和生产关系的再生产。由此，列斐伏尔认为"空间生产"的含义是：城市空间既是生产力发展的物质环境和建筑实体，也是资本主义这一生产关系存在和发生的载体。城市空间是资本主义关系的产物，也是所有资本主义关系的再生产者。

用于解释空间生产运作过程和机制的"空间三元论"（spatial triad）是列斐伏尔对空间生产理论研究的重要贡献，其中包括三个重要议题：①空间的实践（spatial practices），作为经济生产和社会再生产基本过程的一部分，表现为可感知的物理意义上的环境，包含空间的生产与再生产，改变着现实生活中从微观到宏观的物质空间状态；②空间的再现（representations of space），是知识、符号、文本等显性的表现关系，是概念化、想象的空间，也是科学家、城市规划师、城市管理者的空间，空间的再现紧密联系着生产关系以及这些关系所形成的秩序，往往带有某种象征权力持有者的符号、编码和"术语"（jargon）；③再现的空间（representational space），指的是日常生活中市民及使用者的"实际"空间，也是艺术家、哲学家和作家等用图形与符号描写以及生活在空间里的人们赋予生命力的空间，与想象力和感情直接相关。列斐伏尔运用马克思主义方法分析空间，分析其空间生产的固有矛盾，强调空间的社会性和政治性，把空间看作一种巨大的社会资源，受历史和自然诸因素的影响和塑造，实际上充溢着各种意识形态的社会产物，是政治和权力的一部分，影响着社会控制和国家管理政策以及全球政治（胡毅，2013）。同时，列斐沃尔的"空间三元论"将空间、日常生活、资本主义的生产与再生产关联，形成了一种较为统一与宏大的解释方式（杨迪，高银宝，赵潇欣，2020）。

20世纪70年代，资本积累的固有矛盾暴露出诸多城市空间问题，使得资本主义国家开始经历各种危机，比如帕鲁伊特-伊戈（Pruitt-Igoe）住宅区因犯罪率上升等社会问题而被爆破拆除。这一时期的空间研究与社会现实发展脱节，对于空间的研究忽视了社会性，也忽视了资本、权力以及社会变动等因素对空间发展的影响。在此背景下，学界对于空间研究的范式与视野不断拓宽，从社会、资本、权力等视角研究空间发展，探究这些要素在空间发展中的作用与关系（杨迪，高银宝，赵潇欣，2020）。

马克思主义地理学家大卫·哈维（David Harvey）在继承列斐伏尔观点的基础上，通过历史地理唯物主义方法论，对资本主义的空间生产展开分析和批判，将空间生产和空间结构整合，批判资本主义空间生产与重组的非正义性，提出"时空修复"与"资本的三重循环"理论，通过资本积累矛盾解释空间发展，强调资本在城市化过程中的重要作用，揭示了城市空间塑造的内在机制是资本的积累与循环（刘倩，刘青，李贵才，2019）。资本追逐剩余价值的本性使城市空间成为新的剥削模式，导致了资源配置的不均衡和贫富差距（魏强，2018）。资本向空间的扩展，使空间成为资本主义生产与再生产的基本形式，成为资本主义追逐剩余价值的手段和工具，城市的空间构造受到资本力量支配的"创造性破坏"。在这种情况下，"大规模剥夺的政治经济行动，尤其是在光天化日之下针对穷人、弱势群体、没有经验的和法律上不受保护的人们而展开的掠夺，已经成为我们这个时代的规则"（叶齐茂，倪晓辉，译，2014）。城市空间为资本主义剥削提供了新的方式。城市是人居住的空间，理应为人的需要和发展提供支持，但资本主导下的空间生产使城市沦为资本家谋取私利的工具，使人的发展逻辑屈从于资本逻辑。这必然导致深刻的城市矛盾与冲突。

哈维认为空间或空间生产并不是价值中立的，而是蕴含或呈现着特定社会的特定意识形态和价值准则，因而必然伴随着空间正义或不正义的问题。20世纪末，在被哈维视为故乡的美国巴尔的摩（Baltimore），由于快速发展的城市化运动，尤其是房地产发展过程中出现了空间政治问题，即富人日益扩大的空间占有与穷人日益不足的存活空间及其低下的生活质量状况，城市空间日益呈现等级化与堡垒化。社会关系被铭刻在空间中，空间成为社会地位和身份的象征。不同的社区居住空间塑造着不同的等级身份，空间区隔实质上就是社会等级的体现。空间区隔不仅隔离和排斥着生活在不同层级的人们，形成了不同所属的社会阶层，同时也保持和维护着这种区隔，赋予不同的空间层级非常不同的权力与利益，加剧着社会阶层的固化。正如哈维所指出的，"对于富人来说，'社区'经常意味着确保和提升已经获得的特权。对于位居边缘者而言，这通常意味着'控制他们自己的贫民窟'。不平等变得更多，而不是减少"（王志弘，王玥民，译，2010）。总之，资本主导下的空间生产不断造就着等级化、封闭化的社区模式，重塑着等级分明的社会身份，加剧了城市居住空间的不平等，凸显了消费领域里空间的非正义性问题。

为此，哈维提出："需要批判地理解生态、文化、经济和社会条件上的差异是如何生产出来的……也需要批判地评价生产出来的差异之正义或非正义的性质"（胡大平，译，2015）。也就是说，当代激进政治理论必须以空间为主题，必须充分考虑空间正义问题。一方面要理论性地梳理空间差异何以产生，另一方面还要评判这种差异在何种意义上具有正义性质。

之后，后现代地理学家爱德华·苏贾（Edward Suja）提出了关于政治权利和意识形态对城市空间生产的影响，将空间范畴融入长期以来忽视空间地位的历史辩证法中，提出了"社会空间辩证法"，即社会和空间之间相互作用的讨论（杨迪，高银宝，赵潇欣，2020）。

苏贾认为，空间中的各种现象是其生产过程中矛盾的表达，不同历史背景下的社会生产关系形成各种历史性的空间现象，同时这种空间现象又会影响其生产方式，社会生产关系借助时间和空间不断演进。比如地区发展不平衡是由于各地区资本积累差异所形成的，而地区发展不平衡又会影响社会生产关系，调节或者加剧资本积累的不平衡。

历史作用、空间结构以及各种社会结构辩证交织在一起，社会关系与历史关系可以塑造空间，如各种阶级分异可以造成空间分异。社会关系也被空间影响，如社区门禁、交通可达性影响社会关系的形成。空间也可以调节社会关系，如公共空间对社会关系的调节。

空间不仅是社会生产的容器，也影响着社会关系的发展。社会空间辩证法的核心在于以历史唯物主义视角揭示社会生产关系对空间结构的影响，以及空间结构如何制约和反作用于社会关系。

曼纽尔·卡斯特尔（Manuel Castells）在《城市问题》一书中提出了"集体消费"概念，认为资本主义制度本身很大程度上决定了城市发展和空间演化。城市是集体消费的单元，城市生产力的再生产就是形成集体性消费的过程。集体消费的概念是："消费过程就其性质和规模，其组织和管理只能是集体供给。"集体消费由国家及地方政府进行干预，国家通过对集体消费的干预可以缓解资本积累过程中公共品不足的问题，如公共住房、社会公共设施、医疗、教育等。集体消费的概念将空间单元与社会单元联系起来，从而使得城市社会学介入空间研究。

卡斯特尔认为当代城市的角色从生产场所转向集体消费场所，集体消费是当代城市最重要的功能之一，也是当代城市空间形态演变的重要动因（杨迪，高银宝，赵潇欣，2020）。

空间生产的理论热潮持续了近40年，并被不断运用于社会领域、城市规划领域以及政治经济领域解决诸多问题。空间生产理论的重要启示是：城市的急速扩张和都市化过程充分体现了列斐伏尔预言的空间化的逻辑，政府依靠金融资本、政策执行机构、区域基础设施（如机场、高速公路等），整合社会资源和自然资源，像工厂里的机器设备一样将新空间生产出来，并且为了增加生产，不断压低生产成本（廉价的土地置换为高收益资产、强行推进的拆迁安置政策等），从而获得更多剩余价值，使城市化进程得以不断创造奇迹（邵祁峰，2013）。

2.1.2 国内应用研究

国内学者运用西方空间生产理论，对中国城市空间生产中的一些问题进行了讨论。杨宇振（2010）通过重庆城市"刷城运动"，探讨城市形象被权力与资本热切追求的原因，分析地方政府权力在中国社会转型中的社会功能，指出近30年来中国城市美化的最根本缘由在于"资本城市化过程"中激烈的地方竞争。江泓和张四维（2009）从"空间生产"的视角分析空间生产中的资本力量关系，阐述了当代中国城市特色危机出现的原因和必然性。于涛等（2009）认为我国在社会经济体制转型时期，分权化、市场化和全球化促使地方政府具有明显的企业营销性特征，但在城市发展过程中忽视了其公共政策属性。张京祥等（2013）认为大事件营销已成为在全球竞争时代城市政府实现增长的重要策略，可以增加城市对资本的黏性，重塑城市空间经济与社会政治等关系，从而由流动空间转向场所空间，但同时也会产生诸如社会空间发展失衡等负面效应。陆小成（2016）指出空间正义是新型城镇化空间生产的题中之义，空间非正义是新型城镇化空间生产与治理面临的重要问题，由单一的政府管理转变为多元化的公共治理，符合新型城镇化空间生产坚持空间正义的实践性要求。周韬等（2020）构建了基于新古典逻辑的空间生产模型，通过空间资本深化与空间资本广化机制系统分析了城市空间生产、空间修复和空间扩张现象，结合洛阳市城市空间演化的轨迹，揭示了城市空间格局演化的一般规律。杨迪等（2020）对西方空间生产理论逻辑脉络进行了梳理反思，将其归纳为政治经济学分析视角和社会角色分析视角两种视角，并尝试探讨针对中国城市发展特殊性的思辨与自身理论建构，讨论中国城市空间生产中主体关系的复杂性、空间生产制度的特殊性、"中央—地方"关系的特殊性，在此基础上寻找空间生产理论的新视角。

此外，还有不少学者将空间生产理论用于旧城更新、城中村、旅游发展、乡村空间、特色小镇、保障性住房等的探讨。

旧城改造是我国当前城市空间重构的重要方式，空间生产理论也被运用于旧城更新的相关研究中。王苑和邓峰（2009）从空间生产理论入手分析了历史街区更新前后社会结构及街区空间类型的变迁，改造的景观反映了新的空间生产需求，但在本质上无法实现历史街区的文化传承，以此提出街区的渐进式更新途径。姜文锦等（2011）以上海新天地为例总结了旧城改造的空间生产过程。黄斌等（2012）以北京东城区南锣鼓巷为例分析了资本和文化在旧城空间生产过程中对商户消费者、原住民、政府这三者空间权利的影响，基于空间生产理论梳理了文化创意产业对旧城空间再生的作用机制。胡毅（2013）以南京市老城南地区的南捕厅为实证案例，揭示了内城住区更新的参与主体包括住区空间本身的生产关系都发生了改变以适应新的资本生产方式。袁奇峰和蔡天抒（2016）以汕头小公园历史街区为例探讨了基于空间生产视角的历史街区改造困境。刘彬和陈忠暖（2018）提出的将历史空间打造成全新的消费空间成为很多大都市进行空间生产的重要手段，他以成都远洋太古里为例，运用新马克思主义城市相关理论，对基于历史文化街区改造而成的城市新型消费空间进行了政治经济学分析。周婕和邹游（2018）以武汉市三处典型的城市更新项目为例进行问题识别后，提出在当代中国城市空间建设过程中，存在空间资本化导致的非均衡博弈、空间同质化导致的人文性缺失、空间政治性导致的大拆大建等空间生产进程中的负面现象。

从空间生产理论的视角而言，城市空间是一种巨大的社会资源，因而也是一个社会关系的重组与社会秩序的建构过程。张京祥等（2014）以南京市典型的城中村江东村为研究对象，从空间生产的历史性变迁、社会关系的再生产、制造的新空间三个方面展开分析，透视了在城市空间生产过程中对人群分层和环境的差异性制造，以及对村民社会生活和生产关系的改变。江东村最终被城市强力改造成为中产阶层社区，代表着新的生产关系和社会结构的建立，其生产和塑造的不仅仅是空间，更是社会的新界限。胡毅等（2014）提出，资本的不平衡发展是当代空间生产的源动力。城中村作为中国城市化发展特有的产物，通过对地理环境的不平衡选择、行政界限的突破和重新划定以及社会关系不平衡的塑造来维持其不间断的利润生产。

权力、资本和市场等主体对旅游空间的建构促使了旅游地空间生产向消费空间的演变（王华，梁舒婷，2020）。黄剑锋和陆林（2015）面对中国经济、社会转型的实践背景和地理学"文化转向"、社会学"空间转向"的理论背景，提出了空间生产视角下的旅游地空间研究新范式。罗秋菊等（2018）以大理双廊的民居客栈为例，基于空间生产理论从物质空间、精神空间、社会空间进行分析，发现旅游发展下空间生产和塑造的背后代表着资本和文化的互动以及新的社会关系的建立。孔翔等（2019）通过对苏州市吴中区东山镇陆巷古村的实地调研，提出一些社区参与模式下的传统村落旅游开发能较多展现原住民在旅游空间生产中的权力及主导作用，但外部资本和地方政府的较少介入未必能有效推动传统村落旅游资源的开发。也有学者在"空间三元论"基础上从空间生产理论视角构建旅游三元空间——旅游制度空间、旅游经济空间与旅游社会空间，探讨乡村旅游社区的正向有序可持续发展（朱晓翔，乔家君，2020）。

在乡村振兴大背景下，乡村空间重构是城乡统筹发展语境下乡村现代化的重要途径。近年来，也有不少学者将空间生产理论引入乡村空间的相关探讨。杨忍（2019）以空间生产理论为基础，解析了城郊乡村的空间分化过程及机制，以期丰富乡村空间分化和治理的理论。梁肇宏等（2020）引入空间生产理论分析了在权力、资本及社会力量驱动下，乡村生产、生活、生态空间的演变和乡村人地关系，提出乡村人地关系重塑下的生活空间、产业经济结构革新下的生产空间和地域多元空间融合下的生态空间的"三生空间"重构策略。杨洁莹等（2020）认为资本下乡重构了空间生产主体，会改变乡村内部治理结构形成新的社会关系网络，导致空间非正义等问题凸显。

特色小镇是新常态下区域经济转型升级的一大战略举措，是中国新型城镇化的新探索（黄扬飞，孙嘉诚，冯雪峰，2020）。梦想小镇的产生有其特殊性，是时间与空间条件耦合的结果。曹康和刘梦琳（2019）基于空间生产理论，从空间转型、实施路径以及影响作用等方面对梦想小镇发展机制进行解析，提出了特色小镇规划及实施建议。

城市政府通过实行不同的空间政策，在城市中塑造和生产不同的空间。在保障性住房政策的引导之下，生产出了新的城市空间。张京祥等（2012；2013）通过对南京市典型的老旧住区、保障房住区的深入调研和对比研究，揭示了保障房住区的社会空间绩效，并从空间生产的角度剖析了保障房住区社会空间问题的成因，揭示了保障性住房建设对城市社会空间演化的正负效应。钟炜菁等（2016）以镇江新区平昌新城拆迁农民集中安置社区为例提出了安置社区空间的生产是结合地方政府的公共权力运作、市场和原村集体组织的资本运作，以及居民对空间使用权益的博弈、平衡的复杂产物。地方政府通过权力和资本的结合加强对空间的控制，居民被规训的同时也进行抵抗，对空间进行重塑，构成了安置社区空间生产的基本运作逻辑。

对于塑造城市生产和消费空间的城市政府、工商资本而言，土地是其重要的生产要素之一，降低其成本是工业产品生产、商业经营中极其重要的方面。如果能以相对廉价的方式获取城市土地，则可以有效降低其生产成本或经营成本，提高其产品、商品和服务的市场竞争力，更优地实现自身资本的积累。也就是说，空间的生产本身成为城市政府、工商资本实现资本积累的途径（陈浩，张京祥，2010）。当前与中国大规模旧城更新联动的保障房住区建设，从深层次角度看是政府、工商资本在利用城市空间类型与区位的置换来获取城市中心区—边缘区土地级差地租的收益，以实现资本的增值与积累。出于最小的投入考虑而将保障房住区布局在城市边缘地区，出于建设成本的考虑而尽量压缩生活设施配套，为了快速安置人口而采取大规模、集中居住的方式，当前的这种保障房住区建设方式事实上也正在生产着一种新的社会关系。这些保障房住区的居民不但与他们原有的社会网络、生活环境完全隔断，而且生活在一个新的、内外社会关系断裂的"城市孤岛"之中。这样的一种空间孤岛必然会催生出社会孤岛，保障房住区的居民在社会网络关系、社会空间心理效应等方面将明显地被置于主流社会关系之外，也必然会滋生出一种新的"亚社会关系"。很显然，这种"亚社会关系"对和谐社会建设是不利的。我们更要担忧的是，在这种社会孤岛、"亚社会关系"中成长的第二代群体，他们将如何看待这个社会？如何融入这个社会？（张京祥，陈浩，2012）

2.2　居住空间分异

2.2.1　基础理论

城市居住空间分异是指不同经济状况、文化背景、社会地位、生活方式的城市居民居住于不同的空间区域之中，其居住场所在地理空间上的隔离（李晶，程久苗，范菲菲，2012）。

2.2.1.1　不同学派

（1）芝加哥学派

对城市居住空间分异最早进行研究的是美国芝加哥"人类生态学派"，以罗伯特·E.帕克（Robert Ezra Park）、厄内斯特·伯吉斯（Ernest Burgess）、罗德里克·邓肯·麦肯齐（Rodericke Duncan Mckenzie）、路易斯·沃斯（Louis Wirth）等为代表。芝加哥学派立足于20世纪二三十年代的美国城市，从达尔文的进化论中借用生态学的入侵、竞争、冲突、适应、演替和同化等原理研究芝加哥城市的区位分化布局，并形成了多个城市社会空间分异的理论模型。各模型中对不同社会阶层的居住空间进行了划分，成为早期城市居住空间分异与结构特点研究重要的理论指导。

第一，伯吉斯的同心圆地带模型。1923年，美国社会学家伯吉斯（E.W.Burgess）在研究芝加哥的土地利用和社会特点后，提出了由中心商业区、过渡带、低收入居住带、高收入居住带、通勤带五个同心圆地带组成的城市格局（见图2.1）。他总结出城市社会人口流动对城市地域分异的五种作用力，即向心、专门化、分离、离心、向心性离心。在以上五种力的综合作用下，城市地域产生了地带分异，产生了自内向外的同心圆状地带推移。

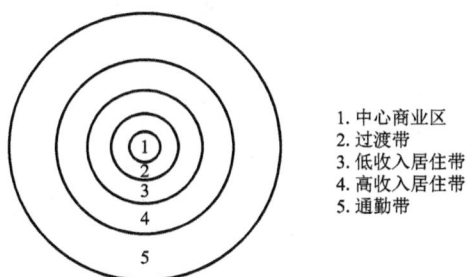

1. 中心商业区
2. 过渡带
3. 低收入居住带
4. 高收入居住带
5. 通勤带

图2.1 伯吉斯的同心圆地带模型

第二，霍伊特的扇形模型。1939年，美国经济学家霍伊特（Homer Hoyt）运用美国中小城市的房租资料，研究了美国城市住宅区发展趋向和地域结构延伸变化，并在此基础上提出了城市地域的扇形模式（又称楔形模式）（见图2.2）。霍伊特在研究中指出，城市的发展并不遵循同心圆的路线，而是从市中心向外沿主要交通干线或沿阻碍最小的路线向外延伸，呈放射状的扇形模式，使城市地域呈现出被交通线支撑向外扩展的方向呈不规则式。其空间结构包括中心商务区、批发和轻工业区、低收入住宅区（相当于过渡区或工人住宅区）、中收入住宅区（中产阶级居住的地方）和高收入住宅区（富人居住的地方）五个部分。同时，霍伊特还提出了高租金地区多循建设完善的交通路线发展等假设，他的理论更灵活地解释了城市空间结构的特点。

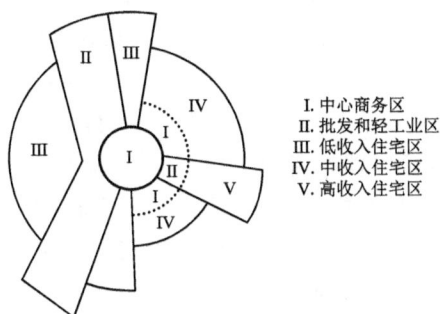

I. 中心商务区
II. 批发和轻工业区
III. 低收入住宅区
IV. 中收入住宅区
V. 高收入住宅区

图2.2 霍伊特的扇形模型

　　第三，哈里斯和厄尔曼的多核心模型。多核心模型最先由麦肯齐（R.D.Mck-erzie）于1933年提出，后来由哈里斯（C.D.Harris）和厄尔曼（E.L.Ullman）于1945年加以发展。该模型强调，城市土地利用过程中并非只形成一个商业中心区，而是会出现多个商业中心，不但一个都市的商业核心是多个的，而且其功能也是多核心的。在城市化过程中，随着城市规模的扩大，新的中心又会产生。在他们的模型当中，城市空间被分为中心商业区、批发与轻工业带、低收入住宅区、中收入住宅区、高收入住宅区、重工业区、卫星商业区、近郊住宅区和近郊工业区九个部分（见图2.3）。

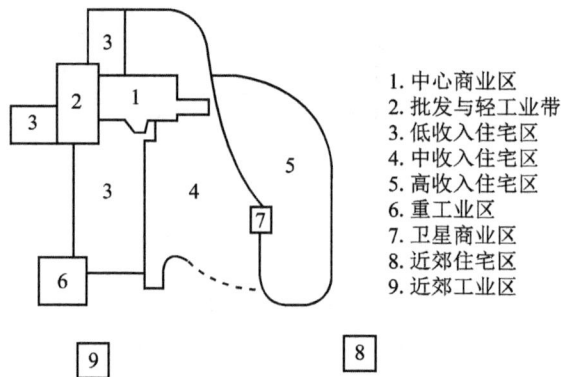

1. 中心商业区
2. 批发与轻工业带
3. 低收入住宅区
4. 中收入住宅区
5. 高收入住宅区
6. 重工业区
7. 卫星商业区
8. 近郊住宅区
9. 近郊工业区

图2.3　哈里斯和厄尔曼的多核心模型

　　这三个理论模型对城市不同类型住宅区区位分布的分析，为西方学界开展城市居住空间分异研究奠定了基础。

　　（2）新古典主义学派

　　以阿朗索（William Alonso）、穆斯（Muth）为代表的新古典主义学派立足于第二次世界大战后的资本主义城市的郊区化运动，研究居民最佳住宅区位的空间选择和交通费用之间的关系，利用空间均衡模型解释因交通费用而产生的空间分异问题（顾朝林，于涛方，李平，2008）。阿朗索将空间作为地租问题的一个核心进行了考虑，并首次引进了"区位平衡"（location equilibrium）这一概念，同时成功解决了城市地租计算的理论方法问题，构建了城市地租梯度曲线及同心圆土地利用模式。阿朗索的理论模型认为，随着地租地价从市中心向郊外逐渐下降，市中心至郊外的用地功能依次为商业区、工业区、住宅区、城市边缘和农业区。穆斯的核心观点认为，城市地价随距中心距离的增加而下降；且当运费不变时，地价下降的幅度（即地价梯度）不变。

（3）新韦伯主义学派

对空间分异研究较深入的是新韦伯主义学派。该学派产生于20世纪70年代的英国，其代表人物是约翰·雷克斯（John Rex）、罗伯特·摩尔（Robert Moore）、爱德华·帕尔（Edward Pahl）、彼得·桑德斯（Peter Saunders）。新韦伯主义城市社会学派在研究城市空间分异时，以韦伯的官僚制理论和社会分层理论为依据，分析了福利资本主义条件下城市空间分异的原因。

（4）马克思主义城市社会学派

以法国的列斐伏尔、卡斯特尔，英国的哈维，美国的苏贾为代表的马克思主义城市社会学派在研究城市空间分异问题时，首先对芝加哥学派、新古典主义学派、新韦伯主义学派等资产阶级城市社会学派展开了批判，认为城市空间分异主要是在资本的逻辑作用下形成的，只有从马克思的级差地租、资本积累、再生产等理论出发，才能阐明城市空间分异的实质与原因（周立斌，周茂源，2016）。

马克思主义城市社会学派创造性地把马克思的级差地租理论应用于对城市空间分异的分析上，认为城市的级差地租是空间分异的主要原因。而且资本主义城市中存在的级差地租完全是人为的，是为满足资本的循环和增殖需要而创造出来的。资本家为了摆脱生产领域企业相互竞争导致的利润率下降和资本过度积累造成的危机，把资本投向城市环境的改造，资本的循环突破了生产领域的第一循环，进入第二循环，城市的级差地租由此产生。

哈维指出，在城市环境改造中，高收入阶层占有并控制了位于城市中心的住宅，而低收入阶层被迫从这些地区迁出，迁到地租便宜但工作不便的城市郊区或偏僻地区，这就产生了城市环境改造导致的居住空间分异。不仅如此，在地方政府和开发商的共同推动下，市中心的地租不断上涨，租金和房价的高昂彻底粉碎了低收入阶层入住城市中心住宅的梦想，使居住空间分异永久地固定下来。

同时，哈维强调"空间关系之后的三个主体——金融资本、土地利益和国家——彼此联结，构成社会生产可分配成利息、租金和租税的理论。三者交互作用，实现了城市改造，也创造了新的空间关系。新空间关系（外部和内部）乃是从国家、金融资本和土地利益的结盟中创造出来的"（哈维，2010a）。金融资本在国家政策的支持下，通过对城市环境的改造，人为地造成不同地段的级差地租，从而形成住房空间分异乃至阶层差别。金融资本、土地利益、国家三者之间彼此联结形成有机整体，共同推动城市的环境改造进程，导致城市居住空间分异。奥斯曼的巴黎改造案例则是其用于佐证该观点的经典案例。

拿破仑三世时期（1852—1870年），为了改变巴黎的城市面貌，巴黎塞纳区行政长官奥斯曼主持进行了长达17年的巴黎改建工程，对城市中心的贫民窟、狭窄的街道进行了大规模的拆除，重新建造了许多新的宽阔笔直的大道和围绕巴黎的大环路，同时也建造了公园、广场、林荫道及住宅区。哈维指出，也许奥斯曼本意并非在巴黎进行居住空间分异，但在金融资本和房地产市场的共同作用下，"逐渐将巴黎内部空间的组织与不同使用者以竞价取得空间控制权的方式结合起来"（哈维，2010），形成的级差地租带来了明显的空间分异（周立斌，周茂源，2016）。据哈维的统计，在1852—1870年，巴黎旧城区住宅平均价格增加了2倍，房地产总值增加了60亿法郎，各地段土地价格和房地产价值差异极大，城市内创造出了许多专供工商业使用的黄金地段，而贫民住宅区却在城市边缘被不断地兴建，形成了居住地的隔离。土地与房地产结合所构成的新的空间环境迫使使用者调整土地用途，最终形成了各地段的空间分异（周立斌，周茂源，2016）。

　　而卡斯特尔则看到了因住房消费的争夺导致的住房消费不平等而产生的空间分异现象。因此，他将分析的视角放在了住房资源获得的渠道上。他指出，在城市中，个人的住房获得渠道除了市场渠道，还有公共福利渠道，即廉租房、经济适用房等。由此，居住空间分异的产生也有两个渠道：市场渠道和公共福利渠道。由市场渠道产生的空间分异与人们的社会财富获得有关，即与经济地位有关；而由公共福利渠道产生的空间分异却与人们的社会地位和能力有关。公共福利非但没有消除城市住房的空间分异，而且加剧了这一趋势，"住房不平等被各个阶级、各个社会层次所遭受到的来自于公共住房生产与管理的经济、制度、文化机构的不平等待遇所强化"（Castel，1978）。因为那些社会地位高、财富多、能力强、人脉广的人能在开豪车的同时获得经济适用房，进而转手或出租；而那些真正需要廉租房或经济适用房的人却因为社会地位低、能力差等原因与此无缘，只能在破旧不堪的内城区或郊区寻找栖息之地。

　　马克思主义城市社会学派认为城市空间分异固化了社会分层，社会不平等也被不停地生产和再生产出来。比如奥斯曼的巴黎改建使得巴黎的各个住宅区都有各自相应的标识，而这些标识不仅能够显示出住户所处的社会阶层和社会地位，还能体现出他们的家世背景和理想追求。在城市建设的过程中，尤其在旧城改造过程中，原先居住在旧城的住户不得不迁居到郊区或居住在城市的隔离地区，成为"被边缘化"的人。这些"被边缘化"的人不仅在道德、情感等方面受到了不同程度的伤害，而且所享受的社会保障水平也会降低（周立斌，周茂源，2016）。

2.2.1.2　相关理论

　　西方学者在研究城市居住分异的过程中也形成了一些相关理论，如社会空间统一体理论、社会分层理论、社会排斥理论、侵入与接替理论、过滤理论、家庭生命周期理论等。

（1）社会空间统一体理论

社会空间统一体理论最早由哈维在《社会公正和城市》中提出，该理论认为城市地域内人地关系，即人类与他们生活的物质社会环境的关系构成了研究城市社会地理的基础。这表明城市的物质空间与城市的社会空间具有一致性，一般表现为物质空间与社会阶层结构及其冲突和转化相统一的空间同质性，这种空间生产关系的同质性通常可以将城市组织空间划分为不同层级的各种区域（师春梅，2010）。

（2）社会分层理论

社会分层理论采用地质中的分层现象来比喻人类社会各社会群体之间的层化现象，指社会成员、社会群体因社会资源占有不同而产生的层化或差异现象，尤其指建立在法律、法规基础上的制度化的社会差异体系。城市社会空间分异的研究一般包含五个层次：土地利用与建筑环境的空间分异研究；邻里、社区组织的空间分异研究；感知与行为的空间分异研究；社会阶层分化研究；社会空间分异的动力机制研究等。

（3）社会排斥理论

20世纪60年代，法国一些政治家、活动家、官员、新闻记者和学者经常在意识形态上模糊地提到穷人是"受排斥者"。后由法国学者勒内·勒努瓦（Rene Lenoir）首次提出了"社会排斥"（social exclusion）概念，并流行于法国，强调的是个体与社会整体之间的断裂。西尔弗（Silver）和德汉（De Haan）将社会排斥划分为三种不同范式："团结型"（solidarity）、"特殊型"（specialization）和"垄断型"（monopoly）。以上范式各自同时表现于理论取向、政治意识及民族思想中，强调排斥过程的不同原因、发展公民身份和社会整合的独特观念。

（4）侵入与接替理论

如果一个群体离开它原来的居住地而进入另一群体的领域，便是侵入；当后来群体取代原有群体并实施对该地区的有效统治时，就形成了接替。接替是入侵的延续，两者在过程上是密切联系的。从入侵到接替，往往要经历较长时间。帕克、伯吉斯、麦肯齐等著名学者创立的人文区位学派对城市入侵与接替现象有较深入的研究，也是城市绅士化研究的切入点。

（5）过滤理论

霍伊特认为，城市居住结构的关键在于高社会地位家庭的行为。他指出，这些家庭占据了新兴城市中最好的土地，并远离工业活动。随着城市的发展与扩张，高收入地区沿着自然通道向外轴线扩展，以满足富人将可达性与郊区生活相结合的愿望。这种扇形迁移因"社区领袖"偏好非工业滨水地带与高地而得到强化；而其他的高收入群体则追求与这些要人居住在同一领域里的社会标记。当他们对现有住房不满并导致旨在维持其排他性的新房外迁时，就会出现进一步的扇形发展。随着高社会地位家庭的外迁，其空置下来的住房即被中等地位家庭所占有，而中等地位家庭所拥有的住房则接着被低社会地位家庭所占有（这一过程即称为过滤）（诺克斯，平奇，2005）。

（6）家庭生命周期理论

家庭生命周期理论认为，家庭从形成到解体是一个循环运动过程，在家庭生命周期的各个阶段有不同的家庭角色要扮演，不同的角色承载着不同的角色期待，而随着时光流逝，年岁渐增，个人观念因受外在环境影响亦不断改变。该理论最早由希尔（Hill）和汉森（Henson）提出，可以作为解释现代城市居民移动——活动系统的一种理论。家庭人数的变化是划分家庭生命周期不同阶段最重要的标志。一般来说，家庭生命周期可分为形成期、成长期、成熟期、衰老期，每个家庭所处生命周期阶段的不同都会引起居住需求的变化，进而产生迁居（李晶，程久苗，范菲菲，2012）。

2.2.2　国内应用研究

我国城市居住空间分异问题研究起步较晚，直到20世纪90年代中后期出现了被国际学界称为"城市居住空间分异"的现象（张旭坤，2019）。我国学者吴启焰所著的《大城市居住空间分异研究的理论与实践》一书是国内第一本关于居住空间分异研究的专著，吴启焰（2001）指出，"人与周围的环境之间的双向互动（Interacting）的连续过程就是社会空间统一体。一方面，人创造、调整城市空间，同时他们生活工作的空间又是他们存在的物质、社会基础"。易成栋（2004）引用社会排斥理论研究了武汉常住人口的居住空间分异，发现因人们社会地位、经济收入等存在的差异，居住空间在很大程度上受到社会排斥的影响，在空间形态上形成景观相异、面积不同、相互隔离且具有连续性发展趋势的同质化居住区体系，从而形成城市景观中的空间"马赛克"现象。孟庆洁等（2010）以上海市闵行区古美街道为例，引用侵入与接替理论，揭示了在城市向郊区的侵入与接替过程中，社会经济环境、就业等因素的综合作用使郊区居住分异由一元同质性向非均衡多元异质性社会空间转变。塔娜和柴彦威（2010）指出，过滤是以高收入居民向外迁移为导向的一系列居住迁移和住房周转过程。居民是决定邻里地位的重要因素，是过滤过程的主体。邻里变化是过滤的结果，反映了居民属性的改变。

整体上来说，根据研究的侧重点不同，我国城市居住空间分异的研究大致可分为三个时期。

2.2.2.1   第一时期：1997—2005 年

这个时期的研究视角较为宏观，研究重点是城市居住空间分异的产生（吴启焰，崔功豪，1999），中西方城市在空间转型及社会分异的异同等。该时期的研究认为，我国城市居住空间分异主要源于全球化（李志刚，吴缚龙，卢汉龙，2004；Wu，2003）、制度改革（Wang，2005）以及经济发展所带来的社会阶层分化和城市空间结构转型（刘长岐，王凯，2004；Wu，2004）。其中，土地（Zhang，2000）、户籍（Fan，2002）、住房（吴启焰，张京祥，朱喜钢，等，2002；Wu，2002）被学者们认为是影响城市居住空间分异的三大主要制度因素。该时期的实证研究多采用因子分析法，将城市分为不同的社会（Wu，2005；Gu，Shen，2005），分析城市内部出现的不平等现象（Zhou，Ma，2000）。还有一些学者关注城市中的特殊社会阶层及居住环境，如流动人口住宅区和郊区豪宅（Wu，2004）、外国人社区（Gu，Shen，2003）、新兴富裕阶层、城市内少数民族聚居地（Hu，Kaplan，2001）等。这类研究多采取定性描述、小范围的调查问卷和访谈相结合的方法。这一时期的研究表明中国城市已出现城市居住空间分异现象，为后续研究奠定了基础。

2.2.2.2   第二时期：2005—2012 年

这个时期的研究关注不同社会群体的居住社区，重点开始转向城市内部的空间分异，如以流动人口为主的城中村（徐卞融，吴晓，2010；Yip，2012），以中产阶层为主的商品房小区（Wang，Zhou，Fan，2002；李雪铭，汤新，2007；Pow，2007），以城市低收入阶层为主的老旧小区（Song，Ding，2008；刘含，罗谦，王魏巍，2011）等。这个时期社区层面的研究主要集中于功能（functionality）和形态（morphology），功能研究侧重小区的基础设施和公共服务的作用，形态研究则关注小区的建成环境，从物质空间角度分析其对不同社会群体的居住分异影响。居住隔离的影响也是这一时期的研究热点，尤其以中低收入人群的社区为样本，探讨居住隔离与贫困的关系（Wang，2005；单菁菁，2011）。该时期的研究方法以小规模问卷调查和结构性访谈为主。

2.2.2.3   第三时期：2012 年至今

这个时期的研究重点转向微观主体视角，即从人的活动空间（Wang，2012）研究城市居住空间分异，通常从微观视角关注居民在城市中的隔离体验，如个人的居住满意度、社交隔离、日常生活隔离等。随着通信网络的快速发展和居民的流动性增强，社区不再是社会群体交往的唯一空间（张旭坤，2019）。社会群体在城市的居住空间不同，社会交往、日常生活、感知层面的体验也不同。这类研究对技术和数据的要求较高，除自行设计问卷外，不少学者还基于大数据综合应用各种科技信息手段（如GIS、手机App等）。

2.3　城市绅士化

2.3.1　基础理论

城市绅士化（gentrification，亦称中产阶层化）最初是由西方学者提出的对20世纪中期在发达国家中心城区更新中出现的一种社会空间现象的描述。绅士化的概念最早由英国学者卢斯·格拉斯（Ruth Glass）从"gentry"一词引申而来，意指20世纪60年代发生在英国大城市中心工人阶级住区的城市景观和社会经济结构的演化过程，城市中低收入阶层原本居住的社区被中高收入阶层侵入并取代的邻里变化过程（何深静，钱俊希，徐雨璇，等，2012）："一方面，一些位于城市中心的历史街区发生了社会构成结构的变化——原来较为贫穷的居民被中产阶级所取代；另一方面，中产阶级带来的大量投资改善了街区的基础设施，修复了历史建筑，美化了环境，使街区得到复兴"（Glass，1964；朱喜钢，周强，金俭，2004）。随着全球化及城市化的快速发展，绅士化逐渐成为一种全球现象，史密斯（Smith，2002）将这种绅士化的地域扩张称为广义的绅士化。

绅士化现象涉及政治、经济、文化等方方面面，西方学界对于引起绅士化的原因众说纷纭（Beauregard，1986）。对于绅士化的起因，学界观点概况起来主要有三类：①经济原因视角，即基于政治经济学，从资本流动方向的"租差（rent gap）"和住宅制度的"价差（value gap）"等视角进行解释；②社会文化视角，即基于人口结构变动、收入结构变迁和价值观念改变等视角进行解释；③法律制度视角，即基于法律的规定、地方政府的政策措施及相关机构的举措等视角进行解释（李承嘉，2000）。

经历半个多世纪的发展，绅士化逐渐成为西方城市学、社会学、地理学、经济学等学科领域的研究热点，对于绅士化的研究层次和水平也在不断加深。绅士化的发展直观体现了一定地域范围内政治、经济等要素的发展。发展至今，系统化的绅士化现象大致可分为起步阶段、扩张阶段和全面发展阶段三个阶段。

2.3.1.1　起步阶段：1960—1970年

该阶段的绅士化浪潮大致出现在1973年的全球经济危机爆发之前，主要呈现出"零星化"特点，集中在美国、西欧等发达国家的大城市地区，内城的住房投资成为这一时期绅士化发展的最直接体现。政府成为这一时期绅士化发展的主要推动力量，绅士化被认为是"改变内城衰败"的良药（Hackworth，Smith，2010）。

2.3.1.2 扩张阶段：1971—1990年

当全球经济得到复苏之后，该阶段的绅士化以前所未有的速度得以发展。绅士化突破其早先所在的大城市区域而开始向更大范围发展，与起步阶段政府的直接投资相比，扩张阶段的绅士化发展多是政府和市场共同作用的结果，政府开始努力刺激私人市场而不是直接参与到绅士化发展的协调过程当中。这种转变发生的原因在于，西方国家自20世纪70年代以来，新自由主义的兴起对于绅士化发展产生了重大影响，主要表现在西方市场的高度自由化、私有化以及城市政府由"管理型"向"企业型"转变（Smith，2002；张海，卢松，饶小芳，2020）。

2.3.1.3 全面发展阶段：1991年至今

该阶段的绅士化在各种不同的地方产生了各种不同的形势，主要呈现"多样化"的特点（Wyly，Hammel，1999；Lees，2003）。宏观上，伴随着全球化的发展，绅士化开始在全球蔓延（如中国绅士化现象的出现）（Atkinson，Bridge，2005）。微观上，绅士化研究开始走出中心城区，城市郊区（Badcock，2001；Smith，De，1999）和乡村地区开始成为绅士化发展的重要阵地（乡村绅士化出现）（Phillips，1993；Smith，Phillips，2001）。在新城市自由主义的背景下，绅士化成为"全球城市战略（global urban strategy）"（Smith，2002），并作为一种"蓝本"模式（gentrification blueprint），在全球被大量地生产、经营和消费（Davidson，Lee，2005）。以"城市更新"为口号，大力推进城市绅士化进程已经成为世界各地许多城市广泛用以吸引社会资本、参与全球化的重要途径，城市绅士化与全球城市经济重构和全球城市社会结构重组有了重要的关系。从绅士化的推动主体来看，市场正式成为这一阶段绅士化发展的主体，同时，政府通过设立政策和法规、地方政府驱动来加速绅士化运动的进程（Lees，2000；Slater，2004；He，2007）。与前两次绅士化发展带来阶层对抗不同，随着工人阶级在绅士化浪潮中被新的中产阶层所"置换"，这一时期的对抗开始呈现明显削弱趋势（张海，卢松，饶小芳，2020）。且绅士化不再局限于单纯的居住区置换，居住区被置换成商业区（Kloosterman，Van，1999；Curran，2004）以及商住合一区（Lees，2003）已屡见不鲜。并且，绅士化也不止局限于对贫困社区的置换，还产生了"超绅士化"（Lees，2000）和"新建绅士化"（Morrison，McMurray，1999；Cameron，2003；Shaw，2002）。

2.3.2　国内应用研究

我国的绅士化研究始于20世纪90年代末期，源于薛德升于1999年在《规划师》上发表的《西方绅士化研究对我国城市社会空间研究的启示》一文。薛德升主要对西方绅士化的起源、概念和西方学者对绅士化的研究做了大致的介绍和总结，并在此基础上总结了西方绅士化对我国社会空间研究起到的作用（薛德升，1999），为我国绅士化的研究填补了空白，成为我国绅士化研究开始兴起的标志。随后，孟延春（2000），邱建华（2002）又分别对西方绅士化的定义、过程、机制和趋势等做了分析，并运用到旧城改造的实例中，对我国城市中类似的绅士化现象及与西方绅士化的差异进行了分析。其中，邱建华（2002）以保障社会公平为目标重点关注了"绅士化运动"对原住居民的影响；叶东疆等（2003）对大规模旧城改造模式下的社会公平问题进行了专门的思考。

朱喜钢等（2004）以南京市为实例，分析比较了南京城市绅士化与西方城市绅士化在表现形式与动力机制等方面的异同，并在此基础上指出了南京城市绅士化与城市更新的互动关系，提出了为避免在今后的郊区化过程中出现城市中心区的"空心化"，在城市更新过程中吸引中产阶级居住在城市中心区是保持城市中心活力的明智之举，建议在市场机制引导绅士化合理发展促进城市中心区土地资源有效利用的同时进行必要的政府干预，避免绅士化的畸形发展，从而加速社会空间分异的进程，使城市贫困区域化，为我国城市绅士化的研究做了铺垫。

吴启焰和罗艳（2007）对西方城市绅士化与中国城市绅士化进行了比较系统的分析，辨析了西方绅士化的原理和特征，剖析了中国绅士化的过程以及产生的历史和社会背景，并比较了中西方绅士化在表现形式和作用机制上的异同，指出中国绅士化与西方绅士化的后续演替具有相当的类似性。随后，他对绅士化的研究进行了回顾与展望，率先明确中国存在绅士化的时空共轭性、绅士化第一波普遍性等假设，并指出中国第二波的绅士化只会在某些特大城市发生。在中国城市的绅士化过程中，要正确处理原住民动迁问题及后续的空间隔离问题（吴启焰，尹祖杏，2008）。

2007年以前，我国的绅士化研究主要局限在概念引介与对城市旧城改造更新的借鉴等方面，对于单个城市的具体实证研究还不多见。主要原因在于：①城市发展与更新的研究较多借鉴城市经济学的理论与方法，社会学维度的研究还较薄弱；②对国内是否有绅士化现象学界还存在一定的争议（何深静，于涛方，方澜，2001）；③绅士化研究牵涉到旧城原住居民动迁等社会政治敏感性问题，调研难度较大（戴晓晖，2007）；④该时期我国人口、用地、房产等基础统计数据还相当匮乏。但这段时期对绅士化的相关研究，为我国之后的具体绅士化实证研究奠定了充分的基础。

2007年开始，不少学者对绅士化开展了具体的实证研究，实证范围既有对某个城市的研究也有对某个城市中的某个或多个地块的研究。何深静率先在这个领域做了一系列的相关研究，首先利用相关统计资料揭示了地方政府对上海市绅士化运动起到了核心的作用，并认为上海市政府对绅士化运动的促进主要体现在三个方面（He，2007）：①政府刺激和满足了绅士化者的消费要求；②为了促进资本良性循环，政府制定相关政策加大在基础设施建设和环境美化上的投资；③政府动用大量的财力来解决零碎的产权问题，进而加快了绅士化。在市场经济下，地方政府倡导的绅士化运动追求城市生长和经济增长，但这是以大量居民的搬迁为代价的。随后，以上海新天地和两湾城为例，从人口统计学和社会经济学的视角对上海市中心城区的新建绅士化现象进行研究，阐释了绅士化的社会经济学影响（He，2009）。同时，以广州为例诠释了多种绅士化现象，提出了在快速城市化时期，广州的绅士化现象与西方国家出现的绅士化现象十分相似，并且它们所带来的社会空间后果也并无二致，城市人口根据社会经济条件被重新筛选和安置，社会空间被重塑（何深静，2009）。随后，通过田野观察和深度访谈的方式，何深静等（2011）对广州下渡村的学生绅士化现象进行了实证研究，并对比了中西方学生绅士化的异同。随后，她又从传统绅士化、新建绅士化、学生绅士化和乡村绅士化四个角度对广州六个社区进行了实证研究，指出我国特殊的土地制度和目前所处的市场转型期使得绅士化现象的机制较西方更为复杂（何深静，钱俊希，邓尚昆，2011）。2012年，以广州小洲村为研究案例，对乡村绅士化的时空特征及其演变过程进行了深入分析，发现乡村绅士化在一定程度上缓解了乡村社区经济发展的困境，也没有造成对本地居民的置换。乡村绅士化现象的中西方差异主要体现在四个方面：经济和物质层面的影响、与城市化的关系、人口置换的后果、绅士化的推动者。这些差异主要与乡村绅士化发展的社会经济背景、机制和特殊的土地政策等密切相关。这一研究对于探讨转型期中国乡村绅士化现象的特征与机制以及乡村社区发展的模式具有重要的理论与现实意义（何深静，钱俊希，徐雨璇，等，2012）。

综上所述，何深静等人关于绅士化的实证研究涉及宏观的整个城市及微观的城市中某几个地区，涵盖了传统绅士化、学生绅士化、新建绅士化、乡村绅士化和政府主导型绅士化五个类型，对上海、广州的实证研究弥补了我国绅士化实证研究的空白。此外，其他学者也积极展开了对绅士化的实证研究，如戴晓晖（2007）以上海中心城旧区为研究对象，对中产阶层化现象的空间分布模式、演化类型特征和演进历程进行了实证分析，剖析了绅士化的动力机制和负面效应，并提出了相应对策；黄幸和杨永春（2010）采用质性研究和非结构式深度访谈的方法对成都三个片区进行了研究，这是国内首次对西部城市进行的实证研究；徐秀美等（2013）以丽江古城为例，分析了旅游绅士化的出现过程、形成类型与机制，值得一提的是，她运用奖励分析法从量化角度探析了旅游绅士化的影响，这在国内尚属首次。之后，相关学者在学区绅士化（陈培阳，2015；胡述聚，李诚固，张婧，等，2019）、商业绅士化（孙洁，朱喜钢，宋伟轩，等，2018；黄幸，刘玉亭，2019）、历史街区绅士化（平措卓玛，徐秀美，2016）等方面拓展了相关研究。

通过对绅士化研究成果的梳理，不难发现，不少学者在充分肯定城市绅士化正面效应的同时，也对城市绅士化运动可能带来的诸多负面效应深表担忧（何深静，刘玉亭，2008；吴启焰，罗艳，2007；袁雯，朱喜钢，马国张，2010；叶东疆，胡晓鸣，2003）。虽然低收入原住民的住房条件和居住环境获得了较大提升，但拆迁安置无疑导致了该类弱势群体的边缘化，包括经济地位和地理空间双重层面（何深静，刘玉亭，2010）；大量低收入人群集体搬迁至郊区，将带来贫困人口空间上的高度集聚，人为造就了一个个"贫民区"（何深静，刘玉亭，2008）；与动迁前相比，"过滤淘汰"至郊区后，低收入者的日常出行时间和经济成本必然增长，与中等收入阶层的生活水平差距也将进一步拉大，损害了城市的社会公平（张伊娜，王桂新，2007）；有的人甚至因拆迁而失去了工作，成为社会发展的不稳定因素之一（叶东疆，胡晓鸣，2003）。国外学者对城市绅士化的负面效应也给予了充分关注，朱利安·布朗士（Julian Brash）认为绅士化就如同一个特洛伊木马，在带来街区复兴的同时，大部分低收入原住民却因此而被迫迁居（Brash，2000）。尼尔·史密斯（Neil Smith）将原住民对绅士化的态度总结为"既爱又恨"，在绅士化过程中，低收入原住民不仅丢失了栖息之所，还丢失了长期以来形成的社会关系网所能提供的支持和便利（Smith，2002）。在城市绅士化运动中，低收入者住房条件获得较大改善，但却是以地理空间和社会经济双重边缘化为代价的（何深静，刘玉亭，2010）；来自上海的实证研究表明，被动迁居对低收入者产生了较大负面影响，包括就业机会减少、工作稳定性降低等（潘海啸，王晓博，Jemifer，2010）；对广州亚运村拆迁居民的跟踪研究发现，亚运村拆迁对社区居民经济和心理均产生了较大的负面影响（何深静，刘臻，2013），部分拆迁居民的社会经济状况发生了显著恶化。

为此，夏永久等学者将视角直接转向城市绅士化对低收入原住民具有负面影响的实证研究。以南京市为案例城市，对近1000名低收入原住民进行问卷调查和社会访谈，对绅士化过程中城市低收入原住民动迁前后的日常生活、就业以及通勤等方面情况发生的变动及成因进行了分析，以验证城市绅士化对低收入原住民产生诸多负面影响的理论假设，并揭示其内在成因及形成机理（夏永久，朱喜钢，

2014)：①在城市绅士化过程中，城市低收入原住民除居住点被边缘化外，在个人发展方面也被边缘化，呈现地理空间与社会发展上的双重边缘化格局。②"居住—就业的空间错位""社区污名化"以及安置地对外来人口排斥等社会空间问题是其边缘化形成的核心机理。通过本项研究，一方面，证实了城市绅士化会对低收入原住民产生诸多负面影响的理论假设；另一方面，通过社会调查与逻辑推理，初步揭示了低收入原住民边缘化的形成机理。

随后，夏永久等以就业变动为切入点，通过问卷调查和社区访谈，探讨被动迁居后城市低收入原住民的就业变动成因及影响因素，以揭示转型期中国大城市居住空间重构对弱势群体空间行为产生的影响及内在作用机制：①被动迁居后城市低收入原住民就业受到显著性负面影响，拆迁安置对城市低收入原住民就业产生的负面影响具有群体普遍性和个体差异性双重特征，上述差异可能会导致城市低收入阶层内部发生分化。②被动迁居后城市低收入原住民就业变动类型和动因较为复杂，从自主性角度看可划分为主动型和被动型两大类，从动因角度看可划分为拆迁安置型、个人或家庭型以及单位型。③尽管拆迁安置导致的职住分离或空间错位在就业变动成因中占据主要位置，但被动迁居后城市低收入原住民就业变动是多种因素共同作用的结果，包括个体因素、家庭因素或单位因素等，而不能简单笼统地将其归结为拆迁安置结果。可见，国内学者的关注焦点已从中西方绅士化运动特征、机制及过程的异同点转向绅士化的效应问题，即城市绅士化运动中弱势阶层的空间行为响应。该研究不仅丰富了国内城市绅士化领域研究内容，同时也为优化当前内城区拆迁安置等保障房住区模式提供了科学导引（夏永久，朱喜钢，2015）。

2.4 住房阶级理论

2.4.1 基础理论

1967 年，两位英国社会学家雷克斯（J. Rex）和摩尔（R. Moore）在对英国伯明翰市进行调研的基础上，出版了《种族、社区和冲突》一书并提出了住房阶级理论。雷克斯和摩尔的理论假定，"城市在某种程度上分享一个统一的空间价值系统"，指出城市居民面对住房资源有着共同的价值取向，即人人都希望拥有一套高级住宅或郊区住房。在西方社会拥有郊区住房被社会集体意识视作阶级与身份的象征，这使得郊区住房成为稀缺资源。但优质的住房资源很有限，住房资源的分配在不同群体之间是不平等的，有着资产优势的群体可以便捷地获得住房，并拥有更多的住区选择权。于是，城市内部的不同群体按照获取住房途径的差异分为六类人：①完全拥有整套房子的所有者；②拥有完整房子但需要抵押的所有者；③租赁公房者，一是居住很长时间的房子，二是等待拆迁的房子；④租用整栋私房的房客；⑤所有者用短期贷款购买到的一间房子，而且被迫出租房屋并用租金来偿还贷款；⑥临时住所的房客。根据住房条件的差异，不同的住房阶层群体位于城市内不同的空间位置：全部产权所有者住在第三区域或城市周围的卫星城镇；抵押买房所有者在第四个区域中占主导地位；居住公房时间较长的房客也在第四个区域，贫民窟整顿后，公房房客也许就居住在第一或第二个区域；为贫民窟整顿作计划的住房位于第一或第二个区域；私人房客在各个区域中都有，但以第一、第二、第三个区域居多；临时住所的房客在第一、第二个区域都有，但以第二个区域居多（Rex，Moore，1967；张杨波，吴喜，2011）。

住房阶级理论的提出为城市社会学研究带来了新的领域与视角。与传统城市社会学视角不同，它同时吸收了韦伯的社会行动观点与芝加哥学派传统，进而开创了一个将社会阶层研究与城市空间结合在一起的分析框架。这一理论从一提出就受到了学界的重视，并被赋予"新韦伯主义"的称号。

住房阶级理论不仅发展了韦伯关于社会阶层的讨论，而且将芝加哥学派对城市空间的讨论加以具体化；在方法上又结合了个体微观行动（争取住房资源）和城市空间（住房地段的区分）两个方面的优点。一方面，它考虑了韦伯关注个体社会行动的意义，即关注不同住房群体竞争城市空间的过程；另一方面，它吸收了芝加哥学派在城市人文生态学方面的研究成果。它既从微观上考察社会成员运用市场能力和政策能力来获取住房的过程，又从宏观上注意到城市空间与不同住房群体的匹配关系（张杨波，吴喜，2011）。其中有评论指出，该理论"一方面将对住房的研究与主流社会学关注的资源分配不平等和阶级斗争的传统紧密地结合在一起；另一方面，他们试图说明城市的空间结构和社会组织是如何通过住房分配体系联系在一起的"（蔡禾，张应祥，2003）。

雷克斯和摩尔的住房阶级理论以住房更替变迁为研究对象，揭示了住房阶级的形成与住区的分化。他们将西方城市住房分布结构与社会结构的演替称作"城市跳背游戏（urban game of leapfrog）"，这一词语描述了这样一个过程：资产阶级搬迁至环境优良的郊区，中产阶级搬迁至环境一般的郊区，并与资产阶级形成一定的空间分隔，而工人阶级的郊区居住条件更差。同时这些个体原本在内城的房屋变更为其他用途，条件较好的房屋变更为商业设施，其他条件较一般的房屋则作为新移民的居所。这一过程表现了稀缺的住房资源通过市场手段与行政手段完成分配，不同的社会角色在住房分配体系中位于不同位置，通过个人努力为获得理想住房而斗争。了解不同住房在城市中的配置情况成为理解城市生活机会分配的关键。

通过市场手段与行政手段对住房资源进行分配是城市社会的基本过程之一。

这一过程中不同的住房阶级可能会产生社会矛盾，如房主与租客的矛盾、内城居民与郊区居民的矛盾、有房产阶级与无房产阶级的矛盾等。雷克斯和摩尔把为了获取住房资源而展开的斗争也视为阶级斗争。

2.4.2　国内应用研究

根据雷克斯和摩尔的假设，城市在某种程度上分享一个统一的空间价值系统。如果城市化进程使拥有城市中心住房被视为是身份和地位的象征，居民普遍怀有向市区中心迁移的愿望，这就使城市中心住房成为一种稀缺资源。住房这一稀缺资源在居民中的分配是不平等的（赵雁鸿，2010）。

个人获得稀缺的住房资源主要是通过市场竞争机制和科层制的分配机制两种途径。我国城市住房主要分三种类型：商品房、经济适用房、公租房。商品房的价格由市场的供求关系决定，在公开的房地产市场上交易，主要面对社会高收入群体；经济适用房由政府指导价格，面对中低收入群体；公租房由政府确定租赁价格，面对社会底层的中低收入者。城市中由于居民收入差异形成了不同阶层，导致不同阶层在住房上有着明显的差异性区别，而居住差异的形成恰恰是城市阶层化分割的一种体现形式。随着市场化改革的推进、收入差距的拉大、社会分层的加剧，市民居住区位分化越来越明显。在经历了深刻的社会经济变革后，我国大城市原有的阶层高度混杂的共生居住区逐渐消失。在住宅商品化过程中，不同收入阶层的家庭通过"房价"等的过滤作用，在居住模式和居住区位上形成了明显的分化，不同阶层的人口开始有规律地居住（杨上广，2005）。杨上广和王春兰（2006）通过对上海居住空间差异的研究发现，不同阶层之间的居住隔离已经出现，一方面，社会阶层之间的社会距离拉大，形成社会隔离和断裂；另一方面，区隔的出现使得贫困阶层逐渐远离主流社会，并且遭受空间的剥夺，容易出现贫困固化和社会阶层的对立。魏伟（2007）对中国城市边缘群体的空间聚集进行了细致的分析，认为目前中国城市中的边缘化群体聚居区有三类：一是城市中心破败的居民区，二是工业化时代兴建的工人居住区，三是位于城乡接合部的农民工聚居区。从存在决定意识的基本原理出发，居住差异既是阶级关系和社会差异的产物，又反过来促成了阶级关系和社会差异的再生产。邻里或社区是个人社会化经历的主要源泉，居住邻里提供了产生不同价值观、动机和预期的重要社会背景，而不同的价值、动机和预期又是导致社会分层的重要主观条件（高鉴国，2006）。

居住空间上的阶层分化并非单纯的社会分层现象，同时也是一种导致社会阶层化、社会封闭趋势显性化的重要机制。不同社会阶层的人们由于受到不同的结构性条件的制约，选择了不同的居住方式，这表现在一些生活质量和居住质量十分类似的社区中集中居住着一些在生活条件和生活机会上大致相似的人群。并且在这样的封闭性社区中，人们逐渐形成了大致相似的生活方式和地位认同，从而在更广泛的意义上产生了相对封闭的社会阶层群体。居住差异是阶级不平等的表现，导致社会不稳定和矛盾的出现，通过居住差异能够发现城市空间结构与社会阶层结构的关系（刘精明，李路路，2005）。

林绮珊（2019）结合我国城镇住房制度改革的社会背景，以空间生产理论、符号消费理论和住房阶级理论为理论视角，将住房作为综合性的解释因素纳入阶层认同分析框架，通过分析住房与个人社会经济地位因素对人们阶层认同影响的变迁，反映社会转型期社会成员评价自身阶层地位时各因素的重要性的消长，从而折射出社会阶层结构的形成逻辑。其基于CGSS2010和CGSS2015调查数据的研究发现：①住房对我国城镇居民目前的主观阶层认同具有显著影响，拥有的住房资源越多，人们的主观阶层认同越高。②住房和个人的社会经济地位都会影响城镇居民目前的主观阶层认同，但二者的影响随着时间的推移呈现出不同的趋势。住房对人们阶层认同的影响随着时间的推移有所增强，而个人职业和收入水平的影响随着时间的推移有所减弱。③住房是建构我国城镇居民未来阶层认同的重要因素。个人社会经济地位对城镇居民未来阶层认同的解释力非常有限，住房在人们预期自身阶层地位时具有更强大的影响力。住房对人们的主观阶层认同具有重要影响，该影响随着时间的推移有增强的趋势，基于住房所形成的阶层认同，在一定程度上补充甚至替代了基于职业和收入形成的阶层认同。杨竹（2017）指出，住房的拥挤程度、小区区位对居民的住房满意度、阶层认同有显著影响。张海东和杨诚晨（2017）通过实证研究发现，北上广三地居民的住房分层现象较为明显。以"住房品质"和"符号区隔"为代表的住房因素与阶层认同之间存在显著相关性。王敏（2019）基于2003—2015年中国综合社会调查数据实证研究发现，住房对城镇居民社会阶层认同和幸福感皆存在显著的正向效应。在深化住房制度改革过程中，只有重视人民的真实住房需求才能提高人民的幸福感和获得感。

2.5　社会空间辩证法

2.5.1　基础理论

社会空间辩证法是空间生产理论的主要方法论，由列斐伏尔的学生爱德华·苏贾于1989年出版的《后现代地理学》一书中正式提出，其内涵是反映社会、空间和时间之间的作用关系和过程（叶超，2012）。"由于人们在城市空间中生活和工作，他们逐渐对环境施加影响，尽他们最大的可能调整和修改它们，以满足人们的需求，反映他们的价值。然而与此同时，人们自身又逐步与他们的物理环境和周围的人群相适应，这是一个持续的双向的交互的过程"，这一理论视角被人文地理和城市社会学广泛应用于城市空间研究（宦丁蕾，2018）。

秉承列斐伏尔的思想，苏贾在继续批判传统的空间观念以及哈维利用列斐伏尔相关理论解读"社会过程—空间形式"基础上，提出了社会空间辩证法的概念以反映社会、空间、时间之间的作用关系和过程。首先，苏贾用"空间性"（spatiality）这一概念来表达"作为社会产物的空间组织"，认为应该将空间"内化为社会变化、社会转型和社会经验的产物"（Soja，1989）；其次，最为关键的一步就是理解作为"第三方"存在的第三维度，也就是必须打破传统的二元论，承认并强调"第三方"的作用和影响；最后，三元辩证关系内部可形成两两相互作用与影响的不同二元组合（如空间—社会，时间—空间，社会—时间），但第三方与二元组合相互渗透和包含，并力图超越二元，空间性作为一个被长期忽略的"第三维度"被提出，意味着"空间"包含在时间与社会的二元之中并与其相互交织，时间性、空间性、社会性这三元并不存在任何一者的优先或决定权，三者互相涵盖、互相作用（Soja，1996；陆扬，2005）。苏贾的贡献在于他探讨了后现代空间关系，融人文地理学、社会科学和哲学于一体，对空间、时间和社会这三者之间的辩证关系做了全面而深刻的表述和剖析。

在苏贾的基础上，Dear 和 Wolch（1989）指出社会空间辩证法的核心思想有以下三点。

2.5.1.1 社会关系形成社会空间

正是由于人类在生产、生活中结成各种社会关系，作用于实体空间，从而使实体空间具有社会性，形成社会空间。

"空间与社会"的问题研究起源于20世纪60年代晚期以来"马克思主义地理学"与"新都市社会学"的发展，沿着人文地理学界与社会学界兴起的"空间与社会"思潮的演变轨迹，吸收20世纪以来都市与区域发展规划以及建筑设计与环境、行为研究的成果，构成了"空间—社会理论"的理论框架，尤其是融入了建筑符号学、后现代空间理论、女性主义地理学以及新文化地理学等学科领域的一些理论和观点后，其概念、理论和方法体系就显得日益丰满完善，空间也因此成为浓缩和聚焦现代社会一切重大问题的有效载体和研究切入点。

皮埃尔·布迪厄（Pierre Bourdieu）区别了地理空间与社会空间之间的关联以及空间与阶级之间的复杂关系，在对卡比尔人的住宅研究中发现了空间的重要性。通过对住宅布局和空间象征意义的研究，他认为空间中的事物或场所的客观化意义只有通过按一定图式予以结构化的实践活动才能完整地显示出来，而实践活动的结构化所遵循的图式又是根据这些事物或场所来组织的（潘泽泉，2007）。布迪厄有关社会空间的论述是与其理论体系的核心概念紧密结合在一起的，他认为空间就是一个关系的体系，空间的距离与社会的距离相符。行动者主要是依据他们拥有的资本总量和拥有的资本结构被划分进不同的社会空间，这些论点在其重要著作《区隔》中得到体现（孟庆洁，2010）。

2.5.1.2　社会关系受限于社会空间

由于社会空间中建筑的阻挡、交通的限制等，人们的社会关系发展受到社会空间的限制，同时强调了技术对消除社会空间障碍的作用。

美国社会学家安东尼·奥罗姆（Anthony Orum）指出，"技术带来了新的生产和消费活动，通信手段的巨大发展几乎消除了空间障碍。在第二次工业革命期间，电力的普及和有轨电车系统的使用使更多的人力在城市集中，更大规模的工业生产组织成为可能"（陈向明，译，2005）。同时，对空间结构的分析并不是社会结构分析的派生物或附属物。撇开社会结构，空间结构就不可能得到理论上的阐述，反之亦然；脱离空间结构，社会结构就不可能得到实践，反之亦是如此（Soja，2004）。

2.5.1.3　社会空间调解社会关系

在社会空间中的一些交汇地区，由于这样的空间、场所的存在，使得社会关系受到调解（诺克斯，平奇，2005）。

如城市公园不仅热闹，而且内容丰富，人与人之间的大部分活动这里都有，聊天、打趣、聚餐、互动等，这里有合作、有关切、有争论、有批评、有互相的技术切磋；当然也有矛盾，团队内的不合，或与外来人的不合，合作、冲突、评价、信息交流等等。周末，有放风筝的，有踢球的，也有年轻人席地而坐一起边吃东西边玩的，但情况大体也是各玩各的，没有团队间的人际互动。鉴于社会空间物质便利的无对象性、空间使用的非排他性，政治学十分强调公共空间的开放性、公共性和平等性。孟庆洁（2010）认为，公共空间发生了某种稳定的人际互动，结成了稳定的交往关系，发生了团体的活动、集体的决策，对这个地方赋予了意义，产生了地方感、团体感，发生了如其他社会场合的合作、分离、冲突、和解、动员、利益竞争、福利创造等社会活动。由于这样的场所、空间的存在，使得社会关系受到调解。

从传统的只关注时间（历史）的唯物辩证法到三元的社会空间辩证法，马克思主义的理论内涵更加丰富，范畴也更为广延，其他学科也借助马克思主义拓宽了视野，增强了理论性。所以，社会空间辩证法概念最大的作用是促进了马克思主义与地理学、城市研究、后现代思潮等的交融与互补。它使得前者有了至关重要的空间内涵，也使后者更为关切资本、阶级、权力这些"社会"问题并因而获得更深刻的理论武器和行动指南。正如著名马克思主义地理学家理查德·皮特（Richard Peet）所指出的，"马克思主义与环境和空间知识之间的互相作用，对人类存在的深奥问题提供了强有力的理论解释，这些又为它的形成提供了学科力量"（皮特，2007）。社会空间辩证法不但给我们指示了看待时空与社会相互作用的正确视角，而且提示了跨越学科边界进行理论创新的学术路径（叶超，2012）。

当前，在我国城市社会空间演变中，市场化选择占主导地位，不同社会阶层的"社会空间隔离"日趋明显，由此产生的"社会距离"也不断显现出来（李强，李洋，2010）。对此，社会空间辩证法的重要启示是：社会形态和空间形态之间存在着辩证关系。一方面，我们可以通过对城市社会经济活动变化的分析来探讨城市空间形态的变化，并通过对未来活动趋势的分析来预计未来空间形态的改变；另一方面，我们也可以通过对城市空间形态演变的分析来透视社会经济活动的可能变化状况，并通过对空间形态变化的预期安排来约束和影响城市社会经济的发展（宋伟轩，2010）。

2.5.2　国内应用研究

国内研究主要以"社会—空间"辩证法为切入点认识中国城市社会空间转型。"社会—空间"辩证法就是社会和空间之间相互作用，空间安排和结构影响着人们的行为，反过来，人们的行为和其他人的相互影响也在持续地改变现存的空间安排并构建新的空间，以表达他们的需要和渴望（柴彦威，肖作鹏，张艳，2011；倪方钰，段进军，2013）。

李倩菁和蔡晓梅（2015）以广州沙面岛为案例，以社会空间辩证法的视角分析了沙面的空间生产过程。研究发现：①沙面的空间实践根植于空间的历史和物质基础，同时空间实践受到大环境下现代性和全球化的影响，与表征空间相互作用；②沙面的权力阶层规划下的空间表征不仅以沙面历史以及阶段性的物质空间为基础，还以权力阶层的自身利益和文化认同为出发点，设计出各自独特的社会空间；③沙面的表征空间多表现为认同和反抗，不仅体现沙面空间内民众的自身利益和文化认同，同时也受到现代化和全球化的冲击。

以湖北省Q市江汉油田社区为研究案例，用社会空间辩证法的理论视角，探讨其社区特殊的空间形态和居民身份认同形成的原因。研究发现，江汉油田社区"移民社会"与"单位社区"的双重性质使其成为一个特殊的社会空间——一个在文化心理和身份认同层面独立于所在地的"飞地"（宦丁蕾，2018）。

　　潘倩倩（2017）以 S 镇城市外来务工人员廉租住房社区 Z 为例，运用社会空间辩证法，分析青年务工者在保障性住房社区中的生活面貌，进而探讨其背后的社会逻辑。研究发现，面向外来务工者兴建的廉租住房社区选址偏僻，主要作为城市工业园区的配套设施；社区中的外来务工者处于"政策吸纳，空间排斥"的矛盾中，基层社会各方的吸纳帮助外来务工者在排斥性的空间中构建起稳定生活。同时，外部设施的不可得性与社区内部的自给自足相互强化，形成一个封闭的社会空间。外来务工者在廉租住房社区中的安居实际上建立在社会区隔、阶层固化的风险之上，外来务工者的居住权利只是临时性雇佣关系的附属。

　　在当代中国城市建设中，街区制建设引起了人们的重视。街区制建设是针对城市病而来的，因为封闭小区过多，城市居住者的生活环境已经不友好甚至恶化，比如路网稀疏形成了交通拥堵、步行通达艰难等。从一定程度上讲，街区制就是要回复传统的小尺度的居住区域，比如传统的街坊、一些现代国家的适度尺度的街区，形成合适的居住环境，形成人和人、人和自然的和谐相处，形成以人为核心的城市建设、城镇化。这是当代城市社会空间生产辩证法所要求的，是新的空间正义、空间合理性所要求的（强乃社，2018）。

2.6　社会认同理论

2.6.1　基础理论

　　社会认同理论（social identity）最先由塔什费尔（Tajfel）于 1986 年提出，后由特纳（Turner）加以完善，开启了社会学的感性理论建设新思维。社会认同理论对个体认同和社会认同做了区分，解释了个体所获得的对所在群体成员身份的认识，会影响个体的社会知觉、社会态度以及社会行为，是群体关系研究中最有影响的理论（韩静，2009）。社会群体的成员身份和群体类别是一个人自我概念的重要组成部分。因此，当一个人与他人进行交往时，他不是作为一个单独的个体，而是作为一组或一类人的代表与人交往。在社会交往中，个体总是努力寻求获得或维持积极的社会认同，这种积极的认同很大程度上来自内群体（心理上所属的群体）与相关外群体（心理上对抗的群体）的有利比较。当个体不满意当前的社会认同时，个体会选择离开该群体或通过提高自尊来强化社会认同；当个体过分热衷于自己的群体，并主动强化群体的社会认同，在寻求积极的社会认同和自尊中体会与其他群体的差异，容易引起群体性偏见和群体间冲突（Brown，2000）。

曼纽尔·卡斯特（Manuel Castells）是社会认同理论研究的集大成者，其思想主要体现在《认同的力量》一书中。卡斯特首先集中讨论了社会认同如何在后工业时代发生了从瓦解到分化再到重新整合的过程，认为在理性精神泛滥和个体主义思潮崛起、文化落后于时代和社会的变迁时期，只有重构新的时代文化和新的社会认同机制才能有效解决当时社会的失范问题。其次，他认为在通信技术革命的基础上，"认同必须区别于传统上社会学家所说的角色和角色设定"，网络社会中的认同是最具社会性的真正的社会认同。在卡斯特看来，网络社会的崛起唤醒了社会成员的自主、自立、自主选择的自我意识，已经不再仅仅被动地注意自己在社会生活中属于哪一个层面、处于何种位置，而是对社会的存在状况、资源配置和发展态势提出自己的评价与要求，这是一种主动的建构性认同。最后，卡斯特探讨了从抵制性认同到规划性认同的（计划性认同）的路径（卡斯特，2006）。

社会认同理论认为，社会认同由三个过程组成，即社会类化、社会比较、积极区分。①社会类化。社会类化是指把对象、事件和人归类的过程。在这个过程中，个体试图把内群体和外群体的区别最大化，夸大群体内成员之间的相似和与群体外成员之间的区别。②社会比较。社会比较是指把自己所在的群体与其他群体在权力、声望、社会地位等方面进行比较，这个过程使得社会分类的意义更明显，比较的结果是使得群体成员和那些与自己信仰及观点不一致的群体保持距离。Tajfel和Turner（1986）认为有三组变量会影响到群体间的比较，即人们必须主观上认同他们的群体；情境允许评价性群体间的比较；外群体必须足够可比（相似或近似），同时压力情境能够增加可比性。③积极区分。积极区分是指个体用自己的群体身份作为自己自尊源泉的过程。个体把自己群体的权力、地位等与其他团体进行比较后，如果觉得所在群体不够优越，就会远离该群体或者寻求达到积极区分的途径，如和社会地位较低的群体比较等，进而提升自尊水平。这个过程容易产生内群体偏好和外群体偏见（韩静，2009）。

2.6.2　国内应用研究

随着社会的日益分化，国内社会认同研究越来越引起重视。从组织认同、民族认同、阶层认同、社区认同、人际认同等不同角度，理论联系实际地对族群认同、文化认同、社会群体认同、组织认同、主观阶层认同和消费认同等中国社会认同问题开展了不同程度或不同层面的论述，并出现了多学科相互交叉，研究方法和技术日趋成熟，出现了社会认同理论在信息系统领域的应用与发展（虞佳玲，王瑞，袁勤俭，2020）。

冯仕政（2005）从社会分层意识、阶层认同的基本情况、阶层认同的维度、相对剥夺感、社会不公正感、社会冲突等六个方面对当前中国城市居民的阶层意识和社会认同做了简要分析。邓治文和卿定文（2006）运用认同倾向量表对438名大学生的社会认同进行研究，结果表明：大学生的认同倾向主要由自我认同和社会认同组成，其中社会认同除了其本身的内涵外还包括关系认同与集体认同；无论是个人认同还是社会认同，当代大学生认同中的积极成分要高于消极成分；影响大学生社会认同的因素由强到弱依次是政治身份、民族、性别、专业、生源、年级，但其各自的影响力度不大；政治身份、专业、生源、年级对社会认同的影响呈现出不同程度的显著差异。李友梅（2007）认为，社会认同是一种群体观念的体现，包含社会成员共享某种信仰、价值观和行为取向等方面的内容，是社会成员在社会生活中寻找归属感的一种体现。与工业文明社会中的"绝对理性"相比，社会认同可以使现代社会更加稳定，而不是如启蒙运动所主张的"只有理性精神才可以达到稳定的理想王国"。郑杭生（2009）从社会互构论的视角指出，社会认同就是以利益为基点，以文化为纽带，以组织为归属，在多种社会关系网络中，个人和群体对其社会身份和社会角色的自我认定和他者认可。其概念主要包含了认同的主客体、内容、类别、性质等，比较全面地概括了社会认同的性质。郭星华和刘正弦（2009）强调初级关系的解体对当代社会认同的影响，法律权利、隐私观念、社会流动等因素推动了中国社会的人际关系从质和量方面都发生了较大的变化，基于地缘、业缘和血缘之上的初级关系逐渐让位于理性和制度之上的次级关系，人们不再致力于建立一种长久感情的关系，而热衷于建立短期的功利的人际关系。刘少杰（2011）将社会认同理论作为社会科学视角的一种重要转化加以关注，他认为社会认同是社会成员对利益、地位和其他生活条件的认识，不是科学认识论所讲的那种客观性认知，而是包含着平等、公正和善恶是非的评价。社会认同不仅是对自身利益和地位的认可，也是对其他社会成员、社会群体和社会关系的评价，是社会成员形成社会态度、采取社会行动的主观根据。

王春光（2001）率先关注了农民工的社会认同研究，指出农民工中部分人开始试着去认同主流社会，对家乡的乡土认同在减弱。研究进一步指出，"在短期内如果不能对目前城乡'分治'的二元社会结构进行根本性和实质性改革，那么新生代农民工的社会认同会趋向'内卷化'建构，即认同于自己这个特殊的社会群体，不认同于城市社区和农村社区"，从而变成城市社会的"边缘人"。王毅杰和倪云鸽（2004）从地位结构观的年龄、婚姻状况、收入等方面分析了流动农民社会认同现状，指出在社会转型背景下，流动农民社会认同正由被动型向主动型转变。包福存和张海军（2006）对建筑业青年农民工社会认同进行了研究，指出其社会认同可以通过身份认同、城市认同、组织认同、乡土认同和未来归属认同等指标来衡量，他们的社会认同呈现出身份认同模糊化、城市认同和组织认同较低、未来归属认同不明确的特征。张文宏和雷开春（2009）运用结构方程模型对城市新移民的社会认同进行了研究，发现城市新移民在职业认同、群体认同与地位认同，地位认同与地域认同，地域认同、文化认同与群体认同，以及群体认同与文化认同之间存在一致性认同倾向；在职业认同、文化认同与地域认同，地位认同、文化认同与群体认同之间存在着差异性认同的倾向。社会认同度高的新生代农民工居住在商品房小区的概率越高，受教育程度较高的新生代农民工住在保障房社区的概率越大，劳务派遣工居住在单位社区发生比例更高，收入低、自我认同差、跟邻居交往偏多的新生代农民工居住在未经改造的老城区和城中村的概率更高（龙翠红，柏艺琳，刘佩，2019）。探索移民社会认同的内在关系结构等一系列实证研究聚焦的对象为城市化进程中的城乡移民，都是依据不同的理论视角从获得的经验材料出发，分析各个群体社会认同的状况和特点，主要从群体认同问题、地域认同问题（包括归属感、未来归属及乡土认同和社区认同等）方面展开讨论。

社会认同理论给我们的重要启示是，注重归属感的社会认同比单靠利益关系维系的社区邻里更加具有稳定性。我国目前正处在快速城市化时期与社会转型期，社会认同观点将在社会流动、弱势群体等研究领域发挥重要作用，用于剖析大规模城市更新导致的社会网络破碎化问题，以及大型保障房住区形成过程中住区居民社会网络重构、社区归属感生成和社区身份认同形成等现象。

3 住房保障体系及保障功能

3.1 西方社会住房保障的基本特征

3.1.1 以西方社会保障理论为基础

作为市场经济的"减震器"和"安全网",社会保障体系是建立在西方社会保障理论基础上的。

亚当·斯密认为,可以通过"看不见的手"来推动个体利益和社会福利的共同增长,进而实现社会福利水平的提高;马歇尔希望通过改革收入分配以增进社会福利,解决对贫穷者的救济问题;庇古从货币收入的边际效用递减规律出发,提出"政府向富人征税补贴给穷人可以提高社会财富总效用"的基本思想,为《福利经济学》和当代社会保障制度的建立奠定了理论基础;凯恩斯及其追随者提倡通过个人间的财政转移支付,对失业者、贫困者施以救济,从而刺激消费需求,促进了生产和就业,拯救了20世纪上半叶的经济大萧条。

不同的经济理论基础成就了以福利经济学为主导的"全民福利型"和凯恩斯理论主导的"社会共济型"两种不同的福利制度模式。从20世纪下半叶开始,针对社会保障领域出现的众多问题,学术界开展了广泛深入的探索与实践,形成了"新剑桥学派""货币主义""供给学派"等多种社会保障理论。以上述理论为指导,西方社会针对本国本地区的实际问题制定不同的对策,提出基于本国本地区社会保障制度的帮助中低收入者解决住房问题的住房政策,以及为有效实施相关政策而采取的措施和途径。

3.1.2 以市场机制为主导

西方社会普遍承认"人人享有适当的住房"是不可不兑现的承诺;市场经济的实践告诉人们,实现"人人享有适当的住房"这一目标不能仅依靠"看不见的手"。面对因城市化快速发展和居民收入水平差异而出现部分居民住房困难的问题,政府应当主持构建住房保障制度和制定相应的住房保障政策,以保证居民"住房权"的实现。但这个保障制度是有前提和底线的,就是"以维护市场机制为主导"。也就是说,住房保障制度的建立和各项政策的实施必须以维护市场机制为主导。首先，市场是资源配置的最有效机制，充分发挥市场机制作用，是促进住房生产、扩大住房供应规模的最有效手段，任何破坏或取代市场机制的行为都将影响住房生产效率的发挥；其次，政府应当在市场"失灵"时对市场进行适度引导和干预，加强对房地产市场的监督和管理，减少和避免直接参与市场。这种干预是对市场机制的矫正而不是取代，住房政策不能为强调公平而牺牲市场效率。

3.1.3 住房保障是适度保障

政府对住房保障承担有限责任，住房保障是适度保障，住房保障的对象是"低收入住房困难家庭"。住房保障的有限性是指住房保障的内容是居民的适当"居民权"而不是住房"财产权"；住房保障的适度性是指政府提供的住房保障是满足居民住房的最基本需求，改善和提高居住水平应通过市场来解决。住房保障的本质是通过支付转移的方式对社会收入进行再分配，通过这种再分配保障低收入者的"基本居住权"，实现社会财富分配的"结果公平"。所以住房保障范围和保障水平一定要适度，任何超过基本居住权的保障模式都是对"被转移"公民的不公平。

3.1.4 以中低收入人群为主要保障对象

西方社会住房保障制度对象的范围经历了由大到小的转变，在住房短缺时期，其住房保障制度的对象几乎包括高中低收入人群。随着住房短缺问题的逐步解决，住房保障制度目标群的范围逐渐缩小至中低收入人群。而随着住房条件的进一步改善和住房发展阶段的进一步升级，发达国家和地区政府住房保障制度的目标群完全锁定在低收入人群。如英国在第二次世界大战后推行福利国家政策，建造了大量供出租用的公共住房，实施范围很广泛的住房保障制度。随着这一制度的发展，逐渐出现了财政负担过重的问题。进入20世纪80年代后，英国开始大力推行私有化政策，其住房政策的目的转向实现贫困家庭支付能力和政府补贴之间的平衡，把公房私有化作为政策核心。

3.1.5 保障水平与经济发展水平相协调

住房保障对象的确定要考虑居民收入总体水平及不同阶层的收入差异，重点保障低收入阶层的住房困难家庭；也要考虑财政保障能力，根据财政保障能力和实际需要，逐步扩大保障范围。

首先，住房保障水平与经济发展水平相协调。住房保障对象的收入水平线的划定要随着居民平均收入水平和市场房价的提高而提高，保障性住房的面积、品质也应当随着全社会平均住房水平的提高而提高。如随着居民收入和生活水平的提高，新加坡政府制定了针对不同收入水平居民的购屋准入政策，并随着生活水平的提高进行动态调整。在20世纪70年代，该政策规定只有月收入在1500新元以下者才可申请购买组屋；80年代提高到2500新元，随后提高到3500新元，2010年放宽至1万新元，以接纳更多人购买。目前，已有86%的公民居住在政府提供的组屋里，其住房政策的重点已转向改善设施环境和扩大单位面积，提高居住舒适度。

其次，保障范围和保障水平的确定要建立在政府财政支付能力的基础上，任何脱离政府财政支付能力的保障计划都是不可实施或者不可持续的；住房保障具有动态阶段性发展的规律，在不同经济社会发展阶段应当采取不同的住房保障模式和保障政策。

最后，住房保障支出要与财政支出水平相匹配。住房保障政策是社会政策的重要内容，住房保障既是政府的重要职责，也是社会保障资金投入的一个重要方面，应将住房保障资金纳入政府财政预算，并且以立法的形式严格规定。

如在英国和德国的中央财政预算中，住房保障资金的投入是一个重要方面。英国中央财政预算中的住房保障资金占预算支出总额的6%左右。德国虽然规定由州政府负责解决居民的住房问题，但中央政府财政预算中也有相当一部分的住房保障资金。如1999年，德国联邦交通和住房部掌握的州际道路交通及住房资金有500亿马克（仅次于社会保障部），用于住房的有100亿马克，住房储蓄奖励也全部由中央财政负担。多年来，英国政府扶持非营利组织兴建的普通住房和对低收入者的租金补贴一直保持占GDP的2%以上，占政府公共支出的5%左右。

新加坡政府用了50年的时间很好地通过组屋解决了中低收入者的住房问题。在前20年，新加坡主要建设40～70平方米的小户型组屋，最近20年则改为建设85～125平方米的组屋。到1975年，已经有47%的新加坡居民住进组屋。到1989年，87%的新加坡人口迁入组屋以后，政府目标从"居者有其屋"改变为"华厦供精选"，公寓式组屋已经被执行共管公寓所替代，后者有比组屋更好的设计和配套设施，目的是让工资水平在8000新元上下的人能够在私人房地产市场或者组屋市场自由选择，在私人房地产市场价格波动过大时能转而享受国家福利。同时，建屋局的补贴政策也在引导组屋住户"小屋换大屋"。

3.1.6　保障水平具有层次性

住房保障水平应当具有层次性，以体现对每个居民的公平。保障水平的层次性使不同收入水平的居民享受不同程度的保障，是一种经济、合理的保障制度。同时也有利于节约财政支出，减轻政府住房保障负担或保障成本，从而使更多的居民按照其所应享受的待遇享受到政府相应程度的保障。如法国的社会住宅按家庭年收入的高低分为PLI、PLS、PLUS、PLAI四类，并制定了不同的租金标准，PLI社会住宅的租金基本接近市场租金，而且普通职员一般都有申请PLS的资格。为了保障公民的居住权，英国政府采用了分层次的住房福利体系，为租用公房和私房的居民提供不同的福利。对于租用公房的居民，政府直接规定公房的福利性房租，或者对过高的"公平租金"制定折扣。同时制定"标准住房福利"标准，由国家划定一条收入线，收入水平恰好在这条线上的享受一定数额的住房福利；低于这个标准的，增加相应的住房福利；高于这个标准的，则减少相应的住房福利；如果是儿童、残疾人，除了这些标准待遇外，还增加了额外福利。通常，公房租户实际房租支出占平均收入的比重不足10%。对于租用私房的居民，"标准住房福利"提供了类似的待遇。地方政府在对私房租户进行审核后，按照当地公房的"公平租金"以及家庭收入确定津贴数额，用现金的方式提供住房津贴，并直接支付给房东。

为保证住房保障层次性的实现，必须建立严格的收入划分标准和资格审查制度，规定不同收入标准所能享受到的保障待遇，从而控制不同保障手段和水平的适用对象与范围。当居民家庭收入改变后，待遇也要随之改变，以避免其过度享受福利待遇。如日本规定，享受公营住房租金优惠的租户在收入超过基准时，若连续居住3年以上则要累进计租，若连续居住5年以上就须买下该住房。新加坡政府制定了缜密而严格的法律法规，对购买人条件、购买程序、住宅补贴等均做了严格规定，严格按家庭收入确定享受住房保障水平。在住房短缺时期，只有月收入不超过800新元的家庭才有资格租住公有住房，月收入不超过1000新元的家庭才有资格买房，这些政策保证了低收入家庭能够优先住进公共住房。到1979年，政府规定家庭月收入在1500新元以下者可以购买三居室和四居室的住房；家庭月收入在2000新元以下者可以购买普通型五居室的住房，家庭月收入在2500新元以下者可以购买大型的五居室套间。这就使一般收入水平的家庭都有资格购买住房发展局的住房。

3.1.7 保障方式与住房供求关系相适应

住房保障方式要与住房供求关系相适应。一般来说，在住房严重短缺时期，政府直接建房的方式有利于刺激住宅的供给，加快住房建设；而在住房供求关系比较缓和的时期，房租补贴的方式则更具有选择性，更有利于减少保障资金支出，有利于市场发挥作用。相反，如果在住房短缺时期简单地实行房租补贴的方式，则会由于房价较高、申请住房补贴的居民较多、补贴数额较大而难以达到减少政府保障支出的目的。但如果住房供求矛盾较小、房价比较稳定，还继续实行建房补贴政策，则不利于市场作用的发挥，甚至干扰市场机制的正常运行。也就是说，在住房短缺时期，政府的干预有着积极作用；而在住房供求关系缓和时期，充分发挥市场本身的作用，把保障机制融入市场机制之中则是较好的选择。所以，在住房紧缺、住房供求矛盾较大的阶段，住房保障应当以"补砖头"为主，而在住房供应量相对宽裕、住房供求矛盾较小的阶段，住房保障应当以"补人头"为主。目前，英国、德国的住房保障方式都已经或正在经历这样的变化过程。此外，德国租金管制制度的变迁最典型地反映了住房政策受住房供求关系影响。

3.1.8　完善的住房保障制度

实现"人人享有适当住房"目标的核心，是保障中低收入阶层的住房问题。什么人应该保障？什么人不应该保障？在一定的经济与发展水平下应该达到什么样的保障水平？如何实现各项保障措施？所有这些问题都应当通过制度和法律来解决。建立和健全住房保障的制度和法律体系，是西方国家和地区实现住房保障目标的重要经验。

住房保障法规体系的建立要以宪法、民法和相关财产法规为基础，西方国家的宪法、民法及其他相关综合法规一般都强调对人的财产权和生存权的保护，一般都包含社会保障及住房保障的内容和条文，几乎所有国家都颁发了有关住房保障的专门法规，同时建立起相对完备的住房法规体系，明确中央及各级地方政府在住房保障中的职责。

如美国对低收入家庭住房保障的特色之一就在于其各项保障措施的法制化。美国联邦法律规定，住房政策的着力点和住房管理部门的主要任务是帮助低收入家庭解决住房问题。自20世纪30年代开始，美国先后出台了《住宅抵押贷款法》《国家住房法》《住房与城市发展法》《国民可承担住宅法》等法规，对低收入群体的住房保障做了相关规定，逐步完善了住房法律体系。英国先后出台《住房法》《住房协会法》《住房和计划法》《地方政府和住房法》等多项法案，分别对住房协会的注册条件、经营目的、经营活动、资金援助、监督管理等进行了规范。日本作为第二次世界大战的战败国之一，战后面临着严重的住房危机。1951年，日本颁布了《公营住宅法》，规定政府应对符合条件的人群进行补贴，使其可以长期以很低的价格租借公营住宅；1966年，出台了《城市住宅计划法》，针对不同时期住房问题提出"五年计划"的建设目标，使住房规划始终能与国民经济的发展水平相适应。1960年，新加坡颁布《建屋与发展法》，为新加坡住房保障的推进提供了法律保障。在建设住房的过程中，为缓解土地资源的压力，新加坡政府于1966年颁布了《土地征用法令》，规定政府有权征用私人土地用于国家建设，并有权调整被征用土地的价格。根据该项法令，新加坡政府协助建屋发展局以远低于市场价格的价格获得了大量土地，保证了大规模建设组屋所需的土地，通过立法确定了解决居民住房问题的大政方针，为"居者有其屋"目标的实现提供了法律基石。

3.1.9 良好的住房金融制度

西方社会非常重视住房金融对住房保障的支持。综观国际经验，但凡住房问题解决比较好、自有房率比较高的国家和地区，往往都有成熟的房地产信贷机制和完善的住房金融制度。

住房金融制度在本质上是一种帮助居民实现购房纵向延期支付的金融支持方式，这种住房金融制度在一些发达国家和地区十分普遍和成熟。当然，尽管这种制度模式为各国所通用，但在经营主体和经营方式上，各国之间却有较大的差异。美国除了政府金融机构经营房地产贷款外，私人金融机构也可从事个人住宅抵押贷款业务。日本采取了公营与私营相结合的方式，公营的住房金融组织是有名的日本住房金融公库。新加坡政府利用公积金作为建房最初资金，借用存储的私人公积金给建屋发展局，然后将房屋出售给用户，费用则从用户的公积金中逐年扣除。德国的住房储蓄银行专门从事住房储蓄业务，其吸纳的资金必须专款专用、封闭运行，保证资金安全和储户利益。

3.1.10 建设布局有利于社会各阶层的融合

保障性住房选址要有利于促进社会各阶层的融合。西方社会在实施住房政策的实践中，由于提供给低收入者的公共住房集中在城市的某些区域，形成了低收入社区或者贫民窟。在这些区域，教育水平低、就业率低、社会服务质量低、犯罪率高，给城市的稳定带来了极大的隐患，并形成了恶性循环。应采取积极的措施防止贫民窟的出现，尽量避免采取直接投资建房的住房政策手段，而应采用分散低收入阶层居住点的措施，如采用房租补贴手段，让低收入者自由地、分散地到市场上去租房住，从而使其自然地融入其他社会阶层，促使社会各阶层相互融合，促进社会和谐发展。

如美国的住房保障，初期由于在规划时过分强调集中以及种族歧视等原因导致了城市中心区破败，出现逆城市化现象，公房犯罪猖獗，贫民窟内贫困蔓延。而新加坡由于拥有合理的住房保障发展规划，使其不但解决了低收入群体的住房问题，而且实现了各收入阶层的和谐相处，并促进了经济社会的发展。新加坡建屋发展局在城市住宅建设的整体规划上始终坚持"避开大道，直取两厢"的建设方针，即避开房屋密集的市中心区，择城市边缘地带起步。这样规划不仅有利于居民的疏散，而且大大降低了组屋建设的开发成本。此外，新加坡政府还规定不同规模的居住区要配套建设不同规模的福利设施。为促进多代同堂，新加坡政府还特意设计建造了三间一套和一间一套的相连组屋，既方便照顾老人又能保证子女有独立空间。政策上，有倾斜的"购屋津贴计划"和"已婚子女优先计划"。这些规划有效地促进了富人群体与穷人群体之间的交融，增进了家人之间的亲情，推动了整个社会的和谐发展。

3.2　我国的住房制度改革

我国在1978年以前实行的是完全福利型公共住房政策，1978年以后对原有的完全福利型住房政策进行了逐步改革，经历了住房商品化试点、住房商品化与公共住房福利化并举的过程；到1999年，住房制度改革取得实质性突破，商品住宅成为城市住房供应的主流产品；2007年，随着住宅市场化的推进和保障性住房的缺失，部分城市中低收入阶层的住房问题日益突出，住房保障问题被提上议事日程，以经济适用房和廉租房为主体的城市住房保障体系得以逐步建立；2009年，随着我国城市化进程的进一步加速，城市人口激剧增长，同时部分城市房价上涨速度过快，为解决部分不符合廉租房配租条件又买不起经济适用房和部分不符合购买经济适用房条件的"夹心层"家庭住房问题，我国扩大了住房保障范围，开始将公共租赁住房纳入住房保障体系，并加大建设和供应力度，使之逐步成为我国住房保障的主要形式。

我国的住房政策是在住房制度改革与发展的过程中逐步形成并完善的，住房政策的出台推动了住房改革与发展，住房改革与发展的实践又反过来推动住房政策的制定与完善。

3.2.1　住房商品化改革

1988年2月，国务院印发了住房制度改革领导小组《关于在全国城镇分期分批推行住房制度改革实施方案》，标志着我国住房制度改革试点工作的开始；1994年7月，国务院颁布《关于深化城镇住房制度改革的决定》，宣告住房制度改革初步启动，在全国范围内确立住房社会化、商品化的改革方向；1998年，我国住房制度的全面改革拉开帷幕，居民的居住状态开始发生根本性转变。"住房分配货币化"奠定了住房市场化的基本发展导向，同时《国务院关于进一步深化城镇住房制度改革加快住房建设的通知》明确指出，要"建立和完善以经济适用住房为主的住房供应体系"，住房政策依然带有明显的公共导向性。2003年8月，国务院下发了《关于促进房地产市场持续健康发展的通知》，坚定了住房市场化的基本方向，对住房金融信贷、土地供应机制、住房市场监管等方面提出了政策指引，同时以需求为导向调整住房供应结构，明确提出了住房供应主体从经济适用房变更为"多数家庭购买或承租的普通商品房"。住房商品化改革的主要政策文件如表3.1所示。

住房制度改革的根本目的在于通过住房市场化改革，鼓励城市居民和社会资料参与住房建设，加大住房供应规模，解决日益突出的城镇居民住房短缺问题。住房制度改革30多年来，我国房地产业飞速发展，住房供应量逐年增加，城镇居民住房条件得到极大改善。2019年7月31日，国家统计局发布《建筑业持续快速发展城乡面貌显著改善——新中国成立70周年经济社会发展成就系列报告之十》（下称《报告》）。《报告》指出，随着国家建设的步伐，建筑业圆满完成了一系列关系国计民生的重大基础建设工程，极大地改善了人民住房、出行、通信、教育、医疗条件。2018年，城镇居民人均住房建筑面积39平方米，比1978年增加32.3平方米；农村居民人均住房建筑面积47.3平方米，比1978年增加39.2平方米。以浙江为例，据《浙江统计年鉴（2019）》，浙江省的城镇居民住房水平由改革前的人均6平方米左右提高到目前的48.5平方米。浙江城镇居民自有住房拥有率达到83.0%，比1992年的15.4%提高了67.6个百分点。从住房支出水平看，1992年，浙江城镇居民人均居住支出仅129元，到2018年达到9154元。从居住面积看，2019年末浙江城镇居民人均住房面积达到48.5平方米，比1983年（9.44平方米）和2000年（19.87平方米）分别增加了39.06平方米和28.63平方米。从居住配套设施看，2018年，浙江城镇常住居民居住在单栋楼房的户数比重为33.2%，管道供水入户比重为99.6%，饮用水前家里采用煮沸为主要处理措施的比重为94.7%，住宅内厕所为水冲式卫生厕所的比重为98.6%。随着住房商品化的深化，浙江城镇居民居住条件的改善，较富裕的城镇居民开始追求高档小区和花园洋房，并且对房屋装修质量、设计提出了更高要求，更加注重享受舒适的居住环境。

表3.1 住房商品化改革的主要政策文件

发布年份	文件名称	政策目标	核心保障内容
1988	《关于在全国城镇分期分批推行住房制度改革实施方案》	住房制度改革在全国城镇内分期分批推开	分两步实施改革：第一步由"折旧费、管理费、投资利息、房产税"共同构成成本租金计租，并促进个人购房；第二步逐步把住房消费纳入工资，进入企业成本，逐步增加工资并将住房成本租金逐步提高到商品租金水平，进一步实现住房商品化

续表

发布年份	文件名称	政策目标	核心保障内容
1991	《关于继续积极稳妥地进行城镇住房制度改革的通知》	完善住房制度改革的政策和措施,继续推进住房制度改革	提出了分步提租、交纳租赁保证金、新房新制度、集资合作建房、出售公房等多种房改思路
1994	《关于深化城镇住房制度改革的决定》	宣告住房制度改革初步启动,在全国范围内确立住房社会化、商品化的改革方向	提出了建立经济适用房制度的思路
1998	《关于进一步深化城镇住房制度改革加快住房建设的通知》	深化城镇住房制度改革,加快住房建设	提出停止住房实物分配,逐步实现住房分配货币化以及建立和完善以经济适用房为主的多层次城镇住房供应体系

资料来源:根据住房和城乡建设部官网等相关网站资料整理。

3.2.2 住房市场管理干预

2005年3月,《关于切实稳定住房价格的通知》("国八条")显示出政府对住房价格稳定的高度重视,提出八项强而有力的措施引导和调控房地产市场。2006年5月,《关于调整住房供应结构稳定住房价格意见的通知》("国六条")出台。文件把对住房供应结构的调整放在了首位,明确提出"凡新审批、新开工的商品住房建设,套型建筑面积90m²以下住房(含经济适用住房)面积所占比重,必须达到开发建设总面积的70%以上",同时中低价位、中小套型普通商品住房(含经济适用住房)和廉租房的年度土地供应量不得低于居住用地供应总量的70%,希望以此来解决中低收入人群的住房问题(见表3.2)。同时文件对解决低收入家庭住房困难问题提出更为务实的路线图,强制性建立廉租住房制度等条款充分表明了国家住房政策正从"重市场轻保障"的怪圈中走出来,住房政策开始向保障性住房倾斜。

表3.2 住房市场管理干预的主要政策文件

发布年份	文件名称	政策目标	核心保障内容
2005	《关于切实稳定住房价格的通知》("国八条")	抑制住房价格过快上涨,促进房地产市场健康发展	高度重视稳定住房价格;大力调整住房供应结构,严格控制被动性住房需求,正确引导居民合理消费需求

续表

发布年份	文件名称	政策目标	核心保障内容
2006	《关于调整住房供应结构稳定住房价格意见的通知》（"国六条"）	切实解决房地产存在的问题，调整住房供应结构，稳定住房价格	凡新审批、新开工的商品住房建设，套型建筑面积90m²以下住房（含经济适用住房）面积所占比重，必须达到开发建设总面积的70%以上"；要优先保证中低价位、中小套型普通商品住房（含经济适用住房）和廉租房的土地供应，其供应量不得低于居住用地供应总量的70%

资料来源：根据住房和城乡建设部官网等相关网站资料整理。

3.2.3　加强城市住房保障

2007年，我国住房政策的发展进入一个崭新的时代，"保障性住房"被提到了前所未有的高度，"重市场轻保障"的住房政策得到根本性转变。同年2月，温家宝总理在十届全国人大五次会议开幕会上的讲话指明了2007年房地产市场调控的工作重点——解决低收入家庭的住房问题；8月，国务院《关于解决城市低收入家庭住房困难的若干意见》正式出台，首次明确提出把解决低收入家庭住房困难工作纳入政府公共服务职能，对保障性住房的服务对象、建设标准做出明确界定，并将廉租住房建设提到了全新的高度；11月，建设部等部委又相继颁布了《廉租住房保障办法》和《经济适用住房管理办法》，分别对两种保障性住房的保障对象、准入和退出管理机制、建设管理、价格管理、监督管理等方面进行了阐述，使多层次住房保障体系建设真正得到落实。

2008年上半年，保障性住房建设在在贷款、税收和建筑质量等方面有了明确规定，保障性住房建设中的一些问题有了明显改善。中国住房市场开始真正意义上用"两条腿"走路，保障性住房和商品住房开始齐头并进。2008年下半年，加快保障性住房建设的要求在政策层面上加速了这一趋势的发展。2008年2月，中国人民银行、银监会联合发布《经济适用住房开发贷款管理办法》；3月，财务部、国家税务总局下发《关于廉租住房经济适用住房和住房租赁有关税收政策的通知》，住房和城乡建设部下发《关于加速廉租住房质量管理的通知》；下半年，中央多次强调要加快经济适用房和廉租房等社会保障用房建设。温家宝在多次重要会议中明确指出要加快保障性住房的建设。

2009年，我国的住房保障政策进一步扩大保障范围，开始把城市中低收入家庭纳入保障范围。

2010年,《关于促进房地产市场平稳健康发展的通知》要求适当加大经济适用住房建设力度,扩大经济适用住房供应范围。商品住房价格过高、上涨过快的城市,要切实增加限价商品住房、经济适用住房、公共租赁住房供应。同年6月,住房和城乡建设部等七部门联合发布《关于加快发展公共租赁住房的指导意见》,旨在加快发展公共租赁住房,解决城市中等偏低收入家庭住房困难。同时指出,有条件的地区可以将新就业职工和有稳定职业并在城市居住满一定年限的外来务工人员纳入供应范围,弥补了长期以来"夹心层"住房政策缺位。至此,以廉租住房、经济适用住房、公共租赁住房为主要形式的住房保障制度初步形成。

为全面推进保障性安居工程建设,进一步加强和规范保障性住房管理,加快解决中低收入家庭住房困难,促进实现住有所居目标,2011年,国务院办公厅发布《关于保障性安居工程建设和管理的指导意见》,把住房保障列为政府公共服务的重要内容,要求到"十二五"期末,全国保障性住房覆盖面达到20%左右,明确保障性安居工程建设以公共租赁住房为重点。

2012年,住房和城乡建设部等七部门联合下发《关于加快推进棚户区(危旧房)改造的通知》,把棚户区(危旧房)改造作为城镇保障性安居工程的重要内容。

2014年起,为完善住房保障制度体系,提高保障性住房资源配置效率,改善住房保障公共服务,维护社会公平正义,各地公共租赁住房和廉租住房并轨运行,并轨后统称为公共租赁住房。

2017年,坚持"房子是用来住的、不是用来炒的"的定位,在北京市、上海市开展共有产权住房试点,以市场为主满足多层次需求,以政府为主提供基本保障,加快推进住房保障和供应体系建设。

2019年,针对公租房发展不平衡不充分,部分大中城市公租房保障需求量大,但保障覆盖面较低,尤其是对住房困难的新就业无房职工、稳定就业外来务工人员的保障门槛较高、力度不够等突出问题,住房和城乡建设部、国家发展改革委、财政部、自然资源部共同印发《关于进一步规范发展公租房的意见》,就完善城镇住房保障体系、进一步规范发展公租房做出部署,切实提高政府提供基本住房保障的水平,因地制宜加大公租房发展力度,不断增强困难群众对住房保障的获得感、幸福感和安全感。这一时期的主要政策文件详见表3.3。

表3.3 加强城市住房保障的主要政策文件

发布年份	文件名称	政策目标	核心保障内容
2007	《关于解决城市低收入家庭住房困难的若干意见》	切实加大解决城市低收入家庭住房困难工作力度	把解决城市（包括县城）低收入家庭住房困难作为维护群众利益的重要工作和住房制度改革的重要内容；进一步建立健全城市廉租住房制度；新建廉租住房套型建筑面积控制在50平方米以内；确定经济适用住房套型标准，建筑面积控制在60平方米左右
2009	"国四条"	遏制房价过快上涨，加大住房保障力度	适当增加中低价位、中小套型普通商品住房和公共租赁房用地供应，提高土地供应和使用效率，继续大规模推进保障性安居工程建设。力争到2012年末，基本解决1540万户低收入住房困难家庭的住房问题
2010	《关于促进房地产市场平稳健康发展的通知》	进一步加强和改善对房地产市场的调控，稳定市场预期，促进房地产市场平稳健康发展	适当加大经济适用住房建设力度，扩大经济适用住房供应范围。商品住房价格过高、上涨过快的城市，要切实增加限价商品住房、经济适用住房、公共租赁住房供应
2010	《关于坚决遏制部分城市房价过快上涨的通知》（"新国十条"）	进一步落实各地区、各有关部门的责任，坚决遏制部分城市房价过快上涨，切实解决城镇居民住房问题	确保完成2010年建设保障性住房300万套、各类棚户区改造住房280万套的工作任务。住房和城乡建设部要会同有关部门抓紧制定2010—2012年保障性住房建设规划（包括各类棚户区建设、政策性住房建设），并在2010年7月底前向全社会公布
2010	《关于加快发展公共租赁住房的指导意见》	完善住房供应体系，培育住房租赁市场，满足城市中等偏下收入家庭基本住房需求，引导城镇居民合理住房消费，调整房地产市场供应结构	由住房和城乡建设部等七部门联合制定，加大投入，积极稳妥地推进公共租赁住房建设。各地区要制订公共租赁住房发展规划和年度计划，并纳入2010-2012年保障性住房建设规划和"十二五"住房保障规划，分年度组织实施，明确下达任务："十二五"期间全国新建保障性住房3600万套

续表

发布年份	文件名称	政策目标	核心保障内容
2011	《关于保障性安居工程建设和管理的指导意见》	全面推进保障性安居工程建设，进一步加强和规范保障性住房管理，加快解决中低收入家庭的住房困难，促进实现住有所居目标	把住房保障作为政府公共服务的重要内容，逐步形成可持续的保障性安居工程投资、建设、运营和管理机制。到"十二五"期末，全国保障性住房覆盖面达到20%左右。大力推进以公共租赁住房为重点的保障性安居工程建设
2012	《关于加快推进棚户区（危旧房）改造的通知》	全面落实全国资源型城市与独立工矿区可持续发展及棚户区改造工作，扎实推进各类棚户区（危旧房）改造	把棚户区（危旧房）改造作为城镇保障性安居工程的重要内容，加快推进集中成片棚户区（危旧房）改造，积极推进非成片棚户区（危旧房）改造，逐步开展基础设施简陋、建筑密度大的城镇旧住宅区综合整治，稳步实施城中村改造，着力推进资源型城市及独立工矿区棚户区改造。到"十二五"期末，全国成片棚户区（危旧房）力争基本完成改造，住房使用功能得到改善，基础设施得到完善，居住质量得到提高
2013	《关于公共租赁住房和廉租住房并轨运行的通知》	完善住房保障制度体系，提高保障性住房资源配置效率，改善住房保障公共服务，维护社会公平正义	从2014年起，各地公共租赁住房和廉租住房并轨运行，并轨后统称为公共租赁住房
2017	《关于支持北京市、上海市开展共有产权住房试点的意见》	建立购租并举的住房制度，以市场为主满足多层次需求，以政府为主提供基本保障，通过推进住房供给侧结构性改革，加快解决住房困难家庭的基本住房问题	发展共有产权住房，加快推进住房保障和供应体系建设。在北京市、上海市开展共有产权住房试点。建立完善的共有产权住房管理机制，包括配售定价、产权划分、使用管理、产权转让等规则，确保共有产权住房是用来住的，不是用来炒的

发布年份	文件名称	政策目标	核心保障内容
2019	《关于进一步规范发展公租房的意见》	完善住房市场体系和住房保障体系，解决城镇中低收入居民和新市民住房问题，更好发挥住房保障政策在解决群众住房问题中的"补位"作用	加快完善主要由配租型的公租房和配售型的共有产权住房构成的城镇住房保障体系，多渠道满足住房困难群众的基本住房需要；进一步规范发展公租房，努力实现本地区低保、低收入住房困难家庭应保尽保，城镇中等偏下收入住房困难家庭在合理的轮候期内得到保障，促进解决新就业无房职工和在城镇稳定就业外来务工人员等新市民的住房困难，不断增强困难群众对住房保障的获得感、幸福感和安全感

资料来源：根据住房和城乡建设部官网等相关网站资料整理。

3.2.4 人才住房保障

随着城镇化的快速发展、教育扩招改革的不断深入和住房价格的持续高涨，大学毕业生这个群体的住房困难开始显现（黄扬飞，2012）。但不同于一般的低收入者，他们受过高等教育，具备良好的文化水平和专业技能，其住房问题具有暂时性、阶段性，主要是刚毕业或创业初期收入水平不高与外部高房价客观环境之间的差距不平衡造成的。作为城市发展潜在和新生的力量，他们是提升城市竞争力的重要人才资源，政府开始寻求从制度层面完善住房保障，把大学毕业生纳入公共租赁住房的保障范围。如2004年，杭州市人民政府出台《杭州市市区人才创业公寓建设和租赁管理暂行规定的通知》（杭政办〔2004〕18号），2008年出台《关于加快创业人才（大学毕业生）公寓和外来务工人员公寓建设的若干意见》（杭政办〔2008〕16号），政府提供专项用地和优惠政策，建设解决外地大学毕业生及以上学历人才来杭创业的政策性租赁用房。2010年，杭州市政府为了缓解各类人才"住房难"问题出台了《杭州市人才专项用房建设管理办法》，坚持"择优选址、优先供地""品质至上、舍得投入"原则，配售价格由市物价局按成本价核定，原则上不超过同类地段新建商品住房市场价格的50%，为各类人才营造具有"安全感、归属感、便利感、舒适感和幸福感"的高品质住宅。2014年，为了更好地吸引留住各类高层次人才到杭州创业创新，进一步提出《杭州市高层次人才住房保障实施意见》，把业绩贡献作为解决人才住房问题的重要依据，按照货币补贴和住房租赁相结合的原则，多渠道解决高层次人才住房问题。2018年，结合杭州产业发展和人才引进的需要，进一步优化人才住房条件，提升人才发展环境，为吸引留住人才提供住房支持，扎实推进人才专项租赁住房建设工作，明确未来3年5万套的建设目标（见表3.4）。

表3.4　加强城市人才住房保障的主要政策文件

发布年份	文件名称	政策目标	核心保障内容
2004	《杭州市市区人才创业公寓建设和租赁管理的暂行规定》	支持、鼓励外来大学毕业生及以上学历人才在杭创业，规范人才创业公寓建设和租赁的管理行为	政府提供专项用地和优惠政策，解决外地大学毕业生及以上学历人才来杭创业的政策性租赁用房
2008	《关于加快创业人才（大学毕业生）公寓和外来务工人员公寓建设的若干意见》	为创业人才（大学毕业生）和外来务工人员提供良好的生活、工作环境	由各区政府、开发区管委会提出并组织建设解决创业人才（大学毕业生）和外来务工人员居住问题的政策性租赁用房，户型设计以集体宿舍形式为主，其选址一般为相对集聚的区块
2010	《杭州市人才专项用房建设管理办法》	加快人才专项用房建设，规范建设管理，提升建设品质	为各类人才营造具有"安全感、归属感、便利感、舒适感和幸福感"的高品质住宅。采取行政划拨方式供地，将人才专项用房建设用地纳入年度保障性住房供地计划，在年度供地计划中予以优先保障、优先报批。配售价格由市物价局按成本价核定
2010	《杭州市人才专项用房建设三年行动计划（2010—2012年）》	规范人才专项用房建设，有效缓解我市各类人才"住房难"问题，努力打造长三角地区"人才高地"	进一步完善杭州市人才住房保障体系，为构筑"六房并举"的保障性住房"杭州模式"提供有力支撑。2010—2012年，全市共安排土地1500亩、建设人才专项用房150万平方米，确保每年开工量不少于50万平方米，力争3年任务2年完成
2014	《杭州市高层次人才住房保障实施意见》	大力实施人才强市战略，优化人才发展环境，更好地吸引留住各类高层次人才到杭州创业创新	针对高层次人才的不同住房需求，把业绩贡献作为解决人才住房问题的重要依据，按照货币补贴和住房租赁相结合的原则，多渠道解决高层次人才住房问题

续表

发布年份	文件名称	政策目标	核心保障内容
2018	《杭州市区人才专项租赁住房建设工作的通知》	结合杭州产业发展和人才引进的需要，扎实推进人才专项租赁住房建设工作，进一步优化人才住房条件，提升人才发展环境，为吸引留住人才提供住房支持	加快建立人才专项租赁住房制度，解决人才阶段性、过渡性住房问题2018—2021年，杭州市区开工建设5万套人才专项租赁住房

资料来源：根据杭州市人民政府官网资料整理。

3.3　我国的住房保障体系

我国城市住房保障体系的形成，有其独特的历史背景。房改初期，各地采取以大大低于建造成本的价格将公共住房出售给原来租住的居民，受到住户的极大欢迎。由于价格低廉，再加上绝大部分城市居民都有相对稳定的工作和收入来源，所以一般都买得起房改房。部分原来租住在非成套住宅的居民依然按照原租约由住户继续租住，租金按居民家庭收入状况区别对待，对城市低保家庭按廉租房价格收取租金，个别贫困家庭甚至给予减免租金的待遇；对于中等收入家庭，采取逐年提升的方式，适当提高租金，不过租金水平依然大大低于市场水平。

由于房改以后政府基本上停止了公共住房的建设，再加上城市化进程的加速带来的城市人口增长，城市住房问题开始显现并日益突出。1998年，国务院提出建立和完善以经济适用住房为主的多层次城镇住房供应体系，重点发展经济适用住房。但由于政府一度寄希望于由市场来解决城市住房问题，"重市场轻保障"的政策倾向，使得住房保障制度的发展一度陷入低谷，形成了不符合廉租住房条件又买不起经济适用住房和不符合购买经济适用住房条件又买不起商品住房两个"夹心层"。2007年，随着住房政策向中低收入人群的进一步倾斜，保障思路从"重购轻租"向"租购并举"转变。2008年以后，租赁型保障房占比明显提升。特别是2009年政府工作报告提出加快公共租赁住房建设，基本形成了由廉租房、经济适用房、限价商品房、公共租赁房、棚户区（危旧房）和人才保障住房构成的住房保障体系。2011年，我国开始大规模建设公租房，并于2014年与廉租房并轨运行，统称为公共租赁住房，供应量大幅增加。同时，随着利用经济适用房、限价房套利等现象的频发，为体现住房保障的社会公平性，出售型保障房逐步探索出新模式。2017年，住房和城乡建设部下发《关于支持北京市、上海市开展共有产权住房试点的意见》，努力构建全方位、多层次的住房供应和保障体系，加快完善主要由配租型的公租房和配售型的共有产权住房构成的城镇住房保障体系。

3.3.1　廉租住房

　　廉租住房是由政府通过货币补贴、实物配租、公房租金减免等方式，为解决城市低收入家庭住房困难问题而提供的保障性租赁房。2008年，国务院办公厅出台《关于促进房地产市场健康发展的若干意见》，要求加大保障性住房建设的力度，争取用3年时间基本解决城市低收入家庭住房的困难和棚户区改造工作；2009年，住房和城乡建设部、国家发改委、财政部联合印发《2009—2011年廉租住房保障规划》，对解决747万户城市低收入家庭住房困难问题做出全面部署，准备以实物方式解决556万户住房问题，发放货币补贴191万户。同时，保障政策实施的建设资金保障体系、土地供应体系、管理监督体系、金融信贷体系等相关体系建设日益完善，如2007年国务院出台的《关于解决城市低收入家庭住房困难的若干意见》，提出各地土地出让净收益用于廉租住房保障资金的比例不得低于10%，这为保障性住房建设提供了最为重要的资金支持，意味着政府对经济适用房和廉租住房的支持力度大大提升（见表3.5）。

表3.5　廉租住房政策

政策条款	政策内容
保障对象	城市低收入住房困难家庭（应由户主向户口所在地街道办事处或镇人民政府提出书面申请）
保障方式	货币补贴和实物配租等相结合，主要通过货币补贴的方式，发放租赁补贴
保障资金来源	年度财政预算安排的廉租住房保障资金；提取贷款风险准备金和管理费用后的住房公积金增值收益的全部余额；土地出让净收益中安排的廉租住房保障资金（不得低于10%）；政府的廉租住房租金收入；社会捐赠及其他方式筹集的资金
保障住房来源	政府新建、收购的住房；腾退的公有住房；社会捐赠的住房；其他渠道筹集的住房
建设方式	采取配套建设与相对集中建设相结合的方式，主要在经济适用住房、普通商品住房项目中配套建设
建设标准	享有实物配租的，人均住房建筑面积13平方米左右，套型建筑面积50平方米以内，租金标准由市、县政府确定；享有租赁补贴的，租赁补贴标准由市、县政府根据当地经济发展水平、市场平均租金、家庭经济承受能力等因素确定
供应计划	政府应在解决城市低收入家庭住房困难的发展规划及年度计划中，明确廉租住房保障工作目标、措施，并纳入本级国民经济与社会发展规划和住房建设规划

　　资料来源：根据《廉租住房保障办法》（建设部162号令）、《国家基本公共服务体系"十二五"规划》（国发〔2012〕29号）整理。

3.3.2 经济适用房

经济适用房是政府提供政策优惠，限定套型面积和销售价格，按照合理标准建设，面向城市中低收入住房困难家庭供应，具有保障性质的政策性住房。经济适用房虽然是保障性用房，但也具有市场化特征，个别城市的经济适用房价格偏高、质量偏低、地段较差、配套不全、交通不便，由于远离就业岗位，许多居民买得起、住不起。经济适用房政策实施中的更大问题是保障对象不明确，许多中等收入甚至是中高收入阶层也以各种专用房的名义享受经济适用房政策，个别人群甚至购买经济适用房转手出售，从中牟利。相关政策内容见表3.6。

表3.6 经济适用房政策

政策条款	政策内容
概念界定	政府提供政策优惠，限定套型面积和销售价格，按照合理标准建设，面向城市中低收入住房困难家庭供应，具有保障性质的政策性住房
保障对象	具有当地城镇户口的城市中低收入家庭
建设用地	以划拨方式供应，纳入当地年度土地供应计划，在申报年度用地指标时单独列出，确保优先供应
建设标准	单套建筑面积控制的60平方米以内
价格管理	以保本微利原则：房地产开发企业实施的项目按不高于3%核定，市、县政府直接组织建设的经济适用住房不得有利润
住房管理	购房人拥有有限产权，在取得完全产权以前不得用于出租经营。购买不满5年，不得直接上市交易；满5年，购房人上市转让经济适用住房，应按照届时同地段普通商品住房与经济适用住房差价的一定比例向政府交纳土地收益等相关价款，政府可优先回购，购房人也可以按照政府所定的标准向政府交纳土地收益等相关价款后取得完全产权
供应计划	政府在解决城市低收入家庭住房困难发展规划和年度计划中，明确经济适用住房建设规模、项目布局和用地安排等内容，并纳入本级国民经济与社会发展规划和住房建设规划

资料来源：根据《经济适用住房管理办法》（建住房〔2007〕258号文件）整理。

3.3.3 公共租赁住房

公共租赁住房是由政府主导投资建设和管理运行，或由政府提供政策支持、社会机构投资建设和管理，以保障城市居民家庭阶段性居住需要为重点，以相对较低且比较稳定的价格租赁给符合条件的住房困难家庭的政策性租赁住房。

公共租赁住房供应对象为一定时期内无力通过市场解决住房问题的中等偏下收入城镇居民住房困难家庭。有条件的地区，可以把符合条件的外来务工人员纳入公共租赁住房供应范围（见表3.7）。

国家发改委投资研究所房地产研究中心研究表明，全国城镇住房保障对象范围大约占城镇常住家庭总数的5%，并且每年增加40万户左右。

首先是城镇户籍人口中最低收入户中拥有自有房产的家庭，即使"卖旧换新"，仍然没有足够的住房改善能力。这部分群体面临的主要住房问题是住房质量的提升，他们的生活聚集地"棚户区"改造必须靠政府的资助，这部分群体大约占城镇家庭总数的1.5%。还有城镇户籍人口中最低收入户、低收入户、中等偏下收入户（其收入在平均收入50%以下）没有房产的家庭或新增家庭，不具备租赁市场价住房的支付能力。这部分群体大约占城镇家庭总数的1%，大约每年增加20万户。

其次是占城镇家庭11%比重的农民工家庭，他们的平均住房条件最差，半数无力租赁市场价住房，2/3的农民工在进城务工5年内因为各种原因离开城镇。5年后仍在城镇租房住的农民工如果符合城镇住房保障对象条件，可以考虑进入城镇住房保障范围。

再次是在未来城镇化过程中，每年进入城镇的部分农民工。按5年后1/3的农民工留在城镇估算，每年需要进入城镇住房保障体系的农民工家庭数量约为15万户。

最后是新就业大学生，即所谓的"城漂"。以浙江省为例，每年浙江省新增大学生就业人口20万人以上。人才公寓就是指专项用于人才就业的生活配套租赁公寓，解决人才在某地创业的短期租赁和过渡周转需求，属于定向公共租赁房。相关政策内容见表3.7。

表3.7　公共租赁住房政策

政策条款	政策内容
保障对象	城镇中等偏下收入住房困难家庭、新就业无房职工和在城镇稳定就业的外来务工人员
保障方式	货币补贴和实物配租等相结合，主要通过货币补贴的方式发放租赁补贴
保障住房来源	通过新建、改建、收购、长期租赁等多种方式筹集，可以由政府投资，也可以由政府提供政策支持、社会力量投资
租赁期限	一般不超过5年
租金标准	按照略低于同地段住房市场租金水平的原则，确定本地区的公共租赁住房租金标准，报本级人民政府批准后实施
建设方式	吸引企业和其他机构参与公共租赁住房建设和运营，多渠道增加公共租赁住房供应。可以委托企业代建，市、县政府逐年回购。新建普通商品住房项目，应当规划配建一定比例的公共租赁住房，具体配建比例和管理方式由市、县政府确定

政策条款	政策内容
保障标准	单套建筑面积以40平方米左右的小户型为主，原则上控制在60平方米以内，满足基本居住需要
供应计划	应保尽保，储备土地和收回使用权的国有土地优先安排用于保障性住房建设，政府应在保障性发展规划及年度计划中明确公共租赁住房保障工作目标、措施，并纳入本级国民经济与社会发展规划和住房建设规划。

资料来源：根据《公共租赁住房管理办法》（住建部11号令）、《国务院办公厅关于保障性安居工程建设和管理的指导意见》（国办发〔2011〕45号）、《关于进一步规范发展公租房的意见》（建保〔2019〕55号）整理。

3.3.4 限价商品住房

国家九部委《关于调整住房供应结构稳定住房价格的意见》中指出，"要优先保证中低价位、中小套型普通商品住房和廉租住房的土地供应，其年度供应量不得低于居住用地供应总量的70%；土地供应应在限套型、限房价基础上，采取竞地价、竞房价的办法，以招标方式确定开发建设单位"。其中提到的"限套型""限房价"的普通商品住房，被称作"限价商品住房"。限价商品住房是指政府采取招标、拍卖、挂牌方式出让商品住房用地时，提出限制销售价格、住房套型面积和销售对象等要求，由建设单位通过公开竞争方式取得土地，进行开发建设和定向销售的普通商品住房，通过"限套型、限房价、竞地价、竞房价"的办法，按照"以房价定地价"的思路，采用政府组织监管、市场化运作的模式，作为限制高房价的一种临时性举措，主要解决中低收入家庭的住房困难。与一般商品房不同，限价商品住房在挂出牌子进行销售的时候就已经被限定了价格以及建设标准和销售对象。政策内容见表3.8。北京市限价商品住房供应对象为本市中等收入住房困难的城镇居民家庭、征地拆迁过程中涉及的农民家庭及市政府规定的其他家庭。2008年，杭州市限价商品住房定位为拆迁安置房，价格低于同期商品房，主要对象是拆迁户。

表3.8　限价商品住房政策

政策条款	政策内容
保障对象	当地中等收入住房困难的城镇居民家庭、征地拆迁过程中涉及的农民家庭及市政府规定的其他家庭
建设用地	限价商品住房建设用地在年度土地利用计划及土地供应计划中优先安排，建设单位通过公开竞争方式取得土地

续表

政策条款	政策内容
建设标准	套型建筑面积以90平方米以下为主,一居室控制在60平方米以下,二居室控制在75平方米以下
价格管理	以项目综合开发成本和合理利润为基础,参照同地段、同品质普通商品房价格,由市发展改革、国土资源、建设、财政、规划、监察等部门研究确定
住房管理	符合条件的申请家庭,通过摇号等方式配售限价商品住房。对多次参加摇号均未摇中且轮候3年以上(不含3年)的申请家庭,区县住房保障管理部门可直接为其配售。对解危排险、旧城改造和风貌保护、环境整治、重点工程等公益性项目涉及的被拆迁或腾退家庭和家庭成员中含有60周岁以上(含60周岁)老人、严重残疾人员、患有大病人员、复转军人、优抚对象的家庭及自愿放弃经济适用住房购买资格的家庭可优先配售。限价商品住房购房人进行房屋权属登记时,房屋行政主管部门应在房屋权属证书上注明"限价商品住房"字样。购房人取得房屋权属证书后5年内不得转让所购住房,5年后转让所购住房的,应按届时同地段普通商品住房和限价商品住房差价的一定比例交纳土地收益等价款
供应计划	市建设、国土资源部门负责组织建设的限价商品住房,由市住房保障管理部门根据各区县需求情况,制订房源分配计划,重点支持市政府确定的公益性项目涉及的被拆迁或腾退家庭、特殊群体以及建设项目所在区县和首都功能核心区居民的需求等

资料来源:根据《关于调整住房供应结构稳定住房价格的意见》(国办发〔2006〕37号)、《北京市限价商品住房管理办法(试行)》(京政发〔2008〕8号)整理。

3.3.5　棚户区(危旧房)

城市棚户区(危旧房),指城市规划区范围内,简易结构房屋较多、建筑密度较大、使用年限久、房屋质量差、建筑安全隐患多、使用功能不完善、配套设施不健全的区域。深入贯彻落实科学发展观,适应工业化、城镇化发展的需要,以改善群众住房条件为出发点和落脚点,把棚户区(危旧房)改造作为城镇保障性安居工程的重要内容,加快推进集中成片棚户区(危旧房)改造,积极推进非成片棚户区(危旧房)改造,逐步开展基础设施简陋、建筑密度大的城镇旧住宅区综合整治,稳步实施城中村改造,着力推进资源型城市及独立工矿区棚户区改造。到"十二五"期末,全国成片棚户区(危旧房)力争基本完成改造,住房使用功能得到改善,基础设施得到完善,居住质量得到提高。政策内容见表3.9。

表3.9　棚户区(危旧房)政策

政策条款	政策内容
保障对象	集中成片棚户区(危旧房)、非集中成片棚户区(危旧房)、城中村、旧住宅区、国有工矿棚户区、国有林区棚户区和国有林场危旧房、棚户区国有垦区危房

续表

政策条款	政策内容
改造方式	因地制宜，采取拆除新建、改建（扩建、翻建）、综合整治等多种方式
资金来源	坚持政府主导、市场运作，发挥多方面积极性，改造资金由政府适当补助，住户合理负担。国有林区、垦区和工矿（含煤矿）棚户区改造，企业也要安排一定的资金
安置方式	居民安置采取实物安置和货币补偿相结合；安置住房采取原地重建和异地建设相结合，能就近安置的，尽可能就近安置。在改造中可配套建设一定数量的廉租住房、公共租赁住房等保障性住房，统筹用于符合条件的保障家庭
建设标准	加强环境综合整治和房屋维修改造，完善配套基础设施和公共服务设施，着力完善小区居住功能
保障计划	城市棚户区（危旧房）改造范围内的居民安置住房筹建（新建、购买、货币补偿等）工程和原居民住房改建（扩建、翻建）工程，统一纳入国家城镇保障性安居工程规划计划

资料来源：根据《关于加快推进棚户区（危旧房）改造的通知》（建保〔2012〕190号）、《国务院办公厅关于保障性安居工程建设和管理的指导意见》（国办发〔2011〕45号）整理。

3.3.6　共有产权住房

　　共有产权住房，即政府与购房者共同承担住房建设资金，分配时在合同中明确共有双方的资金数额及将来退出过程中所承担的权利义务；退出时由政府回购，购房者只能获得自己资产数额部分的变现，从而实现保障住房的封闭运行。政府与购房者拥有的产权比例是共有产权住房的焦点所在，也是未来调整的空间所在。试点地区不断优化共有产权比例调节机制，个人出资比例可在50%～95%，由购房者根据家庭支付能力自由选择。共有产权住房有两个直接作用，一个是通过共有产权的方式，使得部分群众自己支付一部分钱解决住房问题；另一个是规范经济适用房和限价商品房制度，遏制在购置型保障房中的牟利空间，使得买房子的初衷是解决住房问题而非投机牟利。另外，它还能在一定程度上平抑高房价。

　　共有产权住房的本质是政府住房公共政策在商品住房领域的体现。共有产权房缓解了一部分中低收入家庭的经济压力，保障了其拥有房产的权利，一定程度上有助于抑制房价上涨。另外，作为住房保障和供应体系的一部分，共有产权房体现了社会公平性。2007年，江苏省淮安市最先在全国试行共有产权房，首创了与市场接轨的共有产权经济适用房模式。即中低收入住房困难家庭购房时，可按个人与政府的出资比例，共同拥有房屋产权。其用地由土地划拨改为土地出让，将出让土地与划拨土地之间的价差和政府给予经济适用住房的优惠政策显化为政府出资，形成政府产权。主要目的是让中低收入住房困难家庭购房时，可通过和政府共同拥有房屋产权的方式，减少买房成本，市民以后可向政府"赎回"产权。2014年6月4日，住房和城乡建设部表示，北京、上海、深圳、成都、淮安、黄石等六个城市为全国共有产权住房试点城市。2014年政府工作报告中，"完善住房保障机制"部分首次写入了"增加中小套型商品房和共有产权住房供应"。

共有产权房作为经济适用房的变异形式，其显著特点在于价格形成机制。共有产权房用地性质由划拨改为共有产权房出让，并完全按照商品房进行开发，且销售价格计算也等同于商品房。可见，比起传统的经济适用房，共有产权房增加了土地成本，且房价实际上是"随行就市"。客观上，共有产权房的这种价格形成机制，不啻于维护了商品房市场价格，丧失了经济适用房平抑市场房价的政策效应。《上海市共有产权保障住房管理办法》施行后，即同时废止了《上海市经济适用住房管理试行办法》。相关政策内容见表3.10。

表3.10　共有产权住房政策

政策条款	政策内容
保障对象	符合本市规定条件的中低收入住房困难家庭，包括本市城镇户籍家庭或者个人和非本市户籍家庭同时符合居住证持证和积分、住房、婚姻、缴纳社会保险、缴纳个人所得税、收入和财产等条件的
建设用地	共有产权保障住房建设用地纳入本市土地利用年度计划管理。市、区规划资源行政管理部门应当在安排年度用地指标时，单独列出共有产权保障住房建设用地指标，并予以优先供应。单独选址、集中建设的建设用地供应采取行政划拨方式供地
建设方式	采用单独选址、集中建设和在商品住宅建设项目中配建的方式进行开发建设
建设标准	综合考虑住宅使用功能与空间组合、家庭人口及构成等要素，在较小的套型内满足家庭基本居住生活要求（上海）；以中小套型为主（北京）
价格管理	以保本微利为原则，综合考虑本市保障对象的支付能力以及相近时期、相邻地段内共有产权保障住房项目价格平衡等因素确定
住房管理	购房人产权份额，参照共有产权保障住房所在项目的销售基准价格占相邻地段、相近品质商品住房价格的比例，予以合理折让后确定；政府产权份额，由区住房保障实施机构持有。共有产权保障住房经审核准予登记的，在预告登记证明和不动产证上注记"共有产权保障住房"以及"本市城镇户籍"或者"非本市户籍"。已享受征收（拆迁）住房居住困难户保障补贴的，不得申请共有产权保障住房。取得不动产证满五年腾退共有产权保障住房的，由指定机构予以回购。取得不动产证满五年后，共有产权保障住房可以上市转让或者由购房人、同住人购买政府产权份额（上海）摇号配售（北京）

续表

政策条款	政策内容
供应计划	市住房保障行政管理部门应当会同市发展改革、规划资源、财政等行政管理部门和区人民政府，根据共有产权保障住房需求、城乡规划实施和土地利用现状等因素，编制本市共有产权保障住房发展规划内容，并纳入市住房发展规划。发展规划，组织编制区共有产权保障住房年度实施计划（上海）。满足在本区工作的非本市户籍家庭住房需求的房源应不少于30%。按照人才工作需要，在重点功能区、产业园区范围内及周边建设筹集共有产权住房，用于满足区域范围内人才居住需求（北京）

资料来源：根据《住房城乡建设部关于支持北京市、上海市开展共有产权住房试点的意见》（建保〔2017〕210号）、上海市人民政府关于修改《上海市共有产权保障住房管理办法》的决定（沪府令26号）、《上海市共有产权保障住房管理办法》（沪府令39号）整理。

共有产权住房，是指政府提供政策支持，由建设单位开发建设，销售价格低于同地段、同品质商品住房价格水平，并限定使用和处分权利，实行政府与购房人按份共有产权的政策性商品住房（北京）。

共有产权保障住房，是指符合国家住房保障有关规定，由政府提供政策优惠，按照有关标准建设，限定套型面积和销售价格，限制使用范围和处分权利，实行政府与购房人按份共有产权，面向符合本市规定条件的中低收入住房困难家庭供应的保障性住房（上海）。

房屋产权可以按照两种比例实现共有：当个人与政府的产权比例为7：3时，个人承担的价格相当于同期经济适用住房的价格；对仍无力购买的特殊困难家庭，可按5：5的产权比例进行购买，个人承担的价格则相当于同期经济适用住房的70%。

共有产权房的购买人随着收入的增加，可以申请购买政府部分的产权。按规定，自房屋交付之日起5年内购买政府产权部分的，按原供应价格结算；5年后购买政府产权部分的，按届时市场评估价格结算。

3.3.7 人才专项（限价）房

针对高层次人才的不同住房需求，各地人民政府为了吸引专业人员，把业绩贡献作为解决人才住房问题的重要依据，由各级政府指定的建设主体组织建设，按照货币补贴和住房租赁相结合的原则，多渠道解决高层次人才住房问题，进一步优化人才住房条件，提升人才发展环境。

按保障对象是否拥有产权可将人才住房分为人才专项（限价）房和人才专项租赁住房。人才专项（限价）房是指各地人民政府为符合各级人才专项用房申购条件的人才提供的保障性住房。购买者拥有住房产权，但是在一定的工作服务年限内不能买卖转让。相关政策内容见表3.11。

表3.11　人才专项（限价）房政策

政策条款	政策内容
保障对象	各级政府认定的人才。福建省为国家"千人计划"人选、引进的高层次创业创新人才、海西产业人才高地领军人才、海西创业英才。在企事业单位工作，具有博士学位或副高级以上专业技术资格，或具有高级技师资格的人才 机关和参照公务员法管理事业单位中具有博士学位的工作人员，杭州滨江专供杭州高新开发区（滨江）企业人才（包括文化创意人才）
建设用地	坚持供地优先原则。对人才专项用房采取行政划拨方式供地（杭州）。 依法通过招拍挂方式出让商品住宅用地（杭州滨江）
建设标准	以90平方米以下户型为主，配建的公建用房建筑面积不得超过总建筑面积的10%（杭州滨江）
价格管理	由省物价局在综合考虑建设、管理成本和开发建设企业合理利润（开发建设企业的利润为项目综合建设成本的3%）的基础上，参考周边同品质普通商品住房销售价格的70%～80%的比例核定（福建）。原则上不超过同类地段新建商品住房市场价格的50%（杭州）。采用"限房价、竞地价"的方式，公开出让商品住宅用地，销售价格由市物价局根据开发成本和不高于同时期、同地段、同品质普通商品住房市场平均价格的70%等原则综合确定
住房管理	不得空置、出租或转借，除自住外不得用于其他用途，购房人在交房后1年内必须入住。除购房按揭外，限价房不得进行商业抵押。购房人对人才限价房拥有有限产权。5年内不得上市交易，购买限价房取得产权满5年后上市转让的，应按相关规定缴纳土地收益等价款。已购买人才限价房的，今后不再享受其他政策性住房保障（福建）。人才限价房上市交易时，应当按照上市销售价与原购买价差价的30%交纳土地收益等价款。人才限价房房屋所有权证上应注明"人才限价房"字样（杭州滨江）
供应计划	编制全市人才专项用房建设选址规划（杭州）。在杭州高新开发区（滨江）范围内，人才限价房实行配额制

资料来源：根据《福建人才限价商品住房销售管理暂行办法》（闽人发〔2010〕84号）、《杭州市高新开发区（滨江）人才限价房管理办法（试行）》（杭政办函〔2009〕320号）整理。

3.3.8　人才专项租赁住房

　　高层次人才租赁住房保障是指为解决中高端人才住房困难，由政府建设或筹集，租赁给符合条件的高层次人才，并限定租赁价格的专项过渡性租赁住房，通过提供人才租赁住房、发放住房租赁补贴等方式解决高层次人才住房问题的保障方式。房源租金按照人才分类而不同。相关政策内容见表3.12。在杭州，B类高层次人才免租金，C、D类高层次人才租金标准为每月8.8元/米²，E类高层次人才17.6元/米²，其他人才租金26.4元/米²（租金标准不含物业费、公摊能耗费等其他费用）。按照C类人才标准，120平方米的户型，每月租金仅需1056元。而周边商品房相同面积的租金已经达到每月五六千元。

表3.12　人才专项租赁住房政策

政策条款	政策内容
保障对象	严格按照"保高端、保无房"的原则，为引进培养的高层次人才提供多渠道的住房保障。杭州市高层次人才分类目录为五个层次，分别是：国内外顶尖人才、国家级领军人才、省级领军人才、市级领军人才、高级人才（分别用A、B、C、D、E来指代，其中A、B、C、D为高端人才）。高层次人才租赁住房保障的申请对象为E类人才，以及放弃享受购房补贴政策的B类、C类、D类人才
建设用地	充分考虑产业结构、人才分布等因素，向人才集聚区域倾斜，同时要注重考虑地块周边的交通便利和配套服务功能，重点布局在各地铁沿线站点的周边地块
建设标准	以中小户型单身公寓为主，严格控制大户型，70平方米建筑面积以下住房套数占项目总套数比例一般不低于80%。
价格管理	房源租金按照人才分类而不同，B类高层次人才免租金，C、D类高层次人才的租金标准为每月8.8元/米²，E类高层次人才17.6元/米²，其他人才租金26.4元/米²（租金标准不含物业费、公摊能耗费等其他费用）
住房管理	按照"国企建设、政府监管"的原则，纳入杭州市住房租赁监管服务平台，确保用于人才租赁使用，严格禁止"以租代售"。E类人才租住人才租赁住房的最长期限为5年，B类、C类和D类人才不设租赁最长期限
供应计划	2018—2021年，杭州市区开工建设5万套人才专项租赁住房，3年内开工，5年内全部竣工

资料来源：根据《杭州市高层次人才住房保障实施意见》（市委办发〔2014〕77号）、《关于做好杭州市区人才专项租赁住房建设工作的通知》（杭政办函〔2018〕18号）整理。

4 保障政策下的城市住房来源
构成及其时空演变分析

"让全体人民住有所居"是新时期和谐社会构建的重要目标。中国自20世纪80年代开始实行住房商品化、社会化改革，市场分配逐步取代行政分配体制，同时积极推进住房保障政策以满足不同层次的居民住房需求。由此，住房供给主体、保障渠道日趋多元化，城镇家庭的住房来源选择也趋于多样化（周广杰，2013；刘勇利，2002）。目前，对城市居民住房来源构成的研究主要聚焦于对城镇居民住房来源状况（杨帆，阎小培，2000；易成栋，张中皇，2013；孙童，肖霄，2016）、住房产权（易成栋，2006；边燕杰，刘勇利，2005）、社会分层（边燕杰，刘勇利，2005；刘望保，阎小培，曹小曙，2010）、来源途径优化（张凤，刘敏，2014）、省际差异分析（易成栋，2006；张祚，陈昆仑，涂姗，等，2014；虞晓芬，徐筱瑜，2018），或者针对农民工（黄卓宁，2007）、流动人口（林李月，朱宇，梁鹏飞，等，2014）、城市青年（宋健，李静，2015）单一群体的研究，大多立足于全国宏观范围，对省域层面的分析相对缺乏。鉴于全国不同省市经济、社会发展水平的不平衡，其住房状况、住房来源势必存在地区差异，故有必要对省域及地市微观层面做进一步的深入探讨。

浙江省位于中国东南沿海长三角地区，是沿海经济发达省份。20多年来，浙江省GDP的排名一直位列全国前五，2018年城镇人口占总人口的比重达到68.9%，其住房供需矛盾相对突出。为切实解决中低收入家庭的住房困难，浙江省市各级政府多年来致力于构建与完善多渠道保障、多主体供给、租购并举的住房供应体系，在促进房地产市场在健康发展的同时不断提升住房保障的建设水平，稳步扩大住房保障的覆盖面，在转型时期为城市居民提供了多样化的住房选择。研究浙江省住房来源构成及其演变有助于揭示家庭住房选择和制度变迁的关系，为相关政策的调整和完善提供借鉴和参考，具有现实意义。

本章通过对浙江省2015年1%人口抽样调查数据、2010年第六次人口普查（以下简称六普）长表10%抽样比数据、2005年1%人口抽样调查数据及2000年第五次人口普查（以下简称五普）长表9.77%抽样比数据的对比，纵向分析浙江省城市家庭住房来源构成特征16年间的变化，在此基础上，对2000—2015年11个地市的城市住房来源构成状况进行时空对比，利用系统聚类法，借助ArcGIS揭示其时空分布格局及省域差异。

4.1　研究方法

4.1.1　系统聚类法

系统聚类法（hierarchical cluster method）的核心是将每个单元作为一类，将属性相近程度最高的单元进行合并，再将该小类与属性距离最近的小类合并，不断重复直到所有的单元都归为一类。本章采用自然间断点分级法，即类内差异最小、类间差异最大，对各相关住房指标进行分类。

4.1.2　时空分析法

时空分析法即空间统计指标的时序分析法（王劲峰，葛咏，李连发，等，2014），反映空间格局随时间的变化，以各类型住房比重为纵轴，以时间和空间为两个水平维度展示三维图表，用以发现各类型住房构成的演变与各地市的空间关联，并揭示这种关联随时间的变化。

4.2　住房来源构成的系统演变

4.2.1　住房来源构成体系

随着经济的发展，居民生活水平的提高，经济体制的不断改革，城市居民取得住房的途径日趋多样化，从原先单纯的福利分房逐步变为多种来源渠道。根据实际的住房情况及全国人口普查的统计口径，目前的住房来源主要包括"购买新建商品房""购买二手商品房""购买原公有住房""购买经济适用房、两限房""自建住房""租赁廉租房、公租房""租赁其他住房""其他"八大类别。本章主要从分配渠道和住房产权两个角度探讨住房来源的构成（见表4.1），按照分配渠道，可将住房来源分为市场型、保障型和其他；按照住房产权，可将住房来源分为租赁型、自有型和其他。以各种住房来源类型城市家庭占总住房来源类型的比重来计算分析住房来源的构成。

表4.1　城市家庭住房来源构成体系

视角	分类	来源途径
分配渠道	市场型	购买新建商品房、二手商品房，自建住房，租赁其他住房
	保障型	购买经济适用房、两限房，购买原公有住房，租赁廉租房、公租房
	其他	

续表

视角	分类	来源途径
住房产权	自有型	购买原公有住房，购买经济适用房、两限房，购买新建商品房、二手商品房，自建住房
	租赁型	租赁廉租房、公租房，租赁其他住房
	其他	

4.2.2　住房来源构成的演变

市场型住房比重一定程度上反映了一个地区的市场化程度和经济发展水平，往往是经济越发达市场型住房比重越高（孙童，肖霄，2016）。2000年、2005年、2010年、2015年浙江省城市家庭住房来源数据见表4.2。资料来源于国家统计局。2000年五普和2005年抽样调查购买商品房未细分新建商品房和二手房；2000年数据截至2000年11月1日零时，2005年数据截至2005年11月1日零时，2010年数据截至2010年11月1日零时，2015年数据截至2015年11月1日零时。

由表4.2可知，市场型住房的家庭户占比明显上升，由2000年的60.4%到2015年的84.2%增加了19.8%，其中租赁住房比重上升了18.4%，但自建住房比重下降明显，尤其在2005—2010年期间，下降近20%，城市自建住房很可能是"小产权房"或"乡产权房"，随着城市建设的发展和土地价值的提升，居民自建空间势必会被压缩或剥夺。2000—2005年，租赁商品房比重提升明显，增幅达11.6%。2005—2010年，购买商品房和租赁商品房的比重皆大幅提升，分别达9.8%和15.8%。2010—2015年，购买商品房比重增加仅2.3%，租赁商品房比重下降了9.0%。而2015年购买及租赁政府保障型住房的家庭占比较2000年明显下降，由33.1%下降到12.1%，降幅达20%，其中购买原公有住房的占比下降12.7%。这说明随着房地产市场的兴起以及公有住房私有化进程的加快，住房市场成为浙江省城市家庭获得住房的重要途径。自1999年以来，大规模市场经济下的保障性住房建设在总体上并未跟上人口城市化的步伐，导致2010年的市场型住房比重高达84.6%，与此同时，保障型住房的比重达到谷值，仅有10.7%。到2015年，保障型住房占比有所增加，达到12.1%，其中租赁廉租房、公租房的比重回升明显，租赁商品房的部分群体流向公租房，说明2010年后住房保障政策成效开始显现。

从住房产权的来源角度看，住房自有率也是衡量一个地区住房状况和经济发展水平的重要指标。一般而言，经济越是发达，租赁比重越高，自有比重越低。

与全国数据相比，2000年浙江省的住房自有率略高于全国平均水平，2005年后的自有率均明显低于全国平均水平，2005年、2010年、2015年降幅分别为7.4%、15.1%、11.6%，可见浙江省在2000年后经济有了快速的发展。浙江省城市家庭的住房自有率比重，2015年为62.3%，比2000年下降10.3%，其中原公有住房的比重下降12.7%。租赁型住房比重由2000年的20.9%上升到2015年的34.0%。这说明在再分配体制转向市场化体制过程中，原公有住房作为最早进入房地产市场的房源，大幅度提高了城市家庭的住房自有率。随着原公有住房存量的逐步私有化及房地产市场的发展，通过购买原公有住房而拥有住房的比重在2010年前下降明显，2010年后趋于稳定。目前城市租赁住房中，以租赁其他住房为主，廉租房、公租房的比例依然较低，且两者间的比例差距较2010年前持续扩大，到2015年有适当缩小，但依然高达26.4%，远超2000年的2.7%，说明住房保障政策在2000—2015年有明显的改善效果，但依然严重滞后于社会发展的需要，仍需通过多种途径拓宽租赁型保障住房的来源，以提升住房保障覆盖面。

表4.2　浙江省城市家庭住房来源构成情况　　　　　（单位：%）

年份	自建住房	购买新建商品房	购买二手房	租赁其他住房	购买经济适用房、两限房	购买原公有住房	租赁廉租房、公租房	其他
2000	36.1	12.5		11.8	5.2	18.8	9.1	6.5
2005	38.6	16.7		23.4	1.0	12.0	3.3	5.0
2010	18.9	20.2	6.3	39.2	1.7	7.6	1.4	4.7
2015	25.2	20.0	8.8	30.2	2.2	6.1	3.8	3.7

4.3　住房来源构成的空间格局与演变

为了直观反映浙江省各地市城市家庭住房来源构成的空间格局及演变，本研究首先通过系统聚类的自然间断点分级法将2015年住房来源的自有型住房比重、租房型住房比重、市场型住房比重、保障型住房比重四个指标借助ArcGIS10.5软件做进一步空间格局分析，接着用同样的步骤方法分析2000—2015年间整体的变化空间格局，最后用2000年、2005年、2010年、2015年的自有型住房比重、租房型住房比重、市场型住房比重、保障型住房比重数据来构建时空轨迹，以直观反映住房来源空间分布格局的演变。

4.3.1　住房来源的空间格局

本部分采用系统聚类的自然间断点分级法来分析2015年四个指标的空间格局。研究发现，2015年，市场型、保障型住房比重分布空间差异明显，市场型住房呈现出"沿海高，内陆低"的分布格局。台州、嘉兴的市场型住房比重最高，均达90%以上，杭州、衢州、湖州的市场型比重最低，低于浙江省84.2%的平均水平，分别为75.0%、78.8%、79.9%，其余地市的市场型住房比重皆高于84.2%。保障型住房比重则呈现出"沿海低，内陆高"的分布格局，台州、嘉兴、温州、宁波的比重最低，远低于全省12.1%的平均水平，分别为6.3%、7.4%、7.7%、8.1%，杭州、衢州的保障型住房比重最高，达21.4%、19.0%。

2015年，自有型、租赁型住房比重分布呈现出"环状镶嵌"的空间格局。位于省域中心的金华市的自有型住房比重最低，仅51.4%，比全省平均水平低10.9%；次低为温州市，55.7%；丽水、台州、绍兴的自有型住房比重均在70%左右；衢州、湖州的自有型住房比重最高，分别达74.7%、74.1%。租赁型住房比重金华最高，达47.3%；其次为温州、杭州、嘉兴，高于全省平均水平34.0%，分别为39.7%、35.9%、35.7%；湖州最低，仅18.9%。

4.3.2　住房来源空间格局的整体演变

将2015年的各类型指标与2000年的相对比，可获得浙江省各地市2000—2015年的变动状况（见图4.1）。整体而言，自有型、保障型住房比重下降，租赁型、市场型比重上升；市场型、保障型住房比重变化呈现"东南沿海变化小、西北内陆变化大"的空间格局。嘉兴、衢州、湖州的市场型住房比重上升幅度最高，达39.2%、36.3%、33.0%；宁波、杭州、舟山次之，为27.9%、25.8%、25.5%；台州上升最小，仅9.2%，远低于全省上升23.8%的平均水平。嘉兴、湖州、衢州的保障型住房比重下降最明显，为37.0%、34.9%、34.6%；台州下降最少，为6.4%，大大低于全省下降21.0%的平均水平。

自有型、租赁型住房比重变化则呈现出"东高西低"的空间格局。金华自有型住房比重减少最多，达20.8%；其次为台州、嘉兴、温州、绍兴，皆高于10.3%的全省平均水平，分别为14.1%、14.0%、12.6%、11.4%；丽水、衢州、杭州的变化最小，分别为2.3%、2.7%、4.5%。租赁型住房比重，金华、温州增加幅度最大，达26.1%、21.3%；其次为台州、嘉兴、绍兴，高于13.2%的全省平均水平，分别为16.9%、16.2%、13.2%；湖州、衢州增加最少，仅4.2%、4.4%。

（a）市场型

（b）租赁型

（c）保障型

（d）自有型

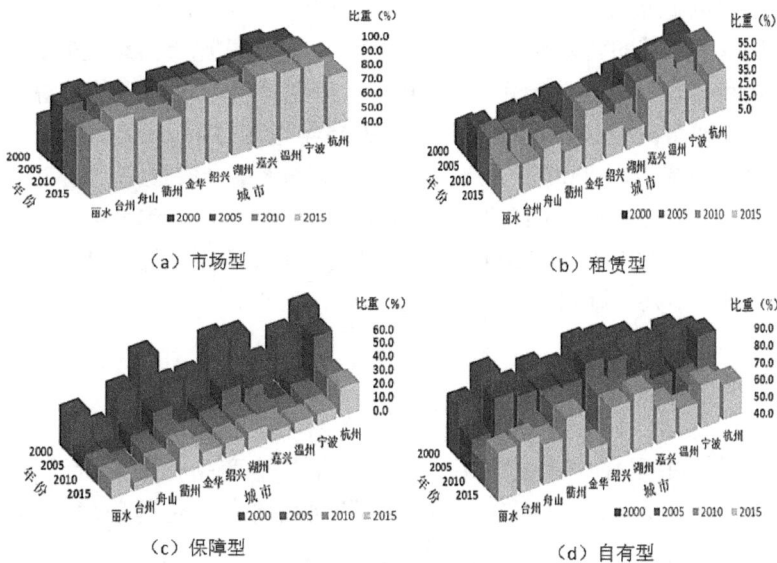

图4.1　分地市各类型住房比重时空轨迹

4.3.3　住房来源的时空轨迹演变

在把握住房来源整体演变的基础上，本章通过时空轨迹图进一步探讨4个指标在16年间的演变（见图4.1）。从市场型住房比重来看，台州、嘉兴、金华、绍兴市一直呈上升趋势，其中台州的住房型比重除2005年居全省第二外，其他年份均为全省最高。宁波、湖州、衢州、杭州市的市场型住房比重在2010年达到峰值，除2000年衢州全省最低外，其他年份杭州的市场型住房比重皆是全省最低。温州、丽水市的市场型住房比重则于2005年达到峰值。从保障型住房比重而言，各地市的峰值皆在2000年，这主要缘于2000年前是中国住房体制改革的市场化推进时期，此前公房福利分配制度为主体，并未走向市场化。台州、宁波、绍兴、嘉兴的保障型住房比重持续呈下降趋势，其中除2005年温州的比重最低外，其他年份台州均是全省最低。温州、丽水的谷值在2005年，杭州、衢州、舟山、湖州、金华的谷值在2010年，可见丽水、温州自2005年起住房保障政策在加强其保障覆盖面上扩大效应明显，杭州、衢州、舟山、湖州、金华于2010年后保障效应凸显。

自有型住房比重各地市基本上呈现下降趋势，除舟山、金华2005年达比重峰值外，其他地市的自有比重峰值皆在2000年，其中台州的最高，达84.1%。除舟山外，各地市自有型住房比重的谷值皆在2010年，其中温州的最低，为44.4%。

2005年，温州的比重亦是最低，2000年、2015年分别是杭州、金华的比重最低。各市租赁型住房比重的轨迹演变可分为三类：一是租赁比重持续上升，包括金华、舟山、绍兴和衢州；二是先升后降，2010年达到峰值，包括温州、丽水、宁波、嘉兴、台州和湖州；三是先降后升再降，2005年达到谷值，2010年达到峰值，变动幅度较大，如杭州。2000年杭州的租赁型住房比重全省最高，达30.4%；2005年宁波最高，为36.9%；2010年温州最高，为48.2%；2015年金华最高，达47.3%。2000年、2005年、2010年、2015年各年度，租赁型住房比重最低的分别为台州、台州、绍兴、湖州。

4.4　本章小结

2000年前，中国住房制度改革主要经历了住房商品化探索阶段和住房商品化全面推进阶段。2000—2015年是住房市场建设阶段，也是住房保障政策逐步完善的时期，该阶段的住房来源构成较之前有了巨大的变化，趋向多元化。2016年起进入回归住房基本功能的市场规范发展阶段，建设有序发展的住房市场成为新的调控政策指向。本章探讨了2000—2015年浙江省城市住房来源构成，有助于全面把握省域住房来源体系的演变，促进住房市场的有序发展。

在一定程度上，市场型与保障型、自有型与租赁型具有互补性。考虑到住房来源统计含其他类别，故本章进行了分类阐述，也确实获得了一些不完全交集的结论。因篇幅有限，住房来源构成演变的影响因子未进行统计数理分析，希冀在下一步的研究中予以深入，为"住有所居"和谐社会的构建提供些许参考。

5 保障房住区时空分异及其演变

为解决城镇居民住房保障问题,近20年来,中国政府持续关注城镇住房制度改革与加快保障性住房建设,保障房建设规模取得了显著成效。随着住房改革的深入,"十三五"规划提出,推进基本公共服务均等化规划,加快健全住房保障体系。因保障性住房的"福利品"性质,政府一般从节约成本角度尽可能地在土地、配套设施上"经济适用",使得保障性住户在获得住房的同时往往"被郊区化",变相地被"剥夺空间"。综合考虑通勤等成本,许多受保障的中低收入群体总体福利水平不升反降,加剧了居住空间分异和居住隔离状况(邓大伟,诸大建,2009),产生了新的社会经济"低洼"区。保障房住区贫困和"孤岛"经济效应往往也伴随着信息贫乏、发展机会缺乏、资源匮乏等问题,加剧了与周边社会环境的隔离。不同收入阶层的家庭根据其经济条件、需求和住房偏好等选择住房类型、质量和邻里,单位福利制下"凝固"的城市社会空间逐步走向破碎化和复杂化(冯革群,马仁锋,陈芳,等,2016),导致收入、文化、职业等特征相类似的群体聚居,形成居住分异的格局(傅玳,2012)。保障房住区的时空分异对城市社会空间带来不容忽视的影响,其空间演变是保障性居住资源在社会空间效应的再生产,是加强住房政策与住房福利体系的顶层设计的重要依据。

国外早期城市居住空间的研究主要有:以芝加哥学派为代表的人类生态学、以阿隆索竞租理论为代表的新古典主义学派区位理论、强调"人"的行为主体性的行为科学。20世纪70年代中期,结构学派从社会制度的角度解释了居住空间分异的社会根源和本质。新韦伯学派则从城市住房供给和分配的制度结构角度进行了重点研究。90年代以后,中国城市社会空间结构研究发展迅速,主要集中在城市居住空间扩张的历史过程、现状特征、演变趋势等方面的实证研究和居住社会空间地域结构及其分异机制研究两个方面(苏振民,林炳耀,2007)。

我国保障性住房的规划选址弊端主要体现在政府干预力度不足、选址不合理、配套设施不完善、加剧居住空间分异和居住隔离等方面。随着保障性住房的大规模建成,学界开始从社会效率公平(张京祥,李阿萌,2013)、空间剥夺边缘化(曾文,向梨丽,张小林,2017)、阶层隔离(赵聚军,2014)、空间匹配(周素红,程璐萍,吴志东,2010)、可达性(张纯,李晓宁,满燕云,2017)、居住满意度(张恒,杨永春,2015)、规划引导(黎均文,钱燕芬,2014)等视角对保障性住房选址和空间布局进行探讨。保障性住房空间分异研究着重于影响因素(党云晓，张文忠，刘志林，2014）、形成机制（李梦玄，周义，2018）等方面。保障房住区经历了20年的发展，其空间分异如何演变，需要进行实证探讨。

至2018年，杭州开展保障性住房建设工作已有整20年，经济适用房一直是保障性住房的主要着力点（郑芳，2011），其拥有有限产权且在若干年限后可上市交易的商品房性质。因此，相比其他保障性住房，经济适用房对城市空间具有长远的、持续性的影响，对其空间分布实态及演变的探讨具有代表性意义。本章根据杭州市经济适用房项目在99个街道的20年分布情况，分析经济适用房布局的时空变化特征，运用莫兰指数和局部莫兰指数从增量和存量维度对保障房住区空间实态及空间分异演变进行客观、合理、数字化定量分析，归纳不同的演变类型，探讨影响其演变的主要因素，期望能够呈现以经济适用房为代表的保障房住区的空间生产效应，使保障性住房不仅仅是向低收入阶层提供基本的居住空间，而是在降低其生活成本的同时提供积极的"发展空间"，以促进居住环境的可持续发展及和谐社会的构建。

5.1　研究区域与数据来源、研究方法

5.1.1　研究区域与数据来源

本研究以杭州主城区为主要研究范围，包括上城、下城、拱墅、西湖、江干、滨江、余杭、萧山等几个区99个街道。因统计资料不详，未含西湖风景园林名胜区、钱江经济开发区，临平东湖街道则根据官方统计数据做合并处理，富阳区于2014年撤市立区，不在本章的研究范围内。

数据[1]主要包括杭州市区经济适用住房小区信息、城市土地级别数据、地铁站点线路等。向社会公开销售的经济适用住房小区信息根据历年杭州市住房保障和房产管理局项目公示，结合杭州市区、萧山区及余杭区经济适用住房市场评估价格表整理得出（2004年，萧山、余杭区的土地级别和基准地价纳入市区的统一体系），共127个小区。城市土地级别数据参照杭州市规划和自然资源局发布的《杭州市区土地级别划分范围》。地铁站点数据根据已开通线路及《杭州市城市轨道交通第三期建设规划（2017—2022）》整理得出。

杭州市经济适用房的建设整体上经历了从启动开建、快速发展到逐步稳定再到逐渐缩减的历程，2009年杭州保障房政策方向渐"由售转租"，可界定为杭州经济适用房建设的转折点，故本章从存量维度分年度做探讨，从增量维度将其划分为四个阶段，分别是1999—2003年、2004—2008年、2009—2013年和2014—2018年。

---

① 本研究数据如无特殊说明，皆为2018年数据。

5.1.2 研究方法

5.1.2.1 开放数据获取方法

借助网络开放数据，本章通过编写JavaScript网页脚本调用百度API来实现空间数据坐标的提取，进而集成到ArcGIS空间数字化和分析（见图5.1）。

图5.1 坐标获取技术路线

5.1.2.2 空间自相关分析法

空间自相关分析是研究某空间单元与其周围单元之间就某种属性相关程度的空间统计方法，包括莫兰指数（GMI）和局部莫兰指数（LMI），定量测度变量空间分布的集聚态势，可以识别区域的"热点区"分布（王法辉，2009）。本章将经济适用房建成面积在99个基本空间单元的分布作为观测值，利用ArcGIS 10.5软件，采用反距离空间准则和欧氏距离计算方法，进行全局和局部空间关联程度和格局分析。

莫兰指数（GMI）是对整体空间分布特征的定量描述，其定义为

$$GMI = \frac{n}{S} \frac{\sum_{i}^{n}\sum_{j \neq i}^{n} W_{ij}(x_i - \bar{x})(x_j - \bar{x})}{\sum_{i=1}^{n}(x_i - \bar{x})^2} \tag{5-1}$$

其中，n为空间单元个数，即99个街道；x_i和x_j为i、j街道经济适用房的建筑面积；W_{ij}为空间权重矩阵$n \times n$，S为空间权重矩阵W_{ij}所有元素之和。GMI指数位于$-1 \sim 1$之间，在显著水平$(p < 0.1)$下，接近1时，表明经济适用房呈现空间集聚分布，其值越大表示经济适用房空间相关性越高，集聚程度越高；接近0时，表示经济适用房随机分布；接近-1时，表示经济适用房呈现空间分散分布。

为进一步有效地获取经济适用房集聚的区域，局部莫兰（LMI）能根据设定的阈值距离度量空间单元和其领域的关联度，其定义为

$$\mathrm{LMI}_i = \sum_{j=1}^{n} W_{ij}(x_i - \bar{x})(x_j - \bar{x}) \tag{5-2}$$

在显著性水平（$p<0.05$）下，当LMI_i为正，表示高高集聚或低低集聚；当LMI_i为负，则表示高低集聚或低高集聚（谢正峰，王倩，2009）。本研究的兴趣点是经济适用房的集聚区域和新集聚区域，即高高集聚区。

5.2　经济适用房空间分布时空变化特征

5.2.1　经济适用房建成速度先上升后持续放缓

从1999年10月杭州出台首个经济适用房政策起至2018年，20年间杭州市区共建成公开销售的经济适用住房小区127个，其中有79.3%建成于2008年前；2004—2008年是建成高峰期，占37.8%；2009—2018年持续下降，占30.7%。由此表明，1999—2008年是杭州经济适用房建设的高速发展期，2009年以后建成速度持续放缓，这与2009年杭州保障房建设的重心开始由经济适用房转向公共租赁房的情况相符。从建筑面积和套数来看，总值的高峰值都处于2004—2008年期间，均值的高峰值则处于2009—2013年，建筑面积的最大值处于1999—2003年，套数最大值在2009—2013年（见表5.1），表明前期经济适用房的建设呈现出大规模集中建设、套均面积相对较大的特征，2009年后建筑面积逐步缩小、套均面积逐步减少，2014年后的经济适用房建设大幅度缩减。

表5.1　不同时期经济适用房建设情况

时间	小区数/个（占比/%）	建筑面积/万平方米				套数/万套			
		总值	均值	最大值	最小值	总值	均值	最大值	最小值
1999—2003年	40（31.5）	270.1	6.8	41	0.12	2.7	0.07	0.35	0.002
2004—2008年	48（37.8）	396.8	8.3	30	0.27	3.7	0.08	0.26	0.003
2009—2013年	23（18.1）	292.9	12.7	31	0.59	3.5	0.15	0.48	0.005
2014—2018年	16（12.6）	149.4	9.3	21	0.35	1.8	0.11	0.32	0.005

5.2.2　经济适用房小区主要集中于离中心点10～20公里范围区域

以紫薇园坐标原点为中心点，借助GIS工具做半径为5公里、10公里、20公里的多重缓冲区，叠合经济适用房点状图层交叉分析可以得出，近一半的经济适用房小区、总套数的65.4%位于离中心点10～20公里范围内，30%左右位于5～10公里范围，20公里以外的小区个数有21.3%，但套数仅占7.7%（见表5.2）。

这主要是由于20公里以外的地区是余杭区和萧山区，经济适用房仅服务于本区居民（余杭、萧山2001年撤市设区之后，住房、教育、医疗等公共服务政策并未统一），小区规模相对较小。

表5.2　距中心点不同距离的经济适用房小区分布情况

距离/公里	经济适用房小区数/个（占比/%）	套数/套（占比/%）	建筑面积/万平方米（占比/%）
$r \geqslant 5$	1（0.8）	620（0.5）	7.4（0.7）
$5 < r \geqslant 10$	39（30.7）	30903（26.4）	319.1（28.8）
$10 < r \geqslant 20$	60（47.2）	76429（65.4）	645.0（58.2）
$r > 20$	27（21.3）	8968（7.7）	137.6（12.4）
合计	127（100）	116920（100）	1109.2（100）

5.2.3　经济适用房主要分布在地价中等偏低地段且逐步向外扩散

通过对杭州市经济适用住房小区点状图层与其基准地价图层叠合统计分析，可以发现，杭州市经济适用房主要分布在Ⅵ、Ⅶ和Ⅷ三个地段，小区个数占66.9%，套数占75.2%，建筑面积占72.5%。小区个数和建筑面积占比峰值皆处于Ⅵ地段，分别达24.4%、26.6%；而套数占比峰值在Ⅶ级，达29%，Ⅰ、Ⅱ级地段为0，仅一个小区位于Ⅲ级，说明经济适用房住户主要位于Ⅶ级地段，其次为Ⅶ、Ⅷ、Ⅳ、Ⅴ级，依次递减。由此可见，杭州市经济适用房主要分布在地价中等偏低地段。根据时间轴上不同时期经济适用房的地段分布情况可以得出，由2003年前的Ⅲ～Ⅴ级地段为主逐步转向Ⅵ～Ⅷ级占绝对比重的向低级地段向外扩散的动态过程（见图5.2）。

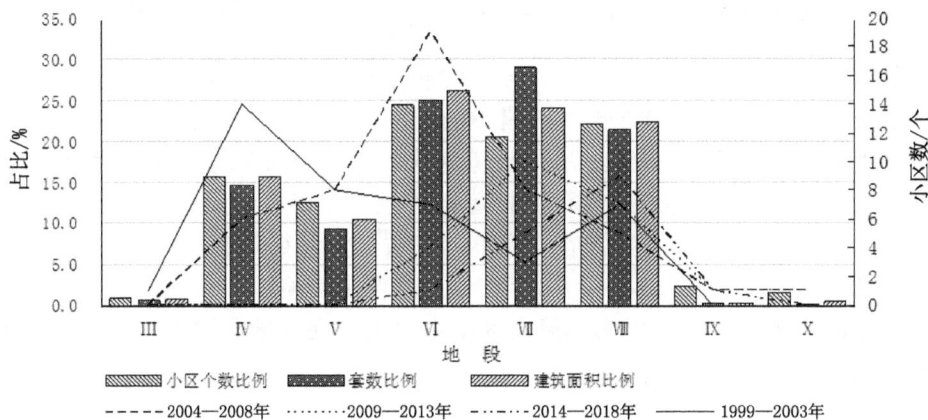

图5.2　杭州市经济适用房在不同地段的分布情况

5.2.4　预期公共交通可达性将明显改善

据相关研究，中低收入家庭出行的主要交通工具是公共交通，而轨道交通是公共交通的骨干（李超，2016）。据《城市道路交通规划设计规范》，乘客可接受的最大步行换乘距离为500米，公共自行车的普及在某种程度上延长了可接受的换乘距离，故对已开通的地铁站和在建的地铁站分别作500米、1公里缓冲区分析。结果表明，目前杭州主城区经济适用房的地铁可达性不高，仅11.0%左右的小区处于500米范围内，处于1公里范围内的小区亦不到25%（见表5.3）。但可预期的是，到2022年，随着在建地铁线路的开通运营，其可达性将大幅度提升，近30%的小区将处于500米范围内，78.7%的小区都将处于站点1公里服务范围内，出行便捷度将明显改善。值得一提的是，地铁站点500米阈值内的小区的平均建成年份皆为2004年，假设方便的轨道交通标志着地块配套渐趋成熟，可见经济适用房小区的平均催熟时间长达10年甚至更久。

表5.3　经济适用房小区地铁可达性分析

指标	开通站点		在建站点		所有站点	
	500米半径	1公里半径	500米半径	1公里半径	500米半径	1公里半径
小区数/个（占比/%）	14 (11.0)	30 (23.6)	24 (18.9)	64 (50.4)	37 (29.1)	86 (78.7)
建筑面积/万平方米（占比/%）	113.9 (10.3)	337.3 (30.4)	211.7 (19.8)	624.7 (56.3)	313.7 (28.3)	814.7 (73.5)
小区平均建成年份	2004年	2006年	2004年	2007年	2004年	2006年

5.2.5　整体上呈现出从分散到多核并朝城北区域集聚的趋势

用自然间断点分级法（Jenks）将各时期建成的经济适用房按街道建筑面积分为五类，可以发现，2003年以前建成的经济适用房分布呈现出以东新、闸弄口街道为峰值，文晖、石桥、翠苑街道为次峰值，在北部呈相对分散的态势；2004—2008年祥符、东新街道为峰值，丁兰、石桥、九堡街道为次峰值；2009—2013年呈现出以丁兰街道为峰值，三墩、九堡街道为次峰值，在北部相对集中的多核心分布；2014—2018年则以三墩街道为峰值，丁兰街道为次峰值，向北部中间集聚。钱塘江以南的萧山区则主要集中在新塘、蜀山、临浦等街道，但规模相对不大。

5.3 经济适用房住区空间分异及演变

5.3.1 不同阶段空间集聚特征显著性减弱，2003年集聚效应最为明显

本研究采用Moran I指数判断杭州市主城区经济适用房建设的空间分异及其空间关联和集聚特征，结果表明，经济适用房建设总体上呈现显著的空间集聚特征，但在不同时期存在显著差异。增量上，第一阶段集聚特征最为显著，其后两个阶段集聚趋势有所减弱，第四阶段未通过集聚的显著性检验，1999—2003年，Moran I指数为0.145068，2004—2008年，Moran I指数大幅下降，之后缓慢下降（见表5.4）。由此，进一步细分，做年度存量经济适用房空间自相关分析，Moran I指数呈现出短期内急剧上升后又急剧下降进而缓慢上浮又缓慢下降的趋势（见图5.3），并表明2003年是成片经济适用房的大规模建成期，且集聚效应最为明显，2004年起，规划建设趋于分散，但依然通过了0.05的显著性水平检验，2014年进一步分散。

表5.4 不同阶段经济适用房建成面积的全局空间自相关特征

指标	1999—2003年	2004—2008年	2009—2013年	2014—2018年	1999—2018年
Moran I指数	0.145068	0.051982	0.049353	0.020894	0.087543
方差	0.000827	0.000917	0.000697	0.000779	0.000922
z得分	5.385132***	2.040741**	2.240043**	1.100054	3.206636
p值	0.000000	0.041277	0.025088	0.271308	0.001343

注：*** 表0.01水平上显著，**表0.05水平上显著。

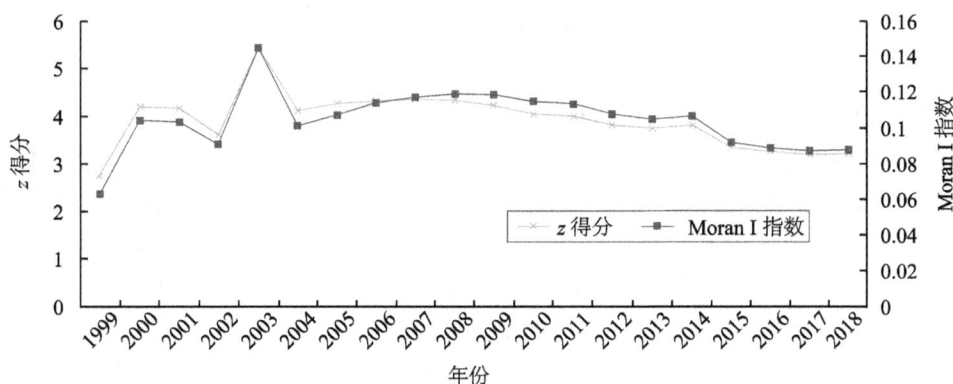

图5.3 年度存量经济适用房空间自相关分析

5.3.2　不同阶段空间集聚区缩减，呈条带状向外扩散

对四个时期建成的经济适用房进一步做 LMI 局部空间自相关特征分析，结果显示，1999—2003 年，H–H 区集聚在大关、东新、石桥、文晖、闸弄口、笕桥、康桥等街道；2004—2008 年，H–H 区集聚在石桥、丁兰街道；2009—2013年，H–H 区集聚在丁兰、星桥街道，随着时间的推移呈现条带状扇形向外扩散移动的趋势：石桥→丁兰→星桥，良渚街道于 2014—2018 年进入 H–H 集聚区。

5.3.3　空间集聚分异的演变

为细化观测经济适用房住区集聚分异的演变趋势，本研究按经济适用房建筑面积空间存量分年度做了 LMI 分析。最早进入 H–H 区的是大关、东新、文晖街道，随后石桥、闸弄口、笕桥街道（镇）于 2010 年由 L–H 进入 H–H区。2010 年亦是新进入 H–H 区的街道最多的一年，康桥街道于 2002 年由 L–H区进入 H–H 区，2013 年重入 L–H 区；笕桥街道于 2004 年退出 H–H 区，进入L–H 区；良渚、星桥街道分别于 2009 年、2011 年进入 H–H 区；大关于 2011 年由 H–H 退入 L–H 区。2010 年以后，闸弄口、东新、良渚等街道先后进入集聚不显著区，东新、良渚街道近年有所反复，重入 H–H 区。2010 年，潮鸣、小河、四季青、湖墅、朝晖、凯旋、祥符、西溪等街道（镇）由 L–H 区进入不显著区。2018 年，西湖、南星、浦沿、长河、闻堰、新湾等街道（镇）由不显著区进入 L–L 区。

根据各街道（镇）集聚分异的演变趋势，本章尝试将其分为持续集聚区、集聚消聚区、集聚波动区、新集聚区四类。

持续集聚区：该类型街道（镇）于 2010 年以前进入 H–H 集聚区至 2018 年以后一直保持 H–H 集聚态势，且持续 10 年以上，包括文晖、石桥、丁兰、九堡等街道（镇）。其中文晖、石桥街道分别在 1999 年、2000 年即为 H–H 集聚区类，丁兰、九堡街道于 2004 年、2006 年先后进入 H–H 集聚区类。文晖街道的经适房住区位于基准地价Ⅳ、Ⅴ类地段，距坐标中心点不到 5 公里，石桥、九堡、丁兰等街道皆距坐标中心点 5～10 公里，基准地价Ⅵ或Ⅶ级。除九堡街道，其他街道的经适房住区皆未进入已开通地铁站点 1 公里半径范围。但石桥街道的经适房住区 100% 处于在建地铁站点 1 公里半径范围内，54% 处于 500 米范围内，丁兰街道的经适房住区 81% 处于 1 公里半径范围内。

集聚消聚区：该类型街道（镇）处于 H–H 集聚区 10 年左右，于 2010 年左右退出 H–H 集聚区，包括大关、闸弄口、康桥等街道（镇）。大关、闸弄口的经适房住区位于基准地价Ⅳ类地段，且离坐标中心点的距离不到 5 公里，其中闸弄口

街道的经适房住区皆处于已开通地铁站点1公里半径范围，近30%的住区处于已开通地铁站点500米半径范围内。康桥街道的经适房住区位于基准地价Ⅶ类地段，距坐标中心点5～10公里，但其经适房住区处于建设地铁站点500米半径范围。

集聚波动区：该类型街道（镇）处于H-H集聚区多年后进入集聚不显著区，若干年后重新回归集聚区，包括东新、良渚等街道（镇）。东新街道于1999年即进入H-H集聚区，至2014年退出，2017年重新进入H-H集聚区，2018年再度退出。良渚街道于2009年进入H-H集聚区，2015年退出，2018年重新进入H-H集聚区。东新街道的经适房住区位于基准地价Ⅴ级，距坐标中心点不到5公里，未进入已开通地铁站点的1公里半径范围，但位于在建地铁站点的1公里范围内，其中55%位于在建地铁站点500公里半径范围内。良渚街道的经适房住区位于基准地价Ⅷ级，距坐标中心点5～10公里，33%位于已开通地铁站点1公里半径范围内。

新集聚区：该类型街道（镇）2010年后进入H-H集聚区，至2018年一直维持集聚态势，如星桥街道。星桥街道的经适房住区位于基准地价Ⅷ级，距坐标中心点5～10公里，皆不位于已开通和在建地铁站点1公里半径范围内。

保障房住区空间效应影响深远，对形成空间集聚的地区消聚影响至少达10年以上，甚至更久。保障房住区人口密度高、入住时间集中，从某种程度上可以快速催熟所在地区，但仅是同类群体的集聚居住，地块的成熟及空间融合仍依赖于周边的配套完善。对经适房住区空间分异不同演变类型属性分析，可以发现，交通可达性的影响最大，土地级别的影响次之，离中心点的距离影响不明显。

5.4　本章小结

随着城市化的不断发展和政策的逐步完善，保障房住区相对劣势的"空间地位"并非一成不变，具有时间轴的纵向变动效应及空间拓展的横向扩散效应。保障房住区区位的"变""动"与周边设施的配套建设相辅相成，互相影响。1999—2018年，杭州市经济适用房经历了快速建设而后持续放缓的发展过程，经济适用房住区主要分布在距杭州坐标中心点10～15公里范围的地价中等偏低地段且逐步向外扩散，公共交通可达性预期将明显改善，整体上呈现出由分散到多核北部集聚的趋势。运用莫兰指数和局部莫兰指数对杭州经济适用房住区空间分异及演变进行数字化定量分析，可发现：在增量维度，不同阶段空间集聚特征显著性减弱，2003年的集聚效应最为明显，不同阶段空间集聚区缩减，呈条带状向外扩散。在空间存量维度，空间集聚分异的演变呈现出持续集聚区、集聚消聚区、集聚波动区、新集聚区等四类演变类型，结合其时空变化特征，公共交通可达性的提升是促使集聚区消聚的首要因素，由集聚到消聚历时10年左右。可以预见，在建地铁站1公里服务半径范围内的集聚区将逐步进入消聚区，而未在地铁辐射范围内的区块相对处于"空间地位"的劣势，集聚将持续且有可能加强，需提供积极的"发展空间"，避免其在空间上与城市中较成熟、高品质地区出现明显的隔离，形成物质与社会空间上的"马太效应"。

　　本章在对杭州市经济适用房住区20年时空分布特征实证分析的基础上，运用莫兰指数和局部莫兰指数分析其空间分异，进而对其演变进行了分类，尝试结合实证分析从空间区位、土地级别、交通可达性三个方面分析其演变的主要影响因素。但限于对分类的量化处理，未能对影响因素建模探讨，是本章的局限之处。从公开销售的经济适用房的视角探讨保障房住区空间分异及演变，可以窥见曾是保障房住区主体的经济适用房在城市空间生产中产生的效应，具有一定的代表性，但随着保障性住房政策由售转租的调整，公租房的建设规模日趋增多，势必也会带来相应的空间效应，需做进一步的分析和探讨。

6 保障房住区及周边地区的空间演化

近年来，我国住房保障政策的实施在一定程度上减轻了中心城区低收入人群住房紧张、困难等问题。杭州市作为吴越、南宋都城，素有"人间天堂"的美誉，一直以来都将保障房住区的建设作为民生工程的重中之重，用以提升城市居民的生活幸福感、拓展城市规模的发展空间。伴随着城市经济的不断发展，尤其是近年来，杭州电子商务的飞速发展为城市拓展夯实了经济基础，建设空间不断扩张，建成区面积不断向外蔓延。城市内各指标渐渐饱和，发展空间日益捉襟见肘，为了缓解中心城区的各种压力，杭州开始规划布局主中心、副中心，用以分摊部分空间压力，承担不同的社会功能。与此同时，杭州主城区的老旧危房改造步伐也显著加快，呈现出郊区城市化和主城区更新几乎同步推进的快速发展局面。

伴随杭州城市快速发展的是杭州城市保障房住区的大力建设。从政策初具框架到逐渐成熟，杭州城市保障房住区的建设基本处于供求平衡的状态。对这20年来部分公开销售的保障房房源进行整理，可以概括地将杭州城市保障房住区划分为五个片区：北景园、三墩都市水乡、丁桥、九堡、杨家村。在建设过程中，根据其空间区位的演变，不难发现其区位的演变特点。

第一，住区选址边缘化，福利性和经济性难以兼顾。

尽管杭州城市保障房住区的开发建设成果显著，但在空间分布上还是不免出现住区分布过于边缘化的现象，这也是众多城市保障房住区所存在的通病。

中国城市保障房住区选址郊区化、边缘化明显，离市中心较远，周围环境不理想，相应的社会公共基础设施也不是很完善。同时，杭州郊区聚集了很大一部分低收入人口，而适合中低收入人群的专业技能要求较低的服务性产业，主要集中在城市中心，很明显，存在着就业与居住地之间"空间不匹配"的现象。

由于附加值低、土地收益不高，保障性住房户型往往不理想，社区环境和物业管理水平较差，并且大多数保障性住房用地选址在交通不便的城乡接合部或近郊区土地收益额小的地段。新区开发时基础设施和配套设施的建设成本高，在政府补贴有限的条件下建成的住宅小区往往存在配套设施严重滞后的问题，居民入住后，许多规划设计中的商业设施、医院、学校等配套仍未建成，附近没有高档的商业设施。入住的居民只能依据当地的原有配套，生活十分不便。

根据土地利用最大化原则，靠近中心城区的土地经济价值较高，如果将这类土地划拨为保障房住区的建设用地，则将违背这一土地利用原则。远离中心城区的土地经济价值远低于前一类，所谓"地广人稀"，这类并未大幅参与城市开发建设的土地通常用来作为保障房住区的不二之选，但在这样的远郊区建设住宅小区，其周围的配套设施和公共服务往往不够完备，正处于招投标初期，存在生活时间成本高、质量低的现象，如出行慢、就业不便、就医就学难等问题。由此可见，边缘化分布的这一空间特征使得保障房住区的居民产生了一定程度的福利损失，导致空间失配的现象，降低了保障房住区的社会性。

由于城区建设用地有限，保障房住区的建设仍以规模化集中化发展为主，并且适宜的选址多位于郊区。在严格的用地指标限制和工业发展用地的迫切需求前提下，保障性住房的选址很多都已突破杭州市总规的城市建设用地边界，一定程度上侵占了周边的生态用地和农用地。尤其在城郊接合部的保障房住区，往往直接建设在农田中，与农用地的保护规划产生了矛盾。

第二，空间演化逐渐由边缘向核心转换。

在选址建设初期，保障房住区通常位于距离中心城区较远的郊区。随着城市向外扩张及保障房住区人口集聚的地块催熟功能，其区位逐渐由远郊区演化为近郊区，呈现出核心化趋势，且这种现象随着时间的推移日趋明显。这种核心化趋势不仅体现在居住空间区位上，也体现在住户的日常生活、社会交往及身份认同等方面。保障房住区通常首先被城市总体规划纳入中心城区范围，处在中心城区边缘，并且随着中心城区的进一步扩张、公共基础设施的进一步完善以及人气的聚集，逐渐发展成为设施配套相对成熟的居住社区。同时，保障房住区尽管在区位上逐渐核心化，但整体上由于受到快速路、铁路、河流、高压线及防护绿带等要素的阻隔，其与周边商品房住区的居住空间分异现象依然存在，不同时期不同地段的保障房住区空间区位的演化也呈现出了不同的特点。

6.1　丁桥大唐苑及其周边地区空间演化

6.1.1　区位与功能变迁

丁桥大唐苑位于浙江省杭州市江干区，丁兰路以东，南至大农港路，距离武林广场直线距离11.3公里，距离钱江新城直线距离12.8公里，距离西溪湿地直线距离16公里；距离杭州东站9.2公里，可通过地铁1号线前往，到萧山国际机场约36公里（见图6.1）。

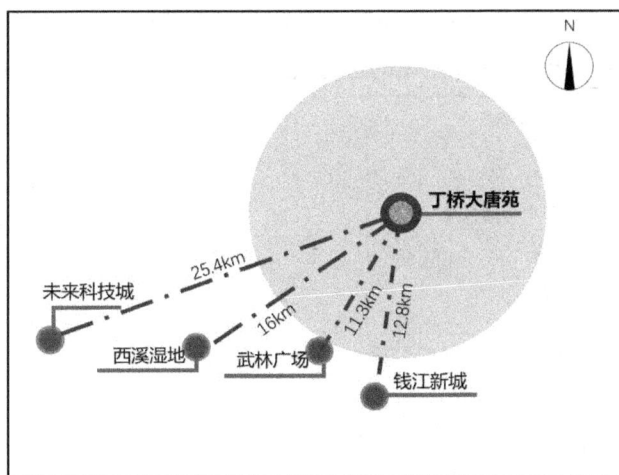

图6.1 丁桥大唐苑区位
（笔者自绘，下同）

丁桥大唐苑竣工于2012年，至今已建成8年，其间杭州市城市空间不断扩张。随着杭州市的不断扩张和总体规划的修订，可以感受到丁桥大唐苑的区位与地位的变迁，下面从分布、布局、位置关系等各方面进行探究。

6.1.1.1 1990年之前：远郊空地

20世纪90年代，杭州市区建成区面积102平方公里。该时期丁桥大唐苑所处区位未进入杭州市城区范围内，属于远郊地区，还未进行开发建设。此时该区块土地性质以农居用地为主，分布少量乡镇工业。

6.1.1.2 1991—2010年：进入城区辐射圈

1991—2010年是杭州市快速发展的起步阶段，发展方向调整为以主城为基础，沿跨江、沿江两条轴线，向东、向南发展，严格控制向西发展。丁桥大唐苑所在的位置处于主城郊区东北角丁桥镇内，已经处于城区建设范围内。由于当时杭州市发展重心为东南沿江地区，该区块发展仍处于滞后阶段，但未来有发展机遇。此时该区块用地属于农居用地（见图6.2）。原先区块内工业迁移，为后续转变为居住用地进行建设开发提供基础。

6.1.1.3 2010—2019年：旅游西进与快速发展

2010—2019年是杭州市快速建设阶段。随着城市开发建设的发展，杭州的城乡一体化水平逐渐提高，主城区渐渐饱和，需要老城和新区的综合性服务来支撑大规模的城市活动，杭州开始严格控制主城人口规模，推动城市建设重心向副城、组团和新城转移，以此来提高杭州的国际化水平，增强它的辐射和带动能力。

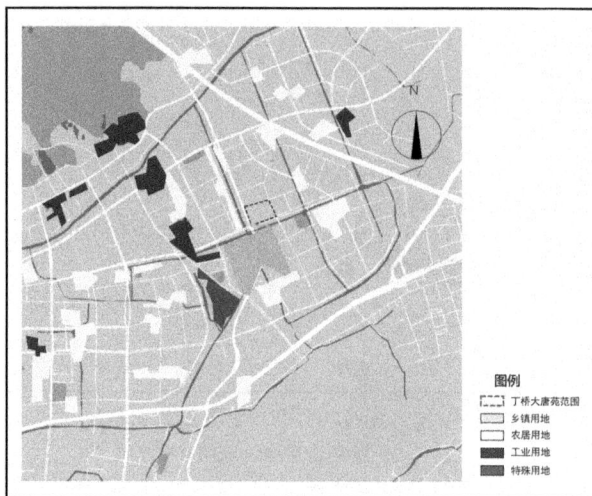

图 6.2　1995 年丁桥大唐苑用地性质
（笔者根据调查分析绘制，下同）

2010 年以后，根据"旅游西进"的发展政策，建设重点逐渐转向西北部，丁桥镇进入发展建设快速阶段。2012 年，丁桥大唐苑竣工；2016 年，杭州市总体规划将区块土地属性从农居用地转变为居住用地，周边配套设施逐渐完善。周边配套建有幼儿园、小学、中学和医疗诊所等，能够保障社区居民教育、医疗的需求。该区域同时设有公园、商场等公共服务场所，能满足居民休闲、购物的需求。

在丁桥新城一期建设 2 年后，居住人口达到了 8 万人，并向 40 万人口的积聚目标不断发展。"十二五"期间，丁桥新城完善各项配套设施，全面提升居住功能。总占地面积达 700 多亩（约 46.7 万平方米）的丁桥新城二期，除 100 亩地用于保障性住房建设外，其他均用于商品房和各项配套设施建设。丁桥大唐苑作为经济适用房项目，其周边服务设施得到大幅度完善，现已逐渐转变为较成熟的保障房住区。

6.1.2　周边地区用地性质变迁

城市用地性质是城市空间的重要组成部分，其性质、布局的变迁影响着所处空间的形态与风貌，对当地发展起着见证历史与展望未来的作用。在此选取丁桥大唐苑周边 1 公里范围内用地性质变迁，以分析研究小区周围历年用地性质的演变过程，

6.1.2.1　第一阶段：2000年以前

2000年以前，丁桥大唐苑所处地区为远郊空地，未进入城市开发规划。1996年，区块所处地被纳入杭州市城市范围内。但是由于位于主城郊区东北角，工业用地和农居用地所占比例极高，基本不见公共绿地。在丁桥大唐苑的西侧，基本上是一个工业园区，其东侧用地性质相对丰富一些，有较大面积的养殖用地，还有零星的教育用地、公建用地。通过其村域活动范围，可大概判断出大唐苑东侧当时以村为单位进行养殖活动。

6.1.2.2　第二阶段：2001—2010年

2001—2010年，丁桥大唐苑发展与其他地区相比较滞后。但根据2006年区块用地性质情况（见图6.3），其东部工业用地消失，西部出现农居用地。居住用地（城市建设用地R2）和农居用地（村镇用地）毗邻，可以看出该地块居民的居住条件不尽相似，建筑物的风貌差异也较大。此时该区块已具有建设开发的基础。

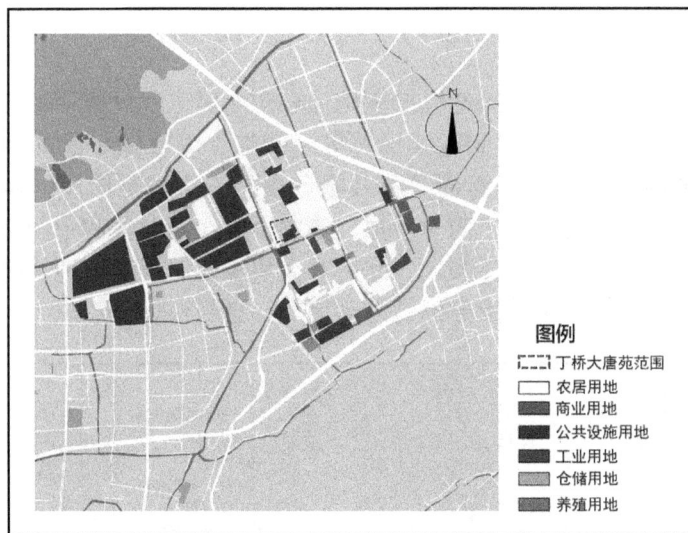

图6.3　2006年丁桥大唐苑用地性质

6.1.2.3　第三阶段：2010—2019年

2010—2019年，公建用地和文化设施用地的明显增加（见图6.4），可见在经济基础得到保障的前提下，居民的精神文化也日益丰富。随着规划的实施，丁桥大唐苑及其周围住区的用地性质逐渐从农居用地转变为二类居住用地。可以看到居住用地周围的绿化面积大大增加，且分类更为细化，功能更为多样。部分居住区呈现出"商住一体化"的发展趋势，土地的用途更为灵活多变。文化、体育和休闲娱乐的用地分布在居住区周边逐渐分散，部分功能有融合在同一地块内的趋势。

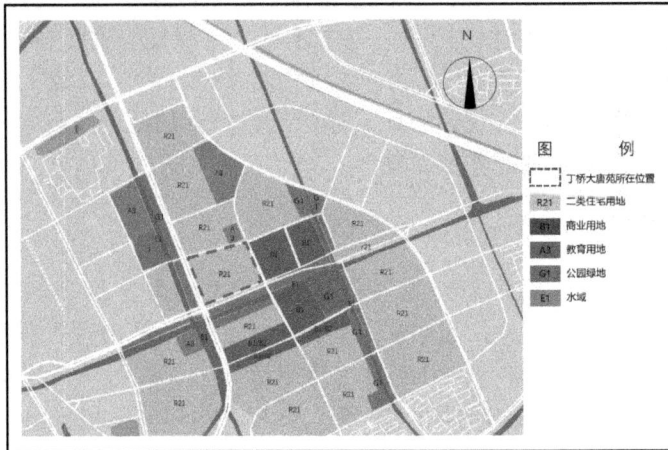

图6.4　2018年丁桥大唐苑及周边用地性质

6.1.2.4　第四阶段：2020年至今

目前，丁桥大唐苑周边用地以居住用地和商业服务业设施用地为主，周边配套建有幼儿园、小学、中学和医疗诊所等，能够保障社区居民的教育、医疗需求。该区域同时设有公园、商场等公共服务场所，能满足居民的休闲、购物需求。公用建筑面积较之前有了明显增加，集中分布在西北角和中间部分，便于满足安全、舒适的居民基本生活需求。北面有大块绿地，说明该地块有较为丰富的绿色资源，但没有进行更为细致的规划利用。详见图6.5。

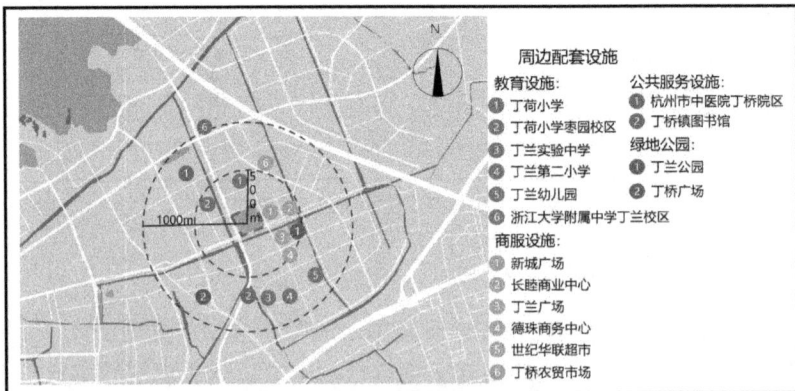

图6.5　丁桥大唐苑生活圈

（1）商业服务设施

丁桥大唐苑小区竣工至今，其周边已拥有较丰富的商业服务设施。在半径1公里范围内，区块东接新城广场，步行前往只需4分钟左右。区块周边1公里范围内，除了新城广场还有长睦商业中心等，能满足住户多元化的购物需求。

（2）医疗服务设施

丁桥大唐苑小区周边医疗服务设施较为完善，设有杭州市中医院丁桥院区、杭州市江干区丁兰街道社区卫生服务中心、杭州富春中医骨伤医院等医疗机构，大多位于1公里范围内。丁桥大唐苑所处区块内属于典型集聚型居住区块，人口基数较大，对医疗设施的需求量大，其附近的医疗设施，能较好地满足居民对医疗设施的需求。

（3）教育设施

丁桥大唐苑小区周边有浙江大学附属中学（丁兰校区）、乔司镇大井小学、杭州采荷第二小学教育集团丁荷小学、杭州市丁兰实验中学、丁荷小学（枣园校区）、丁桥镇图书馆、丁荷幼儿园（枣园园区）、杭州市丁桥小学、杭州市丁信小学等教育设施，教育资源较为丰富。

杭州市保障性住房建设在数量上基本能够达到供需平衡，一定程度地解决了中低收入家庭住房难和拆迁安置的要求，但在空间分布上仍存在住区分布边缘化的特征。以丁桥大唐苑为例，由于城市发展规模的不断扩大，保障房住区渐渐从"远郊区"向"近郊区"转移，从"边缘"向"核心"变迁。但从其周边用地性质演变的分析中不难发现，由于该住区受到高速路、高架路及大块绿地的半包围式阻隔，丁桥大唐苑实际上还未真正融入杭州的新城发展，保障房住区内的居民也不能很好地获得新城带来的近中心生活体验。

6.2　德泽家园及其周边地区空间演化

6.2.1　区位与功能变迁

德泽家园位于浙江省杭州市西湖区，隶属西湖区三墩镇，北邻金庄路，东临金墩路，南靠来仁街，西邻长深高速。区块距离武林广场12.5公里，距离钱江新城18.3公里。距离未来科技城10.5公里。距离西溪湿地6.7公里。距离杭州东站24公里，可通过地铁2号线、1号线前往。到萧山国际机场约59公里（见图6.6）。

德泽家园于2016年建设完成，并在2017年4月30日交付。其间经历了《杭州市城市总体规划（2001—2020年）》的修订，但其所在位置用地并未发生较大改动。

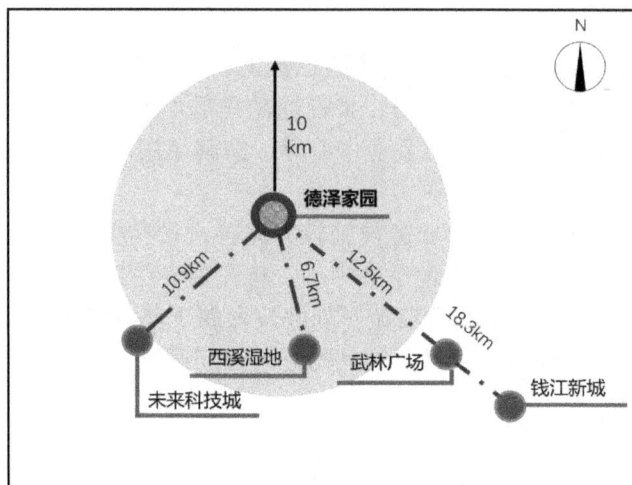

图6.6　德泽家园区位

6.2.1.1　2000年以前：郊区农村地带

　　德泽家园所在的三墩镇在1996年以前归属于余杭区，在1996年颁布的《杭州市城市总体规划》中被划归至西湖区。从1995年德泽家园用地性质图（见图6.7）中可以看到，德泽家园位于杭州市边缘地带，并未进入规划所确定的发展地区内，仍旧是郊区农村地带，周围以荒地为主，交通不够便捷，居住环境较差，并不适宜聚居。同年6月，为解决杭州市中低收入家庭的住房问题，杭州市出台了《杭州市安居工程住房出售和管理实施意见》，开始安居工程建设。

6.2.1.2　2000—2005年：城市边缘地区

　　2001年，杭州市制定了《杭州市城市总体规划（2001—2020）》，在此次规划中确定了城市发展策略增强中心城市辐射带动作用，加强与上海及周边城市在经济发展、生态环境保护、区域交通、基础设施和公共服务的对接，深化区域合作。该阶段，杭州市的安居房建设向经济适用住房建设并轨，从此开始杭州市经济适用住房的发展。德泽家园所在地在此次规划中也被划入了建设范围，开始进行建设工作。但由于其所在位置仍处在杭州市边缘地区，并未开展大规模保障住房建设，发展依旧较为缓慢（见图6.8）。

6.2.1.3　2006年至今：进入中心城区规划，发展速度加快

　　2006年，杭州市制定了《杭州市土地利用总体规划（2006—2020）》。在经历杭州市城市用地规模的不断外扩后，2006年，德泽家园所在地已不再是杭州

城边缘地带，在总规中明确的中心城区规划范围——"一主三副六组团"，即一个主城、三个副城和六大组团中，德泽家园与其中多个中心位置接近，地理位置逐渐转好，发展步入轨道。特别是在开通了杭长高速后，发展速度加快。

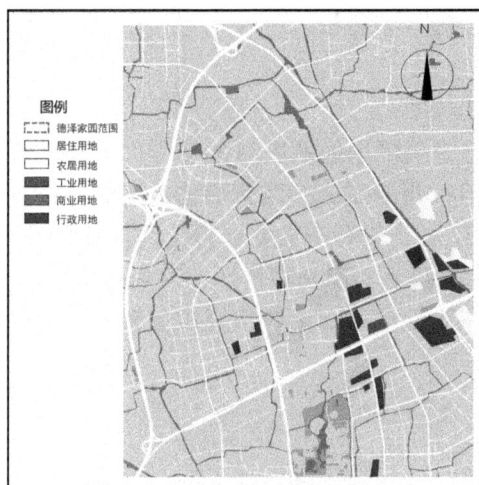

图6.7 1995年德泽家园用地性质

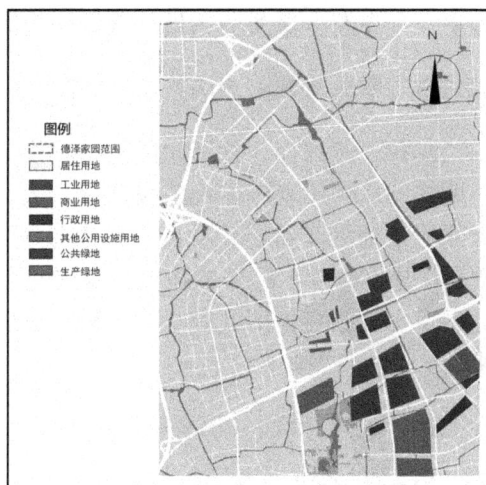

图6.8 2006年德泽家园用地性质

为确保保障房的有效使用，2009年，杭州市政府出台了《杭州市区经济租赁住房管理办法（试行）》，明确经济租赁住房主要解决一段时间内无力通过市场解决住房问题的中等偏下收入城镇居民住房困难问题。2011年3月，出台杭州"国八条"细则，规定在商品房供地中安排10%的土地用于配建公共租赁住房。2011年7月，出台《杭州市公共租赁住房建设和管理暂行办法》。在杭州保障性住房体系不断完善，保障性住房体制和政策不断成熟的条件下，同年德泽家园也开始了规划建设。在2017年完成了建设，成为杭州市首个住宅产业化示范小区。

6.2.2 周边地区用地性质变迁

城市用地性质与布局是城市空间形成的基础，了解一个地区周边用地性质的变化可以窥探该地区的发展历程，有助于探究该地区对城市发展产生了何种影响。

6.2.2.1 第一阶段：2000年以前

2000年以前，德泽家园所在地区处于尚未开发建设的郊区，用地类型主要为近郊区空地。在1992年杭州市总体规划中，德泽家园区块尚未进入规划范围，仍属于待建设用地。

6.2.2.2　第二阶段：2000—2005 年

2000—2005 年，德泽家园还未开始规划建设，其未来所在的区块在当时的用地类型为公共绿地，地块西南侧用地大部分都为新开发建设，北侧以居住用地为主，分布有少量商业用地，其周边配套设施开始建设。

6.2.2.3　第三阶段：2010—2015 年

2010—2015 年，德泽家园开始建设。这时周围用地性质与 2006 年时相比，多了更多的居住用地，用地建设范围扩大，但杭州绕城高速西侧除去景观绿化仍有大面积土地处于待建设状态，尚未被利用起来。东部多数空地转变为居住用地，教育设施和医疗设施随之建设，有杭州市大禹路小学甲来路校区、甲来路幼儿园、杭州市文三教育集团文理小学、浙江医院三墩院区等，为住户提供教育和医疗的便利。

6.2.2.4　第四阶段：2016 年至今

如今德泽家园已完成建设，周围有较多绿化也有大量的居住区，周边配套建有幼儿园、小学、中学和医疗诊所等，能够保障社区居民的教育、医疗需求。该区域同时设有公园、商场等公共服务场所，能够满足居民的休闲、购物需求（见图 6.9、图 6.10）。

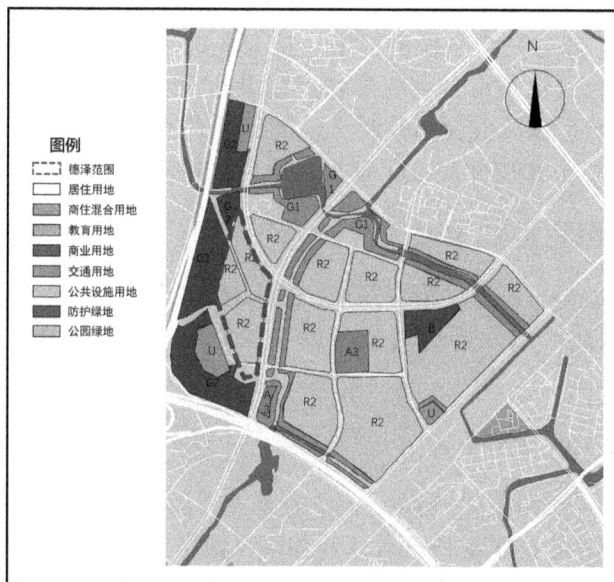

图 6.9　2018 年德泽家园及周边用地性质

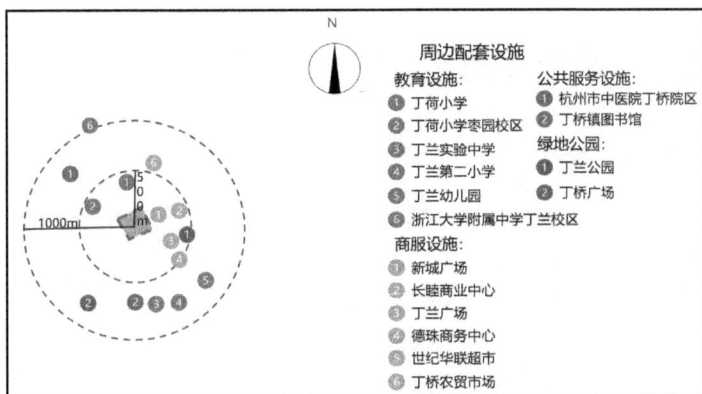

图6.10 德泽家园生活圈

（1）商业服务业设施

德泽家园位于西湖区三墩镇，属新建设地区，其周边用地开发仍在完善过程中。区块周边商业服务设施有金地广场、永旺梦乐城购物中心、303生活广场等，驾车10分钟皆可到达。在半径1公里范围内，配建有储裕自选商场、家好超市等，能满足住户日常购物需求，较为便利。区块周围商业设施分布较广，购买类型全面，涉及百货商店、联营商店、菜市场类、自选商场、专业商店等种类，能满足住户多元化的购物需求，并为其提供较大的便利。

（2）医疗服务设施

德泽家园社区周边医疗服务设施较为完善，设有浙江医院三墩院区、杭州迪安医学检验中心、杭州市西湖区中西医结合医院三所较大的医疗机构，皆驾车10分钟即可到达。1公里范围内有至邦诊所，能满足住户的医疗需求。

（3）教育设施

德泽家园区块配备有杭州市大禹路小学甲来路校区、甲来路幼儿园、杭州市文三教育集团文理小学、浙江大学紫金港校区等教育设施，但距离小区较远。

（4）文化体育设施

社区内体育设施方面多为非消费性设施，如球场、休闲空地，分布较为均匀，大部分居民步行5分钟即可到达；但社区缺少影院、文化中心等文娱设施。

德泽家园作为最近建设完成的经济适用房小区，其周边设施仍有不断完善的空间。其周边配套设施分布较分散，距离小区距离较远，而公共交通路线较薄弱，缺少地铁线路，日后需要加强该区块与主城区间的交通联系。而作为经济适用房项目，德泽家园的建设为该地区保障了基础人流量，提供了一定的消费需求，从而倒逼该地区商业服务业设施、基础设施的建设发展。同时，吸引了部分主城区人口来此定居，推动了城市建设和社会经济发展。

6.3　嘉绿名苑及其周边地区空间演化

6.3.1　区位与功能变迁

　　嘉绿名苑位于浙江省杭州市西湖区，隶属西湖区古荡街道，位于文新路以北，东至冯家河，西至莲花港河，北至文苑路（见图6.11）。距离武林广场直线距离4.9公里，距离钱江新城直线距离10.1公里，距离城北中心直线距离11.3公里，距离西溪湿地直线距离2.4公里；距离杭州东站12公里，可通过地铁2号线、4号线到达；到萧山国际机场约37.8公里，可通过15路公交车到达，出行十分便利。

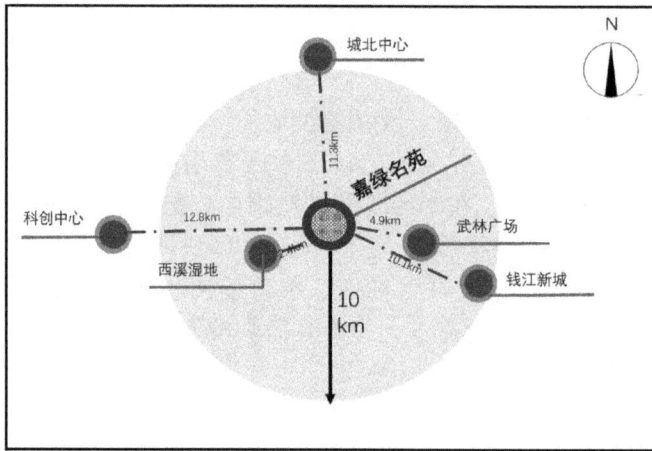

图6.11　嘉绿名苑区位

　　该小区竣工于2005年，小区占地面积大约为4万平方米，总建筑面积约7.5万平方米，规划用户约为650户，属于拆迁回迁房，是典型的集聚型保障房区块，附近有大量居住区集聚。其附近学校有嘉绿苑中学、嘉绿苑小学、嘉绿苑幼儿园、钱塘外语学校等，附近较大商场有嘉绿苑农贸市场、世纪联华超市、银泰城等。

　　嘉绿名苑竣工于2005年，至今已有16年，作为较早完工的经济适用房住区，具有较大研究价值。随着杭州市的不断扩张和总体规划的修订，嘉绿名苑空间区位发生了较大的变化。

6.3.1.1　1990年之前：郊区村落

　　1981年，嘉绿名苑所在地主要是农村，以农田为主。当时，杭州郊区乡村的荒凉地带（古翠路以东）有少量居住用地，主要以科研教育用地和工业用地为主。在1978年提出的杭州市总体规划中，杭州市主要建设重点为西湖以东和以北，开辟建立钱江新区，逐步改造旧城。嘉绿名苑所在地区仍然属于近郊区农田。从1978—2000年的总体规划中可以看出，杭州市主城区局限于西湖区东侧，嘉绿名苑所在地离城市中心仍有一段距离，规划属于淡水鱼基地。

6.3.1.2 1991—1999年：近郊地区的快速扩张和建设

20世纪90年代以来，国家进入深化改革加快发展时期，杭州市进入快速发展时期。由于外来人口增长迅速，大量中低收入人群聚集于城郊，杭州市主城区逐渐向西延伸。1996年，杭州市提出新的总体规划，发展方向调整为以主城为基础，沿跨江、沿江两条轴线，向东、向南发展，严格控制向西发展，转变为以钱塘江为轴心，沿江、跨江多核组团式布局，组团之间保留必要的绿色空间，形成"一个主城、两个副城（下沙、滨江）、六个旅游区（西湖、灵山、之江、西溪、龙坞、江南）"的布局形态。城市规划区扩大到890平方公里，其中杭州市区682.85平方公里。在1996—2010年的总体规划中可以看出，城市布局开始向跨江、沿江多核组团式发展，特别是城市新中心即后来的钱江新城核心区的建设，奠定了由西湖时代转向钱塘江时代的基础，这为杭州未来的发展奠定了主基调。

杭州市的城市规模有了显著提升，嘉绿苑所在地也得到了较快发展，用地性质也从1978—2000年总体规划中的淡水鱼基地转变为居住、商业以及公共服务设施用地。在这段时间内，杭州开始经济适用房的建设。1999年10月，杭州出台首个经济适用房政策，大量保障性居住小区拔地而起，嘉绿名苑区块逐渐出现了城市居住用地、工业用地并伴随少量的农业用地，同时周边配套设施也在不断完善。其周边用地迎来了一次建设高潮，用地属性也逐渐复杂起来，一改之前的城郊荒凉景象。虽然在嘉绿名苑附近依然还是一片农田，不过附近的农业用地正在显著减少。

6.3.1.3 2000—2005年：起步建设的经济适用房小区

2000年，嘉绿苑一期竣工；2005年，嘉绿名苑竣工。周边以居住区为主，有嘉绿西苑、嘉绿东苑等居住区。周边商业服务业设施欠缺，交通仅有公交车连接，较不方便，附近农田逐渐消失。2001年以后，由于交通体系的迅速发展、城市副中心的增加、公共中心体系网络化的构成（地铁正在建成），嘉绿苑与各城市中心、副中心的联系更为紧密，周边已形成完善的服务设施体系。该区域同时设有公园、商场等公共服务场所，能满足居民的休闲、购物需求。周边配套建有幼儿园、小学、中学和医疗诊所等，且该小区属于学区房，能够保障社区居民的教育、医疗需求。在2005年，嘉绿苑新建成名苑、文苑、莲苑、青苑、福苑几个回迁房小区。

6.3.1.4　2005—2019年：成熟的经济适用房小区

2005年以来，杭州城市建设加快，同时继续遵循严格向西开发的准则，谨慎控制西部城市建设用地的高度及规范，以求保护西溪湿地。嘉绿名苑所在区块作为较早建设的经济适房居住区，周边开始形成较成熟的配套设施，如嘉绿苑中学、嘉绿苑小学、农贸市场、世纪联华超市等，交通有K63路、66/K66路、K74路、86/K86路等公交线路。同时，杭州地铁2号线于2008年开始施工，于2017年竣工，对于连接城西与主城区具有较大的意义。嘉绿名苑附近有地铁站，交通联系进一步加强。

如今的嘉绿苑社区是一个融合了很多种类型的城市社区，它既有像嘉绿苑北苑、南苑这种传统社区，具有较长的历史，有很多居民在此居住了数十年；也有像嘉绿苑西苑这种公房社区，由于住房政策实施公房私有化，通过房改房使居民拥有部分产权；还有像嘉绿苑名苑、文苑、莲苑、青苑、福苑这种回迁房、商品房社区。

6.3.2　周边地区用地性质变迁

城市用地性质与布局是城市空间形成的基础，理解用地性质、布局的变迁过程对于认知分析嘉绿苑北空间的形成与演化发展有着重要的意义。本研究选取以嘉绿苑北为中心1公里范围地区作为其周边地区用地性质变迁分析的范围（见图6.12、图6.13）。

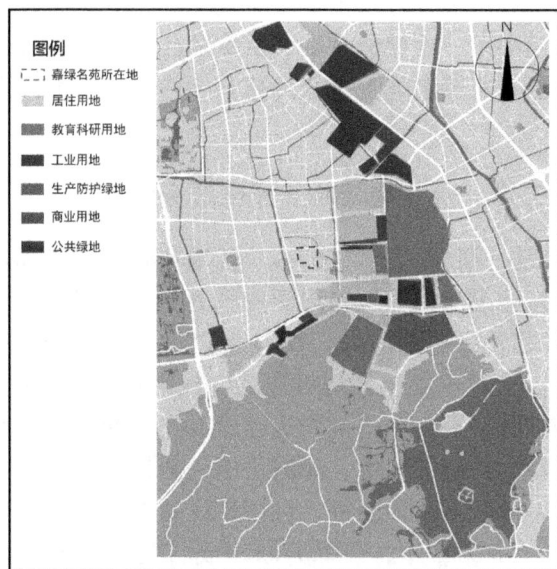

（a）1981年嘉绿名苑周边用地性质

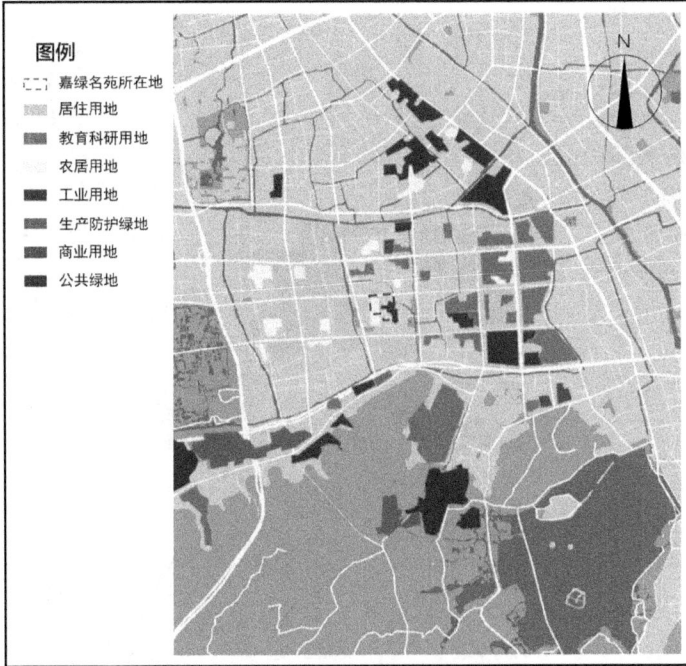

图例
嘉绿名苑所在地
居住用地
教育科研用地
农居用地
工业用地
生产防护绿地
商业用地
公共绿地

（b）1995年嘉绿名苑周边用地性质

图例
嘉绿名苑所在地
居住用地
教育科研用地
工业用地
市政公共设施用地
商业用地
公共绿地
其他公共设施用地

（c）2006年嘉绿名苑周边用地性质

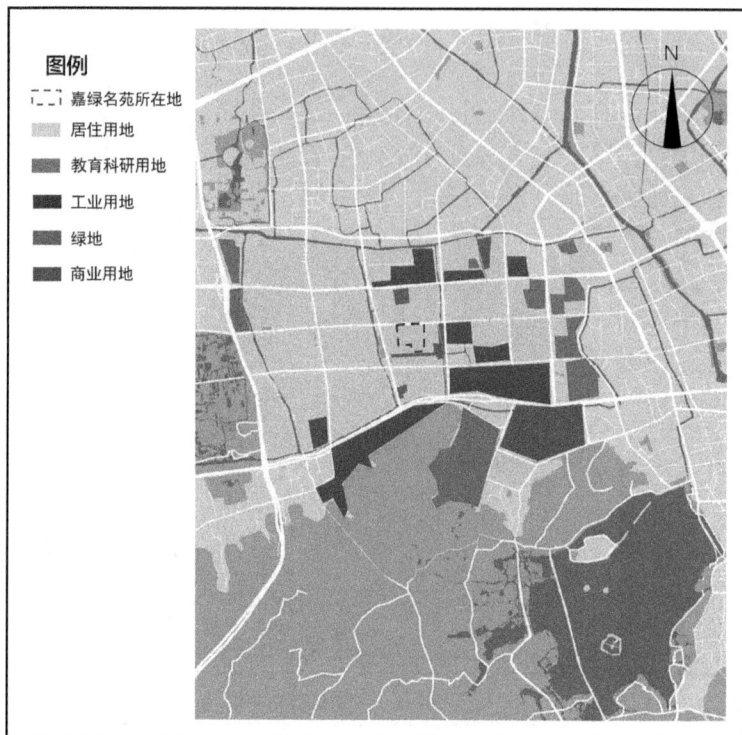

（d）2016年嘉绿名苑周边用地性质

图6.12　嘉绿名苑周边用地性质演变

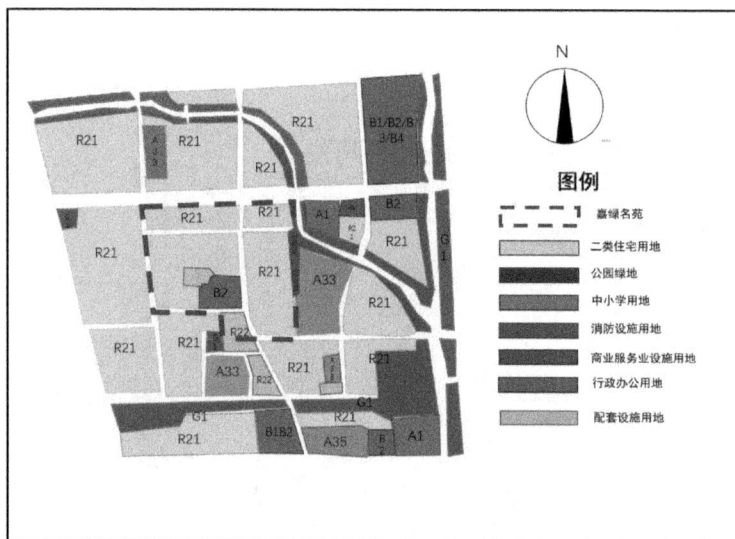

图6.13　2019年嘉绿名苑用地性质

6.3.2.1　第一阶段：2000年以前

在2000年以前，嘉绿苑所在地区周边还处于尚未开发建设的郊区，用地类型主要为郊区农村自建住房用地。在1978—2000年的总体规划中，属淡水鱼基地，在1994年前后，其周边地区大多处于已拆未建状态。

6.3.2.2　第二阶段：2001—2008年

2001—2008年，嘉绿苑周边开发建设基本全部建成，农村用地大幅减少，居住用地比重大幅提升。除嘉绿苑外，又建成许多居住社区。周边居住和商业用地不断出现。同时地区绿化不断完善，地块中裸露的土地逐渐消失。

6.3.2.3　第三阶段：2009—2017年

2009年以后，该地区周边配套建设基本定型，地区商业、办公与居住的功能显著提升。2017年7月3日，杭州地铁2号线正式开通运营一期工程西北段（钱江路站至古翠路站），为该地区居民出行提供了极大的便利。

6.3.2.4　第四阶段：2018年至今

目前，嘉绿苑北区周边用地以居住用地和商业服务业设施用地为主，周边配套建有幼儿园、小学、中学和医疗诊所等，能够保障社区居民的教育、医疗需求。该区域同时设有公园、商场等公共服务场所，能满足居民的休闲、购物需求（见图6.14）。

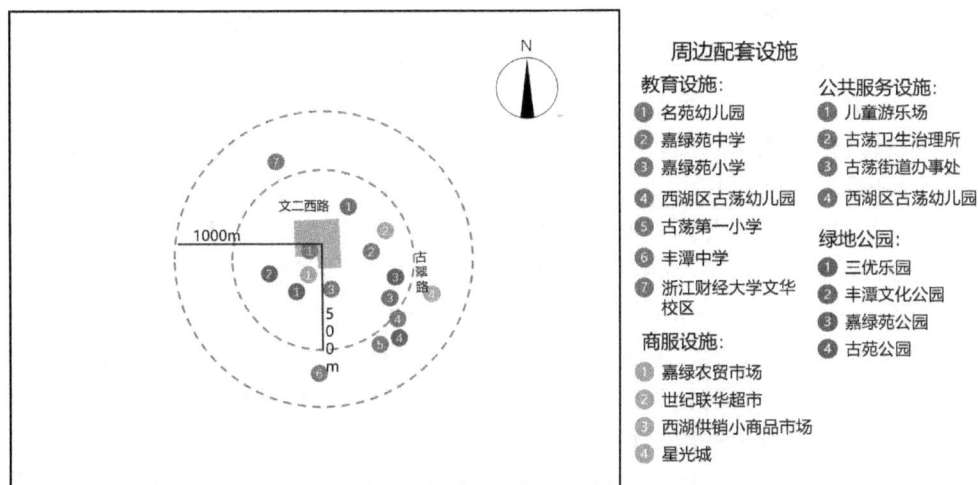

图6.14　嘉绿名苑周边配套设施

（1）商业服务设施

嘉绿名苑虽位于老城区，但其周边用地开发还算完善，拥有较丰富的商业服务设施。在半径1公里范围内，配建有嘉绿农贸市场，步行前往仅需7分钟左右，给居民生活带来了极大的便利。而驾车前往最近的银泰百货大约需要16分钟。平均距离较短，同时购买类型全面，涉及百货商店、联营商店、菜市场、自选商场、专业商店等种类。从周边设施数量、种类来看，近距离购物场所较为集中，能较好地满足日常生活需求。

（2）医疗服务设施

嘉绿名苑周边医疗服务设施较为完善，设有浙江省同德医院、杭州同济医院以及杭州市第七人民医院三所较大的的医疗机构，其大多位于1公里范围内，设施情况与购物场所类似。嘉绿名苑中住有较多的老人和小孩，对医疗条件要求相对较高，对医疗设施的需求量大。其附近范围内的医院配置，能较好地满足居民的医疗需求。

（3）教育设施

嘉绿名苑居民群体中，学龄儿童占有较大的比重，对教育设施的需求较大，周边2公里范围内有8所幼儿园、4所小学、5所中学及4所高校，教育资源十分丰富，小区居民对于孩子上学的便利程度比较满意。

（4）文化体育设施

社区内体育设施方面主要为非消费性设施，如球场、休闲空地，分布较为均匀，大部分居民步行5分钟均可到达；社区内文化设施比较缺乏，缺少文化站、电影院等文娱设施。

可见，嘉绿名苑区域保障房的建设加大了本地区的人流量，居民的消费催化了这一片区的经济发展活力。同时在本区域快速发展下，保障房被划在城市居住区级中心范围内，周边交通设施的不断完善加强了保障房和城市各中心之间的联系，有效减少了城市社会空间的分异，从而也提升了保障房周围的环境品质。保障房的建设加大了本地区原有的对于社会、消费的需求，促使这一区域内医院、学校、幼儿园、农贸市场、购物中心等设施的完善，在便利居民生活的同时也为一些市民提供了工作岗位和创业导向。基础建设的不断完善提升了本区域居民的归属感和幸福感，同时也在潜移默化中提高了本地区的房价。由于基础设施不断完善、不断优化，出现了三甲医院和市重点中学或知名小学等具有一定人流导向的设施，建设大型百货商场等商业、娱乐建筑推动了地区的发展也加大了人员的流动性，为部分市民提供了活动的导向性。相反，地区发展所带来的交通便利等因素也会通过许多政策来提升本区域的基础设施等级，促使经济快速发展，让这一地区避免边缘化，更快地融入城市中心。

6.4 近江家园及其周边地区空间演化

6.4.1 区位与功能变迁

近江家园位于浙江省上城区，隶属上城区望江街道。位于钱塘江边，南至富春江路，北至钱江路，东至衢江路，西至望江路。临近钱江新城，距离武林广场直线距离5.4公里，距离未来科技城21.6公里，距离西溪湿地直线距离11公里；距离杭州东站11公里，可通过地铁1号线、5号线到达，驾车20分钟可到达目的地。到萧山国际机场约41公里，驾车不到1小时即可到达，交通便利（见图6.15）。

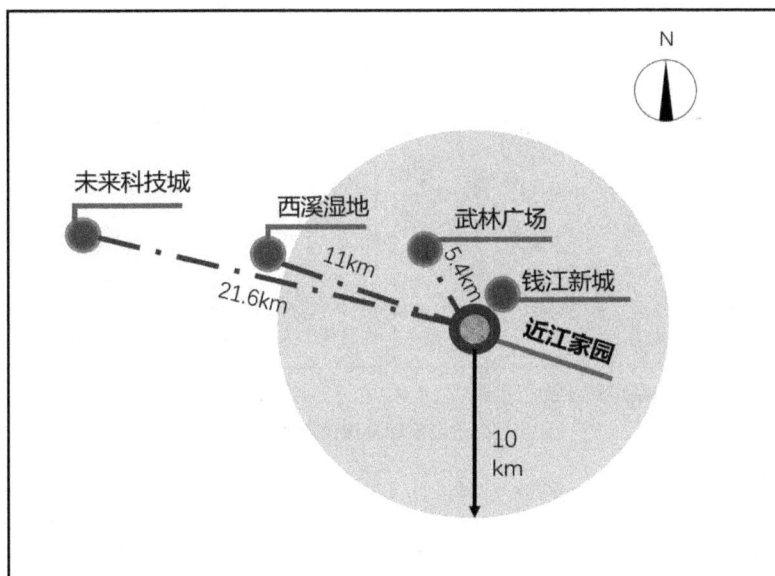

图6.15 近江家园区位

近江家园是一个由杭州市居住区发展中心有限公司开发的项目，初步建成于2000年，后逐步扩建。小区总占地面积约50万平方米，总建筑面积约80万平方米，规划户数为500户。该小区以多层/高层/小高层建筑为主，房源以回迁房为主，其余为商品房和经济适用房。其附近学校有开元中学、胜利小学、杭州崇文实验学校、杭州天地实验小学等，附近较大商场有万泰城、天阳亲子广场、近江食品市场等。

近江家园作为较早完工的经济适用房，其空间区位随着杭州市的不断扩张和历年总体规划的修订而发生了较大变化，因此具有较高的研究价值。

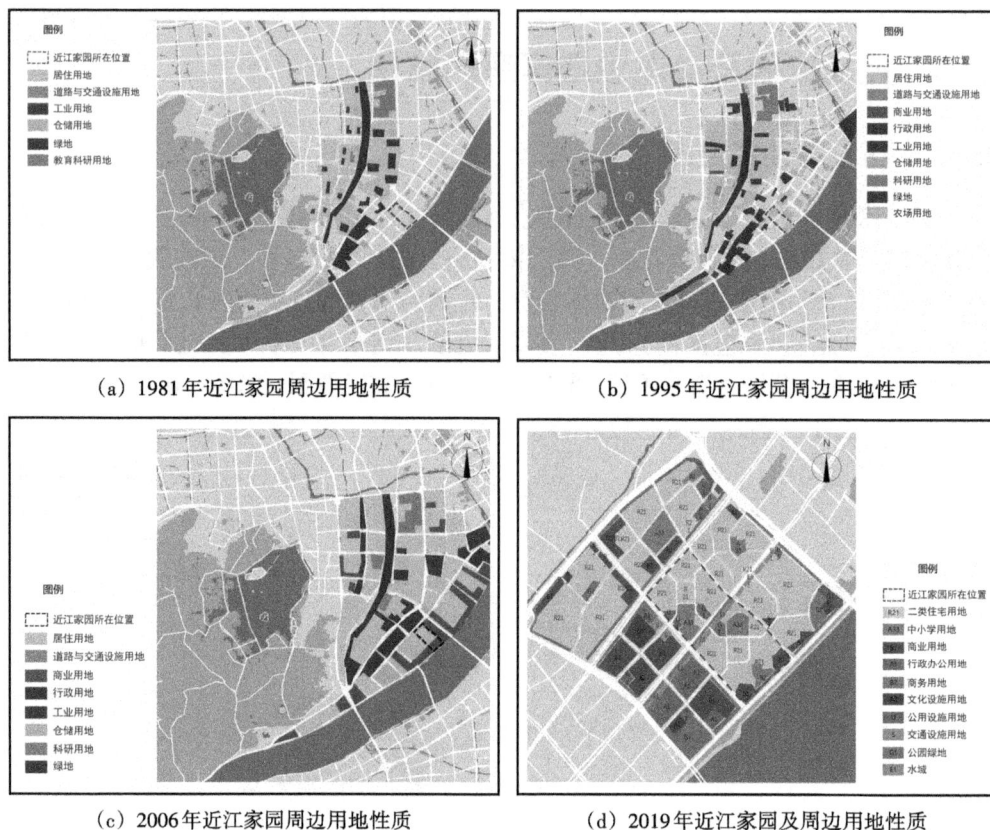

（a）1981年近江家园周边用地性质　　　　　（b）1995年近江家园周边用地性质

（c）2006年近江家园周边用地性质　　　　　（d）2019年近江家园及周边用地性质

图6.16　近江家园及周边用地变迁

6.4.1.1　1978—1990年：沿江空地

1981年，近江家园所在地主要以沿江农田为主，沿钱江路有大量工业用地和仓储用地分布。在1978年提出的杭州市总体规划中，杭州市主要建设重点为西湖以东、以北。开辟建立钱江新区，逐步改造旧城。根据1978—2000年的总体规划，近江家园所处位置位于临江工业区，虽然位于重点建设区域内，但濒临钱塘江边缘，开发难度较大，所需时间较长。

6.4.1.2　1991—1999年：沿江地区的开发建设

20世纪90年代以来，国家进入深化改革加快发展时期，杭州市进入快速发展时期。由于外来人口增长迅速，大量外来人口进入主城区，造成原环西湖城区用地过于紧张。1996年，杭州市提出新的总体规划，发展方向调整为以主城为基础，沿跨江、沿江两条轴线，向东、向南发展，严格控制向西发展，转变为以钱塘江为轴心，跨江、沿江多核组团式布局，临江土地开发进入议程。根据1991年杭州市用地现状，近江家园区块开始建设，出现少量居住用地，其周边用地迎来了一次建设的高潮，钱江路以东工业用地逐步减少，转化为居住用地和商业用地。区块内用地属性开始复杂，逐渐改变了原先临江农田的荒芜风貌。

6.4.1.3 2000—2010年：临近新城中心区的迅速发展

2001年，杭州市行政区划调整扩大，"沿江开发，跨江发展"成为杭州市未来城市建设的重点战略。同时，作为未来杭州市级中心之一的钱江新城于2001年7月1日在钱塘江沿岸正式动工建设，这标志着杭州城市告别了"西湖时代"，开始向"钱塘江时代"迈进。而近江家园区块位于钱江新城范围内，享受新城建设的红利，其周边配套设施开始迅速完善，周边用地属性逐渐丰富而完整。区块内设有公园、商场等公共服务场所，能满足居民的休闲、购物需求，周边配套建有幼儿园、小学、中学和医疗诊所等。由于交通体系的迅速发展、公共中心体系网络化的构成以及新城的不断建设，近江家园与各城市中心、副中心的联系日益紧密。

6.4.1.4 2011—2019年：新中心范围内成熟的经济适用房小区

2011年以后，杭州城市建设加快，钱江新城初步建成。近江家园所在区块作为较早建设的经济适房居住区，周边已经形成较成熟的配套设施。如开元中学、胜利小学、万泰城、天阳亲子广场、近江食品市场等，地面交通有32路、14路、42路等公交线路。2012年，杭州地铁1号线竣工，对于连接主城区与钱江新城有重大意义，其交通联系进一步加强。如今，近江家园作为一个典型的集聚型保障房区块，经过多年的发展，成为一个多元化的城市社区，既有保障房社区，又有景江城市花园等的商品房社区。

6.4.2 周边地区用地性质变迁

城市用地性质与布局是城市空间形成的基础，理解用地性质、布局的变迁过程对于认知分析近江家园空间的形成与演化发展有着重要的意义。本研究选取近江家园中心1公里范围地区作为其周边地区用地性质变迁分析的范围。

6.4.2.1 第一阶段：1990年以前

1990年以前，近江家园区块主要以沿江农田为主，用地类型主要为沿江农田和空地。在1978—2000年的总体规划中，为仓库用地。

6.4.2.2　第二阶段：1990—1999年

1990—1999年，随着杭州市进入快速发展时期和钱江新城的计划建设，近江家园所在区块开始建设。20世纪90年代末，近江家园开始动工，居住区开始出现。周围工业用地和仓储用地逐步减少。

6.4.2.3　第三阶段：2000年—2010年

2000年—2010年，杭州市行政区划调整扩大，提出"沿江开发，跨江发展"战略，钱江新城正式动工建设。近江家园所在区块位于钱江新城范围内，区块进入高速发展期。周边配套建设逐渐定型，居住和商业用地不断出现。同时地区绿化不断完善，空地逐渐消失。

6.4.2.4　第四阶段：2011—2019年

2011年以后，近江家园地区周边配套建设基本定形，地区商业、办公与居住的功能显著提升。2012年，杭州地铁1号线开通，为区域居民出行提供了便利，同时加深了主城区与新城之间的联系。

6.4.2.5　第五阶段：2020年至今

目前，近江家园所在区块以居住用地和商业服务业设施用地为主，周边配套建有小学、中学、大学、幼儿园、卫生服务中心等，能够保障社区居民的教育、医疗需求。该区域同时设有公园、商场等公共服务场所，能满足居民的休闲、购物需求（见图6.17）。

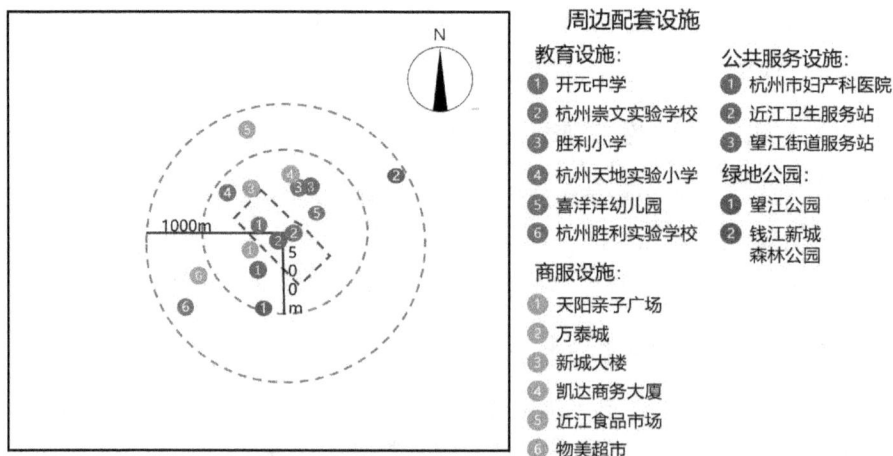

图6.17　近江家园生活圈

（1）商业服务设施

近江家园位于钱江新城区域内，拥有较完善的商业服务设施。在半径1公里范围内，配有天阳亲子广场，距离600米，步行前往只需7分钟左右，广场内配有物美超市等大型超市，给居民生活带来了便利。距离万泰城1.2公里，步行18分钟，区域范围内各个商业服务业设施平均距离较短，同时购买类型全面。从周边设施数量、种类来看，近距离购物场所较为集中，能较好地满足居民日常生活需求。广场内拥有电影院、健身房等，能有效满足居民的休憩娱乐需求。

（2）医疗服务设施

近江家园社区周边医疗服务设施较为完善，设有近江社区卫生服务站、望江街道服务站等社区卫生站，其大多位于1公里范围内，较远范围内拥有杭州市第一人民医院望江分院、杭州市妇产科医院、浙江省中医院城东分院等大型医院。近江家园区域内属于典型的集聚性居住区，能有效地满足周围居民较大的医疗需求。

（3）教育设施

近江家园居民群体中学龄儿童占有较大的比重，对教育设施的需求较大。近江家园周边1公里范围内有1所幼儿园、3所小学、3所中学，教育资源丰富。

（4）绿地广场设施

近江家园区域内拥有望江公园、钱江新城森林公园等大型休闲公园，同时临近市中心，能有效满足居民的休闲放松需求。

从上可知，随着杭州城市的不断扩张发展和城市发展战略的变化，近江家园区域保障房的建设开发促进了该地区的发展，为钱江新城的建设提供了稳定的住房基础。而居民的需求和消费进一步推动了地区的发展，为其注入了活力。在钱江新城建设的大背景下，近江家园进入快速发展期，并形成了较完善的周边配套设施，提升了保障用房的质量。近江家园所在区域，由原先的临江空地转变为沿钱塘江大规模居住区。居民的消费催化了这一片区的经济发展活力，促使经济快速发展。由于小区居民大多为传统社区保留下来的居民，所以并未出现由于家庭收入和单位效益带来的居住地分化，居住区的质量和密度也相对均衡，同时也让这一地区和城市社会空间避免了分隔化，得以更快融入城市中心。城市空间由此成为资本积累和扩大再生产的载体，不断循环往复，成为经济增长必不可缺的一环。

6.5　乾成园及其周边地区空间演化

6.5.1　区位与功能变迁

　　乾成园位于浙江省杭州市西湖区三墩镇，小区北邻振华路，南邻西园三路，东临集萃路。距离武林广场直线距离13.1公里，距离钱江新城直线距离22.4公里，距离未来科技城直线距离12公里，距离西溪湿地直线距离7.2公里，距离杭州东站22公里；到萧山国际机场约51公里（见图6.18）。

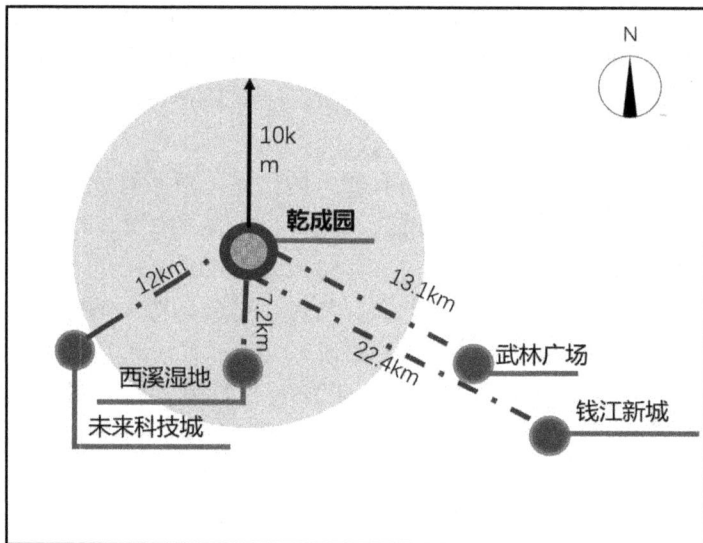

图6.18　乾成园区位

　　乾成园从2009年起开发建设，计划总户数为1056户，总占地面积约2.5万平方米，总建筑面积约10.2万平方米，目前小区无物业管理服务。作为三墩镇的经济适用房项目，乾成园空间区位和发展规律与三墩镇建设及杭州市城市建设活动有相应的联系，具有较大的研究价值。

6.5.1.1　1980—2005年：远郊空地

　　2005年以前，乾成园区块内以农田空地为主。区块位于三墩镇，地处杭州市城北远郊，位置偏远，城市建设进度较慢。在1978年提出的杭州市总体规划中，杭州市主要建设重点为西湖以东、以北，开辟建立钱江新区，逐步改造旧城。当时，乾成园所在地区仍属于近郊区农田。20世纪90年代以来，国家进入深化改革加快发展时期，杭州市进入快速发展时期。由于外来人口增长迅速，大量中低收入人群聚集于城郊，杭州市主城区逐渐向西延伸。而乾成园区块位于杭州北部，与这次建设运动失之交臂。2000年，按照《杭州市城市总体规划（1996—2010）》，杭州市发展方向调整为以主城为基础，沿跨江、沿江两条轴线，向东、向南发展，严格控制向西发展。布局形态从旧城为核心的团块状布局，转变为以钱塘江为轴心，跨江、沿江多核组团式布局，组团之间保留必要的绿色空间，形成"一个主城、两个副城（下沙、滨江）、六个旅游区的布局形态。由此，乾成园区块建设开始进入议程。

6.5.1.2　2005—2015年：远郊地区的初步发展

根据2006年乾成园周边地区用地现状可知，区块内仍然属于待建设空地，周围空地较多。2009年，乾成园作为经济适用房的惠民工程开始施工。其周边临近西湖科技园区，分布有较多工业园区，而周围配套设施开始初步发展。三墩小学位于其1公里范围内，乾成园成为学区房。同时附近商业设施开始逐步完善。

6.5.1.3　2015—2019年：仍需完善的经济适用房小区

根据"旅游西进"的发展政策，以及杭州市城区迅速扩张至三墩镇及周边地区，乾成园周边地区经济开始发展，基础服务设施逐渐完善，道路交通系统日趋发达，周边土地的用地性质发生了较大改变。居住用地和教育科研用地增多，工业用地减少，空地消失，转变为居住用地和商业服务业用地。其周边设施逐渐完善，但仍然缺少。周围有三墩小学、三墩中学、杭州师范大学附属小学、浙江大学紫金港校区等教育设施，能较好地满足孩子上学的需求。周边商业服务业设施较少，公共医疗设施距离较远。在交通联系上，距离杭州地铁2号线3公里，骑行约10分钟。区块内有17路、142H路等公交路线，交通较为便利，与主城区的联系进一步加强。

6.5.2　周边地区用地性质变迁

城市用地性质与布局是城市空间形成的基础，理解用地性质、布局的变迁过程对于认知分析乾成园空间的形成与演化发展有着重要的意义。本研究选取乾成园及周边1公里范围作为其周边地区用地性质变迁分析的范围（见图6.19）。

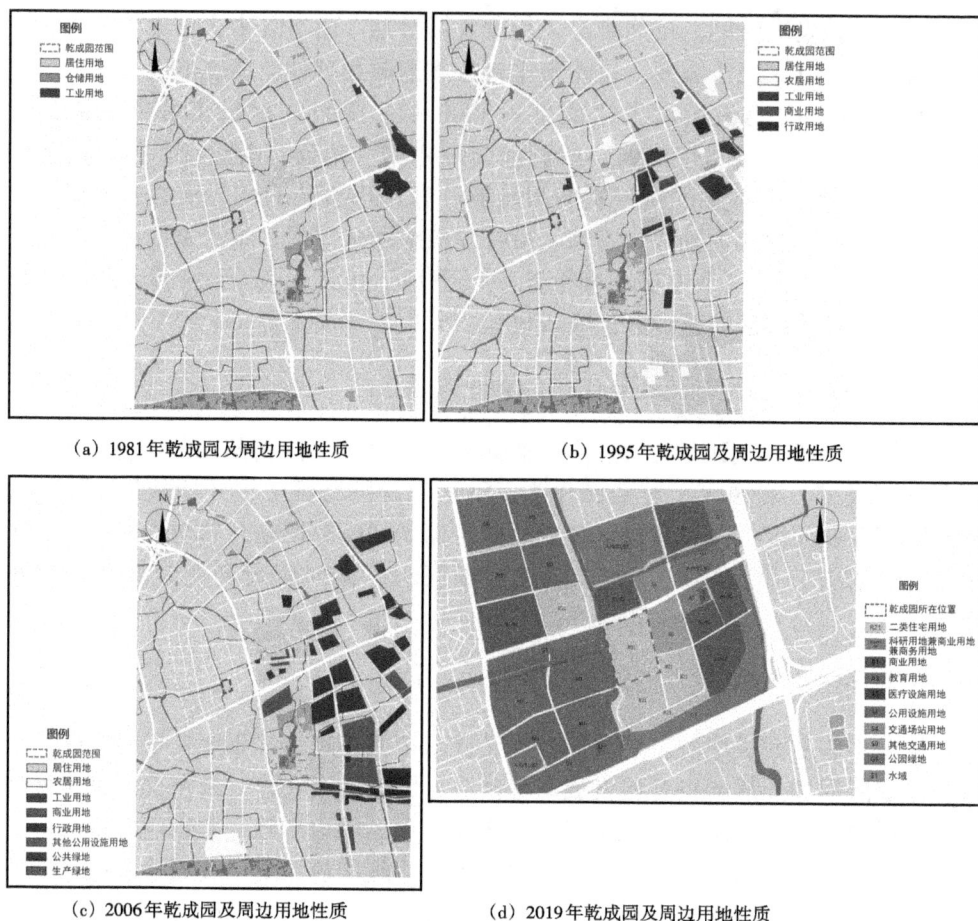

（a）1981年乾成园及周边用地性质

（b）1995年乾成园及周边用地性质

（c）2006年乾成园及周边用地性质

（d）2019年乾成园及周边用地性质

图6.19　乾成园及周边用地性质变迁

6.5.2.1　第一阶段：2006年以前

2006年以前，乾成园所处区块为三墩镇空地，处于未开发建设的远郊地区，用地类型为郊区空地。由于区块位于杭州西北部，与当时杭州市着重向东南临江开发、严格控制向西开发的战略相悖，因此落后于其他地区的发展建设。

6.5.2.2　第二阶段：2006—2015年

2006—2015年，由于"旅游西进"政策，以及杭州城市扩张，三墩镇开始大步开发建设，并承接浙江大学科技园区，乾成园区块进入快速发展时期。其周边空地逐渐转变为居住用地、商业用地、工业用地（西湖科技园）及公共服务类用地。区块周边配套设施逐渐完善。

6.5.2.3 第三阶段：2016年至今

目前，由于开发较晚，区块内配套设施较为薄弱，仍然需要不断建设和完善。小区目前无物业公司管理。其周边配套建有幼儿园、小学、中学，属于学区房。周边缺少商业服务业设施（见图6.20）。

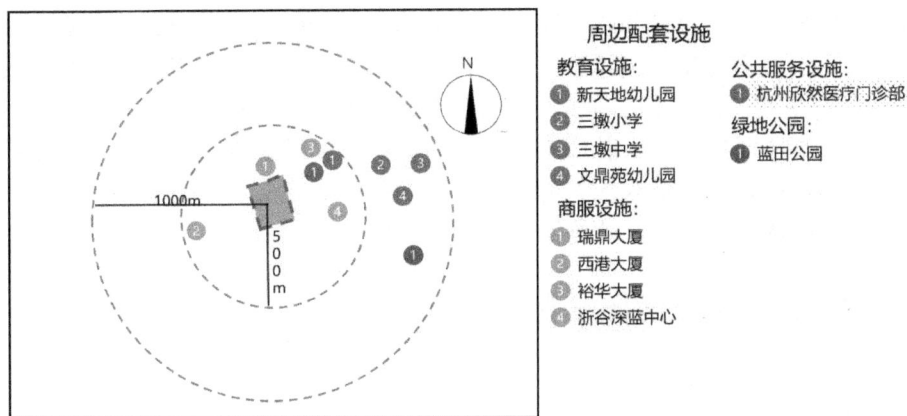

图6.20 乾成园周边配套设施

（1）商业服务业设施

乾成园相较于其他经济适用房小区开发较晚，且临近科技园区和工业园区，其周边商业服务业设施较少，多为商务大厦。在1公里生活圈内，有浙谷深蓝中心、瑞鼎大厦、裕华大厦等。

（2）医疗服务设施

乾成园1公里生活圈内，医疗服务设施较少，缺少社区卫生服务站等，离满足住户的医疗需求有较大的差距，亟须增加相应公共医疗卫生设施。

（3）教育设施

乾成园小区1公里生活圈范围内教育设施有三墩小学、三墩中学等，能基本满足住户教育需求，且区块靠近浙大紫金港校区。

从以上可知，乾成园的地段在西湖区的外环处，但由于这些年周边土地的利用开发及交通整治，小区外部环境逐渐改善，各种基础设施兴起，地铁和公共交通的修缮使得小区与主城区的联系愈加紧密，商业设施与中小学教育设施俱备。相较于其他的保障房来说，环境基础设施问题已经得到改善。在居住群体方面，乾成园的居住区居民组成较为多元，不仅包括各类拆迁安置户，还包括外来租房者。与拆迁安置的居民不同，租房者社区归属感意识淡薄，对社区和邻里交往抱着"无关紧要"的心态。他们是一群"沉默"的人，对社区事务不会发声，也基本不参与各类社区活动。他们有自己的社交活动，对保障房住区的依赖也仅仅是将它作为一个住处和落脚点。租房者与拆迁安置户之间的社会隔离比较明显，除去租赁关系外，两者的社会交往很少发生交集。虽然租房者的社会交往空间不在保障房住区内部，但地理位置偏远、交通不便等因素压缩了其社会交往的空间。同时，由于乾成园的房屋建造在10年内停停整整，加上开发商的介入，导致乾成园房屋存在一定的质量问题，在停顿性的修建工程中暴露了房屋的缺陷，漏水和墙面掉皮、房屋老化现象频频发生，大大削减了住户对房屋以及小区管理的归属感和认同感，加重了乾成园住区空间剥夺的强度，这与城区中不断开发的高档住区形成了鲜明对比。由于乾成园住区在房屋质量和居住人员性质上与高品质社区出现了明显的差别，低收入人群聚集产生的"马太效应"更是进一步加剧了城市社会空间的碎片化程度，这是需要考虑的问题。

6.6　北景园及其周边地区空间演化

6.6.1　区位与功能变迁

北景园位于浙江省杭州市下城区石桥镇，小区东起石桥路，西至上塘河，石祥路、宣杭铁路以北。区块距离武林广场直线距离9.7公里，距离钱江新城直线距离13.1公里，距离未来科技城直线距离24.3公里，距离西溪湿地直线距离19.1公里；距离杭州东站7.6公里，可通过地铁1号线到达，驾车半小时内可到达；到萧山国际机场约37公里，约1小时车程到达，交通便利（见图6.21）。

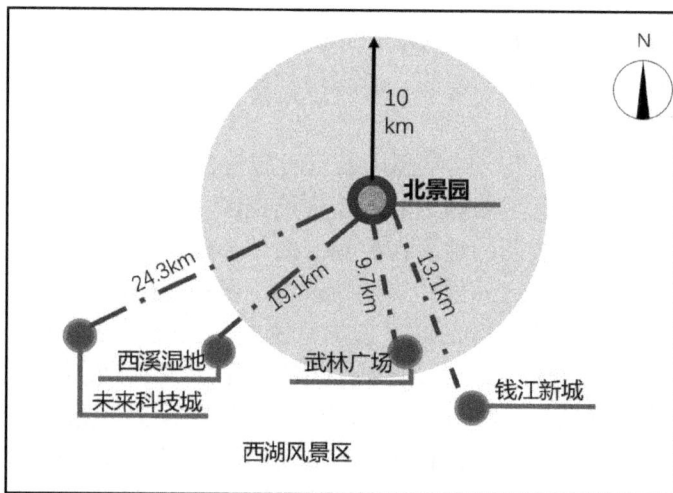

6.21　北景园区位图

北景园是浙江省目前规模最大的经济适用房项目,用地面积约4.6万平方米,规划总建筑面积10余万平方米,容积率2.3,绿化率32%,由13幢11层板式小高层组成,分为紫桂苑、紫荆苑、水镜苑、菊香苑、竹邻苑、水镜苑、芳洲苑、荷风苑、莲趣苑等,属于典型的集聚型保障房区块,具有较大的研究价值。

随着杭州市的不断扩张和总体规划的修订,北景园空间区位发生了较大改变。

6.6.1.1　1990年之前:城北近郊空地

北景园区块位于杭州市下城区边缘石桥镇,1990年之前,该区域属于近郊空地,临近工业用地,环境较差。在1978年提出的杭州市总体规划中,杭州市主要建设重点为西湖以东、以北,开辟建立钱江新区,逐步改造旧城。北景园所在地区属于杭州城北近郊区。从1978—2000年的总体规划图中可以看出,杭州市主城区局限于西湖区东侧,北景园区块位于杭州城北石桥镇,在规划中属于工业和仓储用地。

6.6.1.2　1991—2010年:城北近郊的初步发展

20世纪90年代以来,国家进入深化改革加快发展时期,杭州市进入快速发展时期。北景园所在的石桥镇开始初步发展,根据1995年北景园及周边用地性质图可知,区块附近初步出现农居用地,东部工业用地较1981年有小幅减少。但这个时期,杭州市发展方向调整为以主城为基础,沿跨江、沿江两条轴线,向东、向南发展,严格控制向西发展,转变为以钱塘江为轴心。而北景园所处位置位于杭州市西北部,发展速度相比较滞后。根据2006年北景园用地性质图,区块以空地为主,北部出现居住用地集聚,东部工业用地再次减少,为之后的经济房建设提供土地基础。

6.6.1.3　2010—2019年:迅速发展的规模最大的经济适用房项目

2010年以后,北景园作为浙江省当前规模最大的经济适用房项目,开始大规模建设。区块内裸露空地转变为居住用地和中小学用地,区块东部工业用地转变为商业用地。周边配套设施逐渐完善,附近学校有杭州市安吉路实验学校、杭州市景成实验学校、浙江传媒学院实验中学北景园校区、杭州科技职业技术学院等,能较好地满足北景园12个组团内住户的教育需求。附近大型商场有世纪联华北景园店、北景园便利超市、大润发超市、联合100超市、银泰城等,能满足周边住户日常需求。周边公交有312路、2路、128路、147路等公交线路,但距离地铁较远。

　　如今的北景园是杭州最大的经济适用房住区，用地面积约4.6万平方米。随着城市建设的扩张和发展，北景园住房属性有所调整，由原先12个经济适用房组团调整为10个经济适用房组团，其余则为商品房社区。

6.6.2　周边地区用地性质变迁

　　城市用地性质与布局是城市空间形成的基础，理解用地性质、布局的变迁过程对于认知分析北景园社区的形成与演化发展有着重要的意义。本研究选取北景园周边1公里范围地区作为其周边地区用地性质变迁分析的范围（见图6.22）。

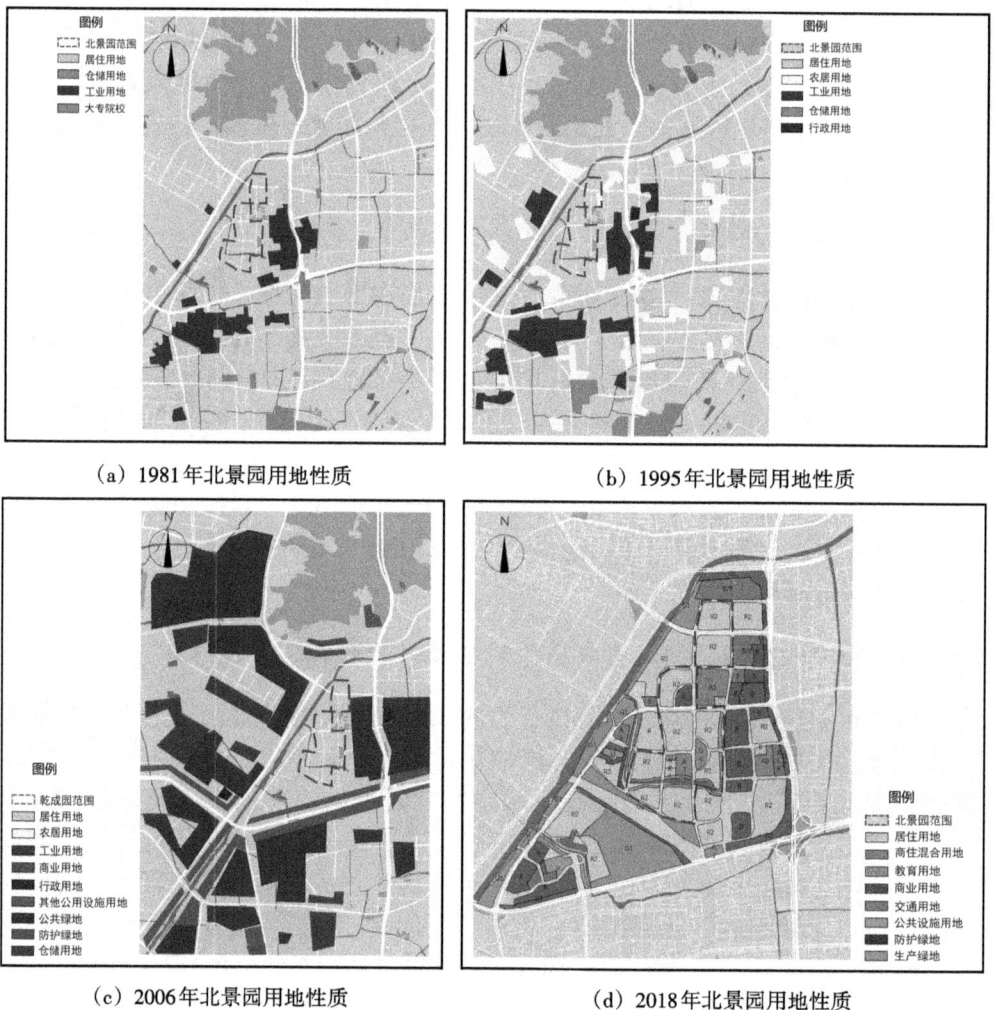

（a）1981年北景园用地性质　　　　　　　（b）1995年北景园用地性质

（c）2006年北景园用地性质　　　　　　　（d）2018年北景园用地性质

图6.22　北景园周边用地性质变迁

6.6.2.1 第一阶段：2000年之前

2000年之前，北景园所在区块属于杭州城北石桥镇近郊地区，区块内以空地为主，东部为大片工业用地。在1978—2000年的杭州市总体规划中，其为工业仓储用地。1995年，出现民居用房，东部工业用地开始减少。

6.6.2.2 第二阶段：2000—2010年

2000—2010年，北景园区块仍以空地为主，但开始进行建设和开发。根据2006年北景园用地性质图，区块内仍然为空地，但周边出现居住用地和商业用地，裸露的土地逐渐消失。

6.6.2.3 第三阶段：2011—2018年

2011—2018年，北景园区块进入正式建设阶段，空地迅速消失，转变为居住用地和中小学用地，东部工业用地转变为商业用地。周围完善的配套服务设施为区块提供了极大便利。

6.6.2.4 第四阶段：2019年至今

目前，北景园周边用地以居住用地和商业服务业设施用地为主，周边配套建有杭州市安吉路实验学校、杭州市景成实验学校、浙江传媒学院实验中学北景园校区、杭州科技职业技术学院、北景园社区服务中心等，能够较好地保障社区居民的教育、医疗需求。该区域同时设有公园、商场等公共服务场所，能满足居民的休闲、购物需求。

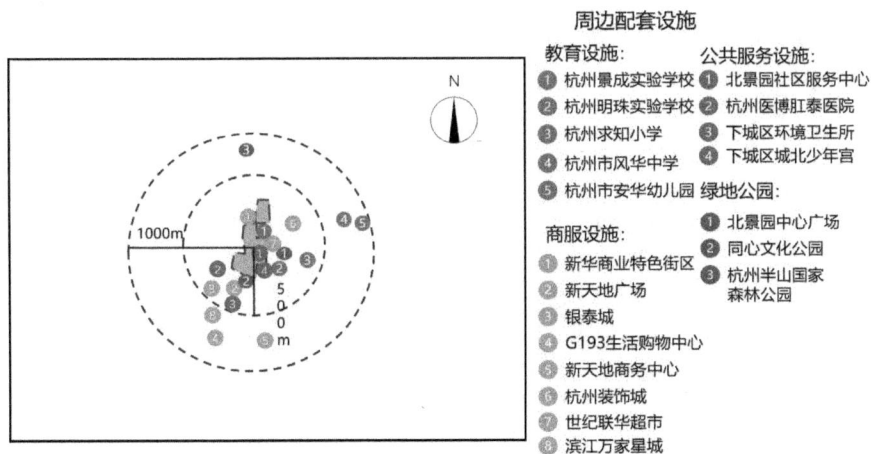

图6.23 北景园周边配套设施

（1）商业服务业设施

北景园作为浙江省规模最大的经济适用房项目，其周边配套设施建设较快且较齐全，拥有较丰富的商业服务设施。在半径1公里范围内，配建有新华商业特色街区、新天地广场等，步行前往北景农贸市场只需4分钟左右，给居民生活带来了极大的便利。商业设施的平均距离较短，同时购买类型全面，涉及百货商店、联营商店、菜市场类、自选商场、专业商店等种类。

（2）医疗服务设施

北景园社区周边医疗服务设施仍需完善，设有浙北景园社区服务中心、杭钢医院等。其大多位于1公里范围内，作为集聚型社区，居民的医疗需求较大，应多配置几个社区卫生站等医疗设施。

（3）教育设施

北景园居民群体中学龄儿童占有较大的比重，对教育设施的需求较大，北景园周边教育设施有杭州明珠实验学校、杭州市安吉路实验学校、杭州市景成实验学校、浙江传媒学院实验中学北景园校区、杭州风华中学等，能较好地满足住户的教育需求。

（4）文化体育设施

北景园区块内有北景园中心广场，供居民日常休憩；区块附近有同心文化公园、杭州半山森林公园等，供居民周末游玩休憩。

作为浙江省规模最大的经济适用房项目，北景园的建设推动了杭州城北地区的发展，保证了地区人流量，而庞大的消费群体能进一步促进该片区的经济发展和社会活力，其基础建设的不断完善不但提升了本区域居民的归属感和幸福感，同时也在潜移默化中相应提高了本地区的房价。

7 保障房住区居民居住满意度

满意度是衡量效用与福利状况的重要指标，最早用于衡量顾客对产品或服务质量的满意程度，是事前期望与实际使用感受的相对关系（李海波，2018）。住房的居住满意度则是居民对住房及所在社区宜居性的主观评价（Galster，Hesser，1981）。对保障房住区居民居住满意度的探讨有助于了解保障房住户的社会福利水平和住房需求层次。

由于居住满意度的主观性与内涵的复杂性，至今没有统一的指标体系。当前对居住满意度的测量主要有单一整体测量法和综合评价法两种。单一整体测量法即通过直接从整体上打分考察住户的居住满意度，把保障对象对保障房建设和管理中的总体评价作为居住满意度（曾广录，曾汪泉，2013）；或对当前住房情况直接做整体评分来测量居住满意度，分数越高表示满意程度越高（谭清香，张斌，2015）。综合评价法则由与居住相关的各个方面满意度评价综合组成，不同的学者根据研究侧重会有不同的指标考量。例如，谷凯丽等（2020）将影响传统村落居住满意度的目标层划分为内部因素和外部因素两个准则层，并在此基础上确立9项指标和30个影响因子，形成居住满意度评价体系。何泽军等（2018）从就业与社保、设施与服务、社区与住宅、财产处理、生态环境等五个感知维度探讨新型农村社区居民居住满意度。湛东升等（2014）从居住环境、住房条件、配套设施、交通出行四个维度对北京市居民的居住满意度进行了测量。王娟（2016）通过1个总体指标和5个项目的40个细分指标测量了城中村改造安置区的村民居住满意度。吴莹和陈俊华（2013）从居住体验、家庭需求、社会排斥和相对剥夺4个大类12个小类对公屋住户的居住满意度进行了测量。

在当前研究中，影响居住满意度的因素主要出自个体与家庭特征、建筑特征、空间特征等三个视角。

（1）个体与家庭特征

包括社会资本、人力资本等。有研究发现，社会经济因素，如年龄、家庭规模、妻子是否参加工作、以前的住所等与住宅满意度呈负相关关系，就业类型、居住时间长度等与住宅满意度呈正相关关系（Mohit，Ibrahim，Yong，2010）。冯健和林文盛（2017）通过对苏州老城区的实证分析，发现家庭经济状况和年龄对居住满意度有影响。李世龙（2015）研究发现，性别、婚姻状况、是否有子女对新生代农民工住房满意度有显著的正影响。此外，对于农民工、低收入人群等特殊人群，政府提供的公共服务也是其居住满意度的重要衡量因素（蔡弘，黄鹂，2016）。

（2）建筑特征

建筑特征具体表现为对住房面积、住房质量、住房结构合理性、住房成本的满意度等方面（张跃松，2017；Adesoji，David，Jiboye，2012）。例如，何立华和杨崇琪（2011）的研究发现住房厨卫设计的合理和实用性以及住房的保温、隔热和隔音状况对居住满意度具有显著影响。王效容等（2014）经研究发现人均居住面积，租金标准，厨房、卫生间的设置，通风采光，物业费标准，购物便利性，电视、电话、互联网的接入和使用等因素对大学毕业生保障房居住满意度具有显著影响。

（3）空间特征

空间特征包括周边环境状况、交通便利程度、社区配套设施、邻里关系以及噪声干扰等，以居住功能为中心，与工作、上学、娱乐、医卫等形成一个住房空间，对住房空间使用过程具有影响的因素。如鲍姆（Baum）等（2010）认为当地社区的社会、经济、人口结构是影响居住满意度的重要因素。李广磊（2015）认为教育资源、公共文体资源、医疗服务是影响居住满意度的重要因素。

本章分别选取杭州经济适用房社区（近江家园）、廉租房社区（阳光逸城）、公共租赁房社区（兰苑）三个典型社区为具体调研对象，同时结合其他保障房住区开展问卷调研以及居民访谈，进行对保障房住区居民居住满意度的实证研究。本书的重点是对保障房住区的空间生产与社会效应进行探讨，故聚焦于住区区位、就业通勤、交通条件、公共服务配套、物业管理服务等维度综合分析居民居住满意度情况。

7.1　调研案例

7.1.1　经济适用房社区——近江家园

近江家园是杭州规模较大的经济适用房社区，小区位于上城区富春路与衢江路交叉口（见图7.1），由9个组团组成，最早项目于2002年交付。占地面积50万平方米，建筑面积80万平方米，总户数1万户。2000年进行经济适用房摇号销售时，其价格为3000元/米²。小区配套成熟、交通便利。

近江家园边依中央商务区，面临钱塘江，虽然是经济适用房，但楼盘品质较高（图7.1）。

(a) (b)

图7.1 近江家园实景

7.1.2 廉租房社区——阳光逸城

阳光逸城东至勤丰路，南至华丰路，西至长虹路，北至环丁路（见图7.2）。总建筑面积22万平方米，于2011年6月交付。居住户数2977户，其中经济适用房2112户，廉租房865户，面积为58～63平方米的占85%，78～83平方米的占15%。整个组团由20栋高层住宅和1栋3层商铺组成。

(a) (b)

图7.2 阳光逸城实景

7.1.3 公共租赁房社区——兰苑

兰苑位于杭州大型保障房基地丁桥镇（见图7.3），由高层、小高层、会所、商铺组成。2009年7月1日交付，全装修，小区一共有26幢住宅，1981户住户。总建筑面积22万平方米，商铺共138间，绿化率30%，电梯共88台。小区周边配套完善，有多条公交路线直达杭州市区。目前均价为2.3万元/米²左右。

(a)   (b)

图7.3 兰苑实景

7.2 区位满意度

7.2.1 社区区位分析

三个社区在杭州的区位关系：近江家园位于杭州市上城区，富春路与衢江路交叉口，邻近钱塘江与地铁1号线的近江站出口；阳光逸城和兰苑位于杭州城北的大型经济适用房基地——丁桥镇，两个小区邻近，仅隔一条马路与一条河流，离城中心比较远。

7.2.2 居民就业通勤

自保障性住房政策全面推行以来，各项政策的基本理念主要集中在如何让中低收入家庭"有房住"。现行的相关政策只对保障性住房的户型和面积做出了相应的规定，在选址布局、社区环境和住房品质上却没有做详细的规定。为了保持保障性住房与同一区域内普通商品房之间的合理差价，许多城市将保障性住房布局在市郊等偏远地段。由于居住区周边缺乏就业机会，如果基础设施不配套，还缺乏与中心城区高效快捷的公共交通系统，就会造成大规模人口日夜钟摆式单向流动，使得多数住户不得不奔波于居住地和工作场所之间。所以，居民的就业地点与通勤时间也是影响居民对社区区位满意度的重要因素。

此次调研结果发现，由于小区配套也较为齐全，很大一部分人选择在周边工作。工作场所主要为大型超市、茶餐厅、餐馆等服务行业，或者是像KTV、棋牌室等娱乐场所，还有的在一些小型公司、企业。当然，也有一部分人还是每天在小区和城中心来回奔波。其中，近江家园小区的居民在周边工作的比重最高，达54.5%，可见其早期经济适用房的区位优势和所获得的城市发展红利；丁桥兰苑居民在周边工作的比重也较高，为36.5%；阳光逸城居民周边工作的比例最低，仅28.5%（见表7.1）。

表7.1 居民主要就业地点及其比例 单位：%

调研小区	市区	小区周边	其他
近江家园	23.1	54.5	22.4
阳光逸城	27.6	28.5	43.9
兰苑	23.5	36.5	40.0

从通勤时间来看，近江家园近80%的居民通勤时间少于1小时，阳光逸城近70%的居民通勤时间超过1小时，丁桥兰苑亦有55.6%的居民通勤时间超过1小时（见表7.2）。

表7.2 居民主要通勤时间及其比例 单位：%

调研小区	30分钟以下	30～60分钟	60分钟以上
近江家园	33.3	44.2	22.5
阳光逸城	19.2	13.5	67.3
兰苑	21.0	23.4	55.6

7.2.3 居民满意度

从调研结果分析，近江家园大多数居民对于小区的区位还是认可的，虽然离城中心有一定的距离，但地铁1号线给居民带来了很大的便捷。居民的满意度高达83.6%，仅约8.3%的居民表示不满意。阳光逸城47.3%的居民觉得满意，23.5%的居民觉得还可以过得去，而剩下的29.2%对本小区区位不满意。兰苑53.2%的居民满意，14.3%的居民持无所谓的态度，而32.5%的居民并不满意（见图7.4）。

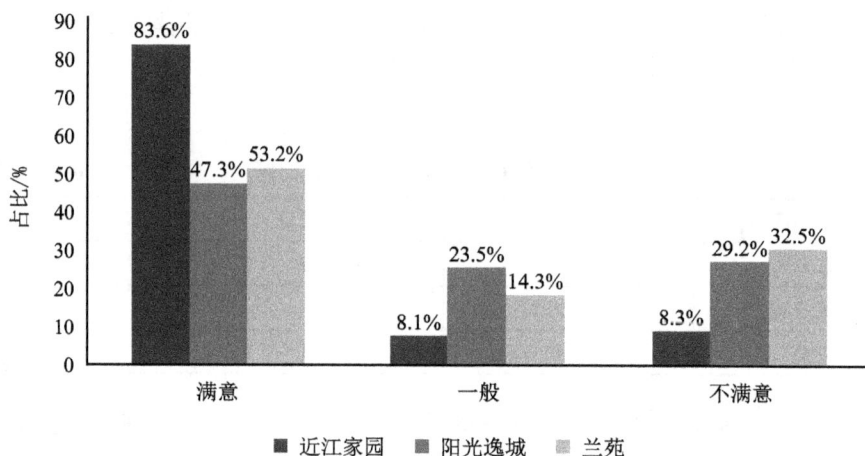

图7.4　不同社区居民对区位满意度比较

　　对于住在城北大型经济适用房基地的丁桥镇居民来说，有那么一部分人并不受工作地点的约束，平时很少进城。一方面，是因为离得远，去趟市中心得花上个把小时；另一方面，他们认为周边的配套设施已足以满足他们的日常生活，还是过得挺安逸的。

　　当然也有人存有非议，在调研的过程中，从小区正门绕到后面发现上空横着两条铁路（见图7.5），铁路线位于小区的东南方，其间虽然有绿化隔离带分布着，但在问卷和访谈的过程中，还是有很多居民反映能听到噪声，给靠近铁路线一侧的居民带来一定程度的影响，从而影响他们对本小区区位的认可度。

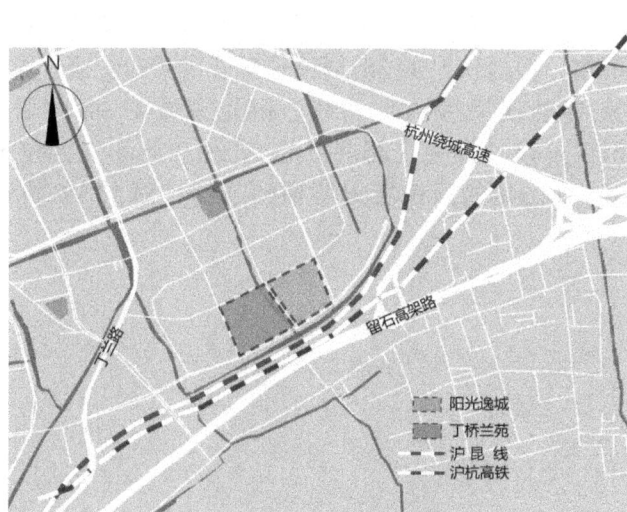

图7.5　阳光逸城和兰苑周边铁路分布

7.2.4 其他社区

笔者对其他几个社区进行了抽样问卷调查：经济适用房社区有三墩都市阳光和下沙铭和苑，两个社区综合起来对区位的满意度约为56%；廉租房社区有九堡蓝桥景苑，综合满意度约为43.5%；公租房社区有三墩创业人才公寓和孔家埭大学毕业生人才公寓，综合满意度约为48.5%。

在调研的过程中可以发现，在对这些保障房社区进行居住满意度了解时，和前面三个社区一样，都有着各方面的因素在影响着他们对居住区位的满意度。

7.2.5 小结

笔者在调研过程中发现，居民对社区区位的满意度受多方面因素的影响。除了社区本身的地理位置，还有居民的性别、年龄特征、就业地点与通勤时间，以及周边的交通条件，这些因素都会左右着居民的居住满意度。如在性别方面，女性大多数会考虑逛街购物的便利性，会更希望住所离市中心近点，从而有别于男性对社区区位的思考；在年龄方面，青年跟老年人对周边的地理环境要求也有所不同，年轻人的偏爱热闹和年长者的喜好幽静都影响着各自对所在社区的区位满意度；在就业通勤方面，往往就业地点离住所越近，或者说通勤时间越短，人们对区位满意度就越高，呈现正相关的关系；在交通条件方面，住所周边交通条件便捷，会显著提升居民对社区所在区位的满意度。

总体来说，杭州的大部分保障性住房社区都离市中心有一定的距离，但居民也会考虑到周边的配套设施和交通条件等因素，所以居民对区位的满意度也不会完全受地理位置影响。而且早期的经济适用房充分享受到了城市发展的红利，区位优势相对明显，其住户对其区位满意度相对较高。

7.3 交通条件满意度

7.3.1 近江家园

7.3.1.1 交通现状

小区西门旁边就是地铁1号线（由武林广场开往临平方向）的近江站出口（见图7.6），加上小区旁边有个公交总站——婺江路公交站（见图7.7），居民到城中心是十分方便快捷。

在2012年12月份，29路、71路、515路、216路、520路等5条公交线路有所调整，原本位于近江六园的首末站也搬迁至婺江路公交站。婺江路公交站位于婺江路、富春路交叉口西北侧，是公交枢纽站，边上就是杭州地铁1号线近江站。以前近江六园首末站的5条公交线路调整后与地铁1号线实现无缝换乘。

图7.6　地铁1号线近江站出口

图7.7　婺江路公交站口

7.3.1.2　居民满意度

调研发现，当地居民的交通出行以公交车为主。笔者在跟他们交流的过程中也发现，大部分居民较为认可这里的交通条件，满意度达到87.3%，也有少部分人考虑到出租车不是很多，需要时很难打到出租车而存在一些看法（见图7.8）。

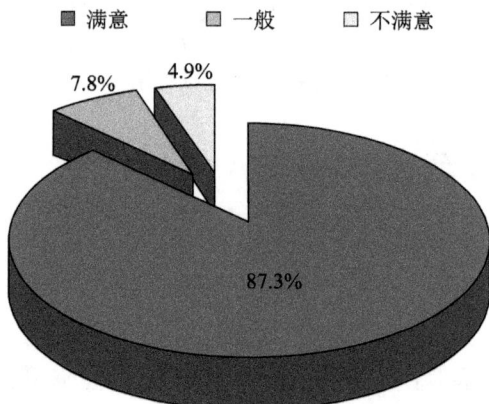

■ 满意　　■ 一般　　□ 不满意

7.8%　　4.9%

87.3%

图7.8　居民对近江家园交通满意度

7.3.2　阳光逸城、兰苑

7.3.2.1　交通分析

（1）1条规划地铁，多元化交通格局

按照杭州地铁规划，地铁3号线将穿越丁桥大型居住区（规划地铁3号线西起小和山，途经留下、汽车西站、武林广场，转北向河东路、上塘路，再往东北方向到沈半路，穿丁桥而过，最后到达临平）。

（2）两条现代化高架路，提升丁桥交通优势，构建便捷都市生活要道

秋石高架路，双向六车道，经石桥路—秋涛路—钱江新城，轻松对接杭州未来CBD。留石高架路，连接石大路—石祥路—上塘高架—市区，缩短了与城市中心距离。

（3）四条交通主干道，多方连通市区

1）临丁路（从丁桥北侧通过）—沈半路—市中心；

2）临丁路—石桥路—机场路—体育场路—市中心；

3）华丰路（从丁桥南侧穿过）—石桥路—机场路—体育场路—市中心；

4）笕丁路—机场路—体育场路—市中心。

（4）水路

丁桥—三墩、运河—余杭塘河—西溪湿地、运河—胜利河—上塘。

7.3.2.2　阳光逸城、兰苑周边交通设施

在勤丰路与明珠街交叉口有个丁桥公交总站，公交线路有B3线（丁桥公交站—莫衙营）、99路（丁桥公交站—景芳五区南门）、218路（丁桥公交站—武林广场）、812路（丁桥公交站—上塘路香积寺路口）。另外，在小区北面环丁路上有个公交站牌。

7.3.2.3　居民满意度

调研发现，小区到市中心的路线还是蛮多的，快速公交，直通市区，比较方便，但是距离较远，所以有点费时。

置身于丁桥板块，很明显地感受到道路的空旷。很多居民调侃说："在这里过马路，几乎没有红绿灯概念。"

规划中的地铁3号线还未建成通车，而小区到市中心有10多公里的距离，乘公交相对来说花费更多的时间，也引起一部分居民的不满。

丁桥公交站虽然离小区不远，但是也有两站的距离，有人反映要是直接步行

过去还是有点麻烦。也有人反映小区周边出租车较少，对于偶尔需要打车的人来说会有点不便。

　　调研结果如图7.9、7.10所示：阳光逸城居民的满意度为68.3%，不满意的人达22.1%，而余下的9.6%感觉一般；兰苑居民的满意度为69.6%，不满意的占11.4%，剩下的19.0%觉得一般。

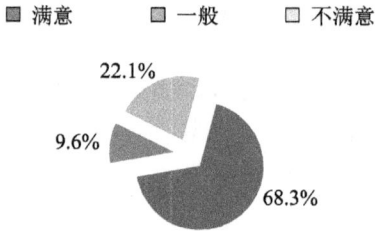

図7.9　居民对阳光逸城交通满意度

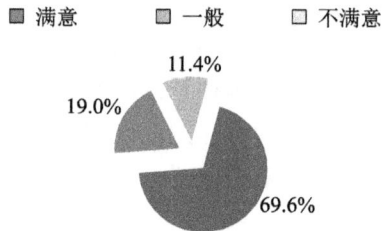

図7.10居民对兰苑交通满意度

7.3.3　其他社区

　　在对另外几个社区做抽样问卷调查时，笔者发现，与前面三个社区一样，居民出行大都以公交为主。同样，居民会以公交线路多与少、到达公交站是否便捷、道路是否通畅、是否有地铁覆盖等因素来衡量自己对交通的满意度。

　　经济适用房社区：三墩都市阳光，离三墩公交总站不远，有很多线路可便捷地到达西湖、西溪湿地以及市中心，相对来说交通条件也不错；下沙的铭和苑，有快速公交直达市中心，又有地铁线覆盖，有着相当便捷的交通。都市阳光和铭和苑居民对交通满意度均达到60%以上。廉租房社区：九堡蓝桥景苑，其居民的居住满意度为58.5%。公租房社区：三墩创业人才公寓和孔家埭大学毕业生人才公寓，其居民的居住满意度约为63%。

7.3.4　小结

　　总体来说，不管是经济适用房、廉租房还是公共租赁房社区，大部分所在地都有着便捷的交通，也不乏公交路线。虽然很多地方都远离市区，但对于某些居民来说，便捷的交通能弥补这一点不足之处。更重要的一点是，近郊区的交通不会像市中心一样拥堵。

7.4　公共服务配套满意度

7.4.1　近江家园

7.4.1.1　周边配套

学校：阳光幼儿园、近江艺术幼儿园、崇文实验学校、建兰中学分校、浙江经济管理职工大学。

商场：龙胜综合商场、望江农副产品商场、三桥农贸市场。

医院：上城区中医院、近江社区卫生服务中心、玛莉亚妇女医院。

邮局：近江邮政所、钱江路邮政所。

银行：招商银行24小时自助银行、民生银行24小时自助银行。

小区内部配套：棋牌室、餐厅、美容美发、洗衣店、咖啡厅、停车位。

7.4.1.2　居民满意度

总体来说，近江家园周边的配套设施比较齐全，学校、商场、医院、银行，基本上应有尽有。但是在调研过程中发现，小区内部的配套相对来说有点旧；另外，缺乏大型的购物商场及娱乐场所，所以有些地方还是存在欠缺。

根据调研结果，居民对配套设施的满意度为82.5%，也有少数人不是很满意，约占7.0%，剩下的10.5%觉得一般（见图7.11）。

7.4.2　阳光逸城、兰苑

7.4.2.1　周边配套

学校：杭州市丁桥小学、丁桥中学、浙江理工大学北景园校区。

商场：丁桥百家乐超市、物美商场、丁桥综合商店（杭州）、丁桥农贸市场。

医院：丁桥镇建塘村卫生服务中心。

邮局：丁桥邮政代办所。

银行：浙江理工大学北景园校区、杭州联合银行ATM、杭州联合银行丁桥支行。

小区内部配套：棋牌室、餐厅、美容美发、洗衣店、咖啡厅、停车位。

7.4.2.2　居民满意度

丁桥是杭州的大型经济适用房基地，所以各种公用建筑以及配套设施比较齐全。在调研过程中笔者发现，事实也确实如此，无论是购物、休闲娱乐还是日常活动，都比较便捷。

当然也存在不足的地方，有居民反映这里缺乏大型医院，虽然有一家已经在建，这对老年群体来说会不太方便。调研结果显示，阳光逸城中，79.3%的居民认为比较满意，15.7%的居民不满意；兰苑中，75.3%的居民满意，16.5%的居民不满意。

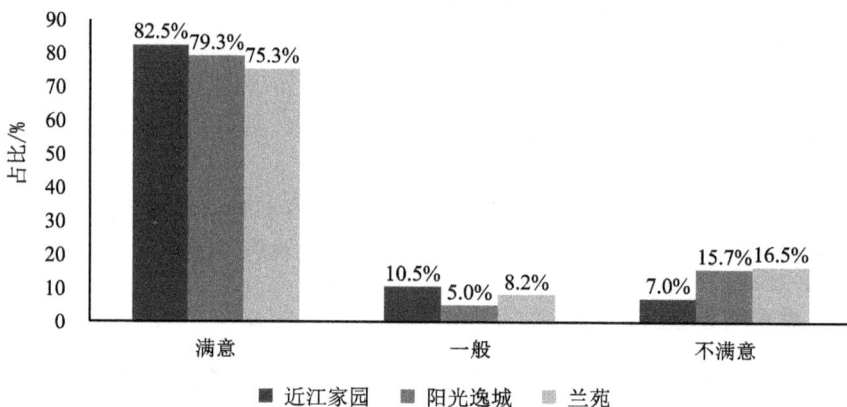

图7.11　居民对小区周边配套设施满意度

7.4.3　其他社区

同丁桥一样，九堡和三墩都是杭州大型保障性住房基地，其周边的配套设施相对来说也不差。而下沙又是杭州最大的大学城，周边配套也是比较齐全的。调研结果发现：对于公共服务配套，经济适用房社区都市阳光和铭和苑的居民满意度均达60%以上；廉租房社区蓝桥景苑的居民满意度为72%；公租房社区的三墩创业人才公寓和孔家埭大学毕业生人才公寓居民满意度约为63.2%。

7.4.4　小结

杭州是保障性住房建设的先行者，在保障房建设过程中，配套设施尤为重要。从调研结果可以看出，很多保障房住区配套已经基本完善，整体上居民对公共服务配套满意度较高。当然，也有一些社区缺乏相关的配套设施，如大型医院、学校、购物场所等，还需完善。

7.5 物业管理满意度

小区物业管理的工作主要是"两保两维",即保安、保洁、维修、维护。物业管理是一项服务性工作,日常工作内容不单单是管理,很大程度上体现的还是一种服务。

7.5.1 小区物业管理情况分析

7.5.1.1 近江家园

近江家园的物业公司为杭州安居物业管理有限公司,小区物业位于上城富春路与衢江路交叉口。

在调研的时候,住户反映了物业公司的一些不合理情况,如服务电话经常无人接听;员工素质差,服务态度不好;处理事情不积极,甚至有人显现出事不关己的态度;还有保安队长上班喝酒等不良现象。还有人反映缺乏绿化工,平时经常看到同一个人在清理街道卫生,未免过于辛苦,估计是物业公司为了节省人事费用。当然也有住户认为物业公司有值得赞赏的地方,如有些清洁工阿姨做事认真负责,待人也较为和善等。

7.5.1.2 阳光逸城

阳光逸城的物业公司是杭州中润物业管理有限公司。调研过程中,有住户反映前段时间小区内时有被盗事件出现,去查监控才得知原来监控已经坏了近5年之久,也没有人去修。现在已经有所改进。

还有人反映小区电梯质量不行,经常会出现故障,认为物业公司不能置之不管。为了住户的切身安全,应该认真全面地对此进行检查与维护。

7.5.1.3 兰苑

兰苑目前的物业公司是裕都物业管理有限公司。小区前物业是禾和物业,曾经在物业交接期间出现过众多问题,诸如垃圾堆积无人管理,物业几乎处于半瘫痪状态。而原因则是老物业不配合交接,新物业又进不来,导致兰苑成为"三不管"小区。

笔者在调研中发现,相对于前物业来说,居民普遍认为现在的物业公司要好很多。当然也有令人不满意的地方,比如街道卫生不是很好,街角偶尔会有些脏乱。

由于兰苑小区从交付开始至今，一直存在着楼房渗水现象，目前物业也在积极配合维修。

7.5.2　居民满意度

据问卷调查，近江家园、阳光逸城、兰苑三小区的居民对物业的满意度整体上较低（见图7.12），表示满意的均未到一半，相对而言，兰苑的满意度最高，为47.5%，其次为近江家园44.3%，阳光逸城仅33%。阳光逸城超过一半以上的居民明确表示不满意，达52.5，近江家园和兰苑的不满意比重也均在40%以上，分别为44.5%和43.5%。10%左右的居民对物业的满意度持一般态度，相比较而言，阳光逸城这部分群体占比最高，为14.5%，近江家园11.2%，兰苑9%。

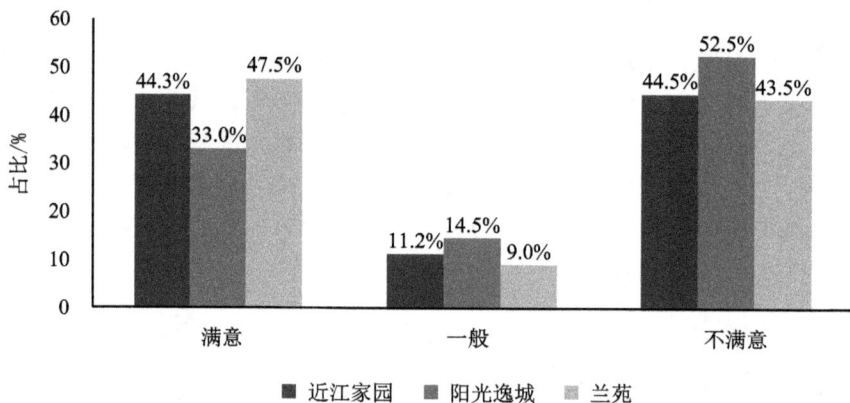

图7.12　居民对小区物业满意度

7.5.3　其他社区

在对都市阳光、铭和苑、蓝桥景苑和创业人才公寓的物业管理情况进行访谈和调研时，总有居民表现出不满而又无奈的情绪。在调研过程中，走在某些社区，时常能看到某些街角有垃圾堆积着。这还是显而易见的，还有很多隐性问题，和前面三个社区一样，都或多或少存在着服务态度不好、处理事情不积极、无责任心、物业管理混乱等问题。如下沙铭和苑的垃圾场事件等，都严重影响了居民的日常生活。

据调研结果统计，经济适用房社区都市阳光和铭和苑的居民满意度约为37.5%，廉租房社区蓝桥景苑的居民满意度约为42%，公租房社区三墩创业人才公寓和大学毕业生人才公寓的居民满意度约为32.5%。

7.5.4 小结

物业管理是保障居民日常生活的一大重要因素，笔者在调研过程中发现，居民的物业管理满意度普遍较低。"小区物业管理不好"是住户对居住区指责最多的问题。多数被调查者反映自己所在小区物业管理混乱，收费标准不合理，缺乏与物业公司沟通的渠道，甚至有人认为小区物业公司形同虚设。

总体来说，这几个社区的物业管理都有待改善。之前看到过一个关于"时代花园小区物业为业主提供差异化服务"的帖子。由于时代花园小区是个高端社区，业主收入和文化素质都较高，物业公司就对自己提出了更高的要求，来更好地服务业主，以区别一般的物业服务。

目前调研的这些社区均属于保障性住房，但物业管理公司，作为服务公司，在管理和服务上不应有区别对待，应该重视保障房住区物业管理公司的规范建设及物业管理人员的服务意识，为保障房住户提供更好的服务。

7.6 居民的社区认同感

社区认同感是指社区居民对社区的感情，可以从安全感、信任感、子女教育、社区标签、邻里关系五个方面来探讨。

（1）安全感

治安是社区居民最关心的问题之一，可通过对安全感的调查衡量居民的社区生活是否放心、是否安心。

（2）信任感

信任是社区社会资本的重要组成部分，可通过测量社区内居民的相互信任程度来获得。

（3）子女教育

在国内，特别是在一线城市，居住地点跟子女教育关系密切，受教育的便利程度和质量直接影响社区的生活质量。

（4）社区标签

社会学研究指出，居住在保障性住房社区的居民是否认同居住地点会给居民带来社会阶层的区分感。

（5）邻里关系

邻里之间友善和谐，也是影响居民对社区认同的一大因素。

调研数据显示，接近四成的保障房住区居民认同在社区内生活有安全感，接近七成的居民认同社区内的居民是可以信任的。同时，将近四成的居民认为他们所居住的社区并不是孩子成长的理想之处。有约两成的居民有较强的标签感，即认为居住的小区代表了居民的社会地位；近五成居民不确定是否有标签感。只有一成左右的人会时常探访邻居，四成的居民认为邻里关系较和谐友善。在社区认同感方面，倾向于认同与倾向于不认同的各占四成左右（见表7.3）。

在调研跟访谈中也可以发现，安全感、信任感、子女教育、邻里关系、社区标签这些因素都与最终的结果即社区认同感有明显的关系。往往居民越有安全感、信任感，越认可社区适宜孩子成长，其对社区的认同感就越强烈。而大多数在问及哪些因素影响力最大时，都会提及孩子成长这一因素，由此可知居民对孩子成长方面尤为重视，影响力明显超过安全感与信任感。

而社区标签感这一因素则起到了负面作用，如果入住保障性住房社区被贴上了某种"污名化"的标签，则会显著削弱居民对社区的认同感。

表7.3　居民社区认同感　　　　　　　　　　　　　　（N=300）

	比例/%
认为有安全感	42.5
认为社区居民值得信任	73.5
认为社区适合孩子成长	58.3
认为邻里关系友善	43
有较强标签感	22.5
对社区整体认同	38.3

7.7　本章小结

保障性住房社区和谐发展是安居工程的必然要求。保障性住房的供给不能仅仅考虑提供住房，居民从安居到乐业、从住有所居到有尊严地生活必须通过社区建设来实现。特别是当前政府拟规划兴建大规模的保障性住房社区，这些大型社区内必然会聚集多样化的社会诉求，通过社区建设实现和谐发展才能确保民生工程深得民心。

显然，实现这一目标离不开深入的微观调查和实证分析，从居民居住情况中了解他们对社区的认可。从此次实证调研结果来看，总的来说，杭州的保障房住区居民满意度较高，当然也有不尽如人意的地方。

杭州现有的大型保障性住房社区虽大都远离市区的中心地段，但交通还算便捷，附近的配套设施包括医疗、教育、商业等也基本完善。当然也有不足之处，如部分社区还缺乏相应的配套设施，同时还有一些大型保障房社区处于在建过程，有些配套设施还处在规划待建中，暂时会给居民带来一定的不便捷之处。还有上文中提到的物业管理问题，都令居民不满。

总之，保障性住房的建设任重而道远，只有各级政府坚守"公平优先"原则，并加强监督，保障性住房的市场才能进一步完善，更加深得民心。

8 保障房住户的社会效应

本章的研究数据来源于中国社会科学院社会学研究所在全国开展的社会基本状况调查——中国社会状况综合调查（Chinese Social Survey，CSS）2013年、2015年、2017年三次调查的数据。CSS是双年度的纵贯调查，利用第5次全国人口普查和第6次全国人口普查分区县市资料设计抽样框，采用概率抽样的入户访问方式，调查区域覆盖全国31个省、自治区、直辖市，包括151个区、市、县、604个村/居委会，每次调查访问7000~10000个家庭，其研究结果可推论全国年龄为18~69周岁的住户人口。2013年、2015年、2017年三年样本总量30592个，分别为10206个、10243个、10143个。其中城镇样本数16654个，分别为5584个、5581个、5489个；保障房样本数483个，分别为127个、203个、153个。样本的主要人口特征分布见表8.1。

表8.1 城镇总住户、保障房社区住户的样本构成 （单位：%）

住户		2013年		2015年		2017年	
		城镇样本（5584个）	保障房样本（127个）	城镇样本（5581个）	保障房样本（203个）	城镇样本（5489个）	保障房样本（153个）
性别	男	45.3	49.6	44.7	39.4	44.1	47.7
	女	54.7	50.4	55.3	60.6	55.9	52.3
年龄分组	18~24岁	9.9	9.4	5.5	6.5	10.9	3.3
	25~34岁	18.4	15.8	16.7	17.0	16.6	10.6
	35~44岁	25.4	28.5	20.7	16.5	18.1	22.4
	45~54岁	21.4	19.7	25.4	29.1	24.8	26.9
	55岁及以上	25.2	27.2	31.8	31.9	29.6	37.3
受教育程度	未上学	6.6	7.1	6.7	5.4	6.5	3.9
	小学	16.1	15.0	16.5	16.7	18.1	17.6
	初中	32.1	29.1	31.8	34	31.7	29.4
	高中（职高/技校/中专）	23.5	25.2	22.5	22.2	21.2	28.8

住户		2013年		2015年		2017年	
		城镇样本 （5584个）	保障房样本 （127个）	城镇样本 （5581个）	保障房样本 （203个）	城镇样本 （5489个）	保障房样本 （153个）
受教育程度	大学专科	10.3	8.7	11.7	10.3	10.0	10.5
	大学本科	10.2	12.6	9.3	9.9	11.3	9.2
	研究生	1.1	2.4	1.2	1.5	1.0	0.7
	其他	0.1	–	0.3	–	0.1	–
婚姻状况	未婚	12.1	17.3	11.1	14.3	14.3	10.5
	初婚有配偶	78.4	70.9	79.1	73.4	75.1	72.5
	再婚有配偶	3.0	3.1	3.1	2.5	3.0	9.8
	离婚	2.4	2.4	2.6	5.4	3.1	3.3
	丧偶	3.2	3.9	3.6	3.4	4.2	3.9
	同居	0.8	2.4	0.4	1.0	0.2	–
	其他	–	–	0.1	–	–	–

8.1　保障房住户的生活质量和满意度

在"在过去12个月中，您或您家庭遇到下列哪些生活方面的问题?"的调查中，列举了市民经常遭遇的10个方面的生活困扰，以了解住户对生活质量的主观感受，即对于生活压力的感知。综合3年的调查数据，除了在子女教育方面的压力保障房住户比城镇住户均值低0.7%，保障房住户在其他问题上的压力都高于城镇住户均值。排在前三的是物价、住房、收入方面的生活压力。相较于城镇住户，保障房住户在就业方面的压力感差值最大，比城镇住户均值高8.3%，其次为住房、收入，比城镇住户均值分别高7.8%、4.5%。分不同年份的调查数据来看，2013年、2015年住房方面的压力感差值最大，分别为8.5%、14.5%；2017年"医疗支出大，难以承受"则成为保障房住户与城镇住户均值压力感差最大的生活困扰，为6.9%（见图8.1、图8.2）。

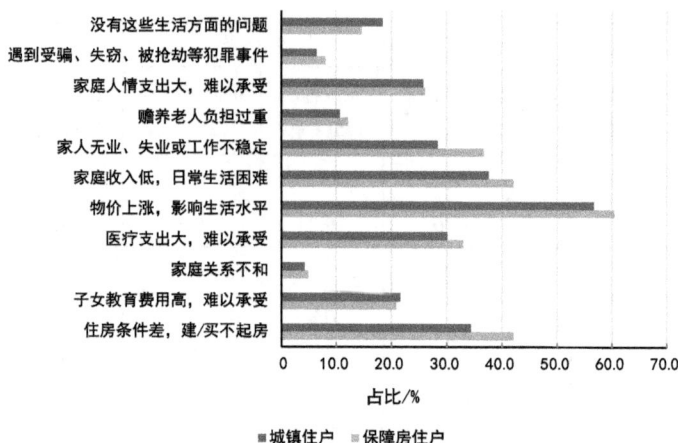

图8.1　保障房住户和城镇住户生活问题主观感知的比较

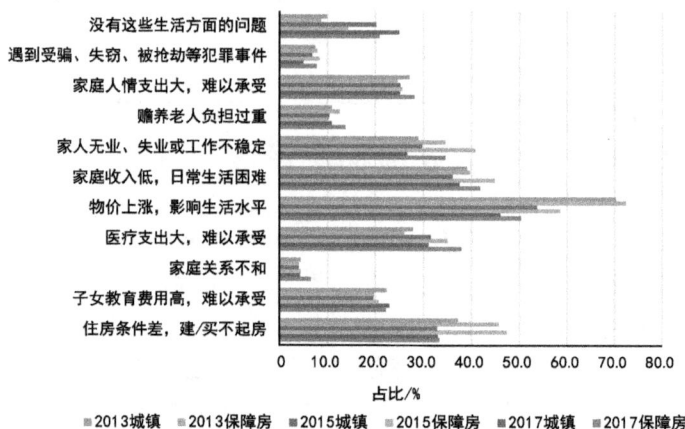

图8.2　不同年份保障房住户和城镇住户生活问题主观感知的比较

　　这一方面说明，"物价上涨，影响生活水平""住房条件差，建/买不起房""家庭收入低，日常生活困难"是这五年城镇快速发展时期全社会普遍的困扰和压力来源。保障房住户作为城市中低收入群体，生活主观压力明显高于社会平均值，而子女教育方面的主观困扰低于城镇住户均值，说明近年来政府推行的义务教育等惠民措施有较好的成效；另一方面说明，住房保障政策"应保尽保"的基本住房保障效果也逐渐显现，但保障房住户在就业方面的问题明显，其中应是多方面因素的影响，具体将在就业状况这一节展开分析。

　　就保障房住户而言，2013—2017年，不同生活问题的困扰压力呈现出了不同的趋势。其中"物价上涨，影响生活水平""住房条件差，建/买不起房"方面的压力呈下降趋势，物价问题虽然依然是最大的困扰，但其主观压力感由72.4%降至50.3%，降幅达22.1%；住房问题由45.7%降至33.3%，降幅为12.4%。"医疗支出大，难以承受""家庭人情支出大，难以承受""家庭关系不和""子女教育费用高，难以承受""家庭收入低，日常生活困难"等方面的压力呈现上升趋势，其中医疗问题增幅最为明显，达11.9%，其次为家庭人情支出，增幅为3.5%，其余增幅在2%左右。同时认为完全"没有这些生活方面的问题"的主观认知比重也明显增多，由8.7%增至20.9%（见图8.3）。从中反映出随着国家社会经济的发展，保障房住户也同样享受到了社会发展的红利，基本的生活问题逐步得到改善，但医疗问题的突出不容忽视，说明应充分关注保障房住户的健康保障。

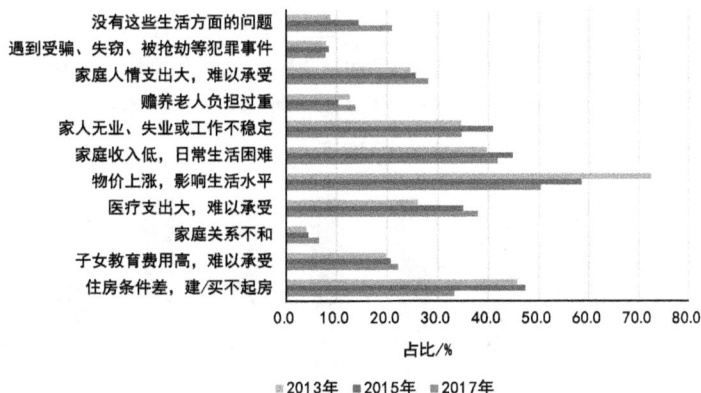

图8.3 保障房住户生活问题主观感知的演变

通过10个态度等级来反映被调查对象的生活满意程度，1分表示非常不满意，10分表示非常满意。调查数据显示，保障房住户总体生活满意度大多处于比较满意水平。保障房住户对总体生活很满意（9～10分）的比例为29.3%，比较满意（7～8分）的比例为29.6%，一般满意（5～6分）的比例为27.1%，总体生活满意度评价均值为6.6分，与同时期的城镇住户总体生活满意度6.7分基本持平。但城镇住户对总体生活很满意的比重仅为16.4%，低于保障房住户近12.9%，表示比较满意的较多，占40.1%。

从对"受教育程度""社交生活""休闲娱乐文化活动""家庭关系""家庭经济状况""居住地环境"六个分项的满意程度综合评价来看，保障房住户和城镇住户的满意程度基本处于相同等级（见图8.4、图8.5）。其中对"家庭关系"满意程度评价值最高，均高于8分，处于比较满意等级；其次为对"社交生活"和"居住地环境"状况的满意程度，高于6分；然后为对"休闲/娱乐/文化活动""家庭经济状况""受教育程度"的满意程度，评价值5～6分，处于比较满意等级。与城镇住户均值相比较，除了"受教育程度"方面，保障房住户的评价值略高，其余分项方面的满意度均略低于城镇住户或相当，其中"家庭关系"的满意度差值最大，但也仅相差0.2分。

从不同年份的调查数据来看，除了"社交生活""休闲/娱乐/文化活动"方面，2013—2017年保障房住户的满意度总体上均呈上升趋势，但在2015年有所下降。从保障房住户和城镇住户的满意度比较来看，2013年，除了"休闲/娱乐/文化活动"和"家庭经济状况"方面，保障房住户的满意度基本低于城镇住户均值；2015年，保障房住户的满意度均低于城镇住户均值；2017年，除了"家庭关系"的满意度，保障房住户的满意度均高于城镇住户均值（见图8.6）。可以发现，保障房住户的生活满意度提升明显，这一方面说明住房保障政策下的被保障群体切切实实获得了受保障后的政策红利，另一方面也可以认为受益于保障房住区的空间生产和再生产效应及城市空间发展而带来的社会空间效应，这将在保障房住区的社会空间效应部分进一步分析验证。

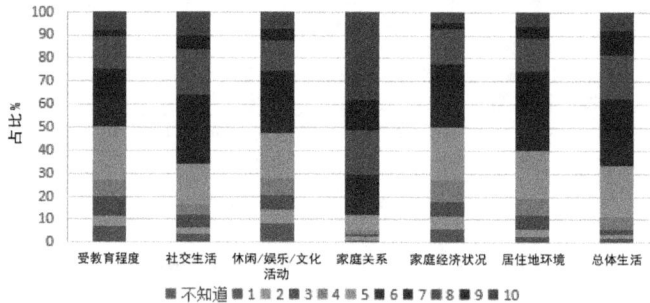

图8.4　保障房住户满意度构成情况

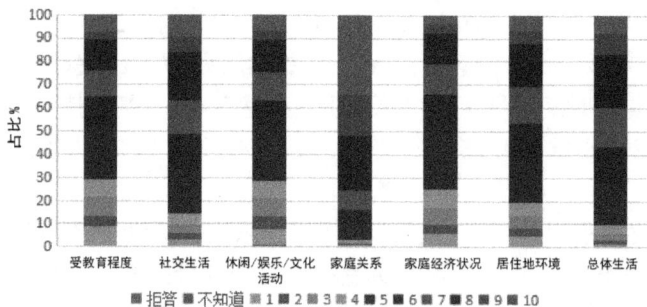

图8.5　城镇住户满意度构成情况

(a)

(b)

(c)

(d)

(e)

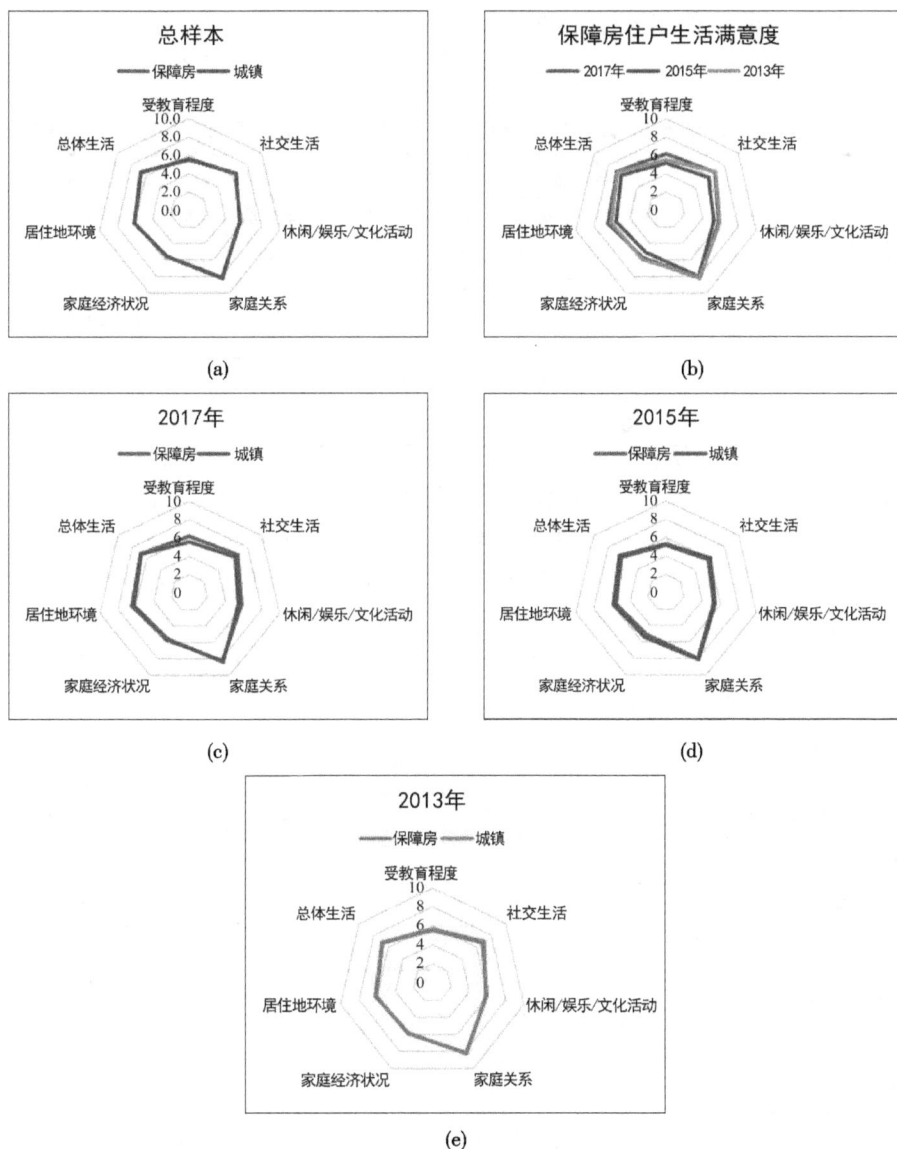

图 8.6　生活满意度评价值

8.2　保障房住户的就业状况及满意度

从目前的工作情况来看，保障房住户没有工作的比重明显高于城镇住户均值，且呈上升的趋势。2017年，没有工作的比重最高，为51.0%，比2013年高11.6%。相对于城镇住户均值，保障房住户没有工作的比重相差也呈现出上升态势。2013 年比重差值最小，为 3.7%，2015 年、2017 年分别为 9.2%、8%（见表 8.2）。

表 8.2　保障房住户与城镇住户目前的工作情况　　　　（单位：%）

工作情况	总样本		2017年		2015年		2013年	
	保障房	城镇	保障房	城镇	保障房	城镇	保障房	城镇
有工作	50.3	57.4	44.4	53.2	48.3	57.8	58.3	61.2
有工作，但目前休假、学习，或临时停工、歇业	3.2	3.0	4.6	3.9	2.5	2.1	2.4	3.1
没有工作	46.6	39.6	51.0	43.0	49.3	40.1	39.4	35.7
合计	100	100	100	100	100	100	100	100

就目前没有工作的原因来看（见表 8.3），已离/退休排在第一位，特别是 2017 年，比重为 24.2%，是城镇住户均值（11.6%）的两倍多，说明保障房住户的老龄化问题更加突出，且呈快速上升态势，对保障房住区老龄群体的日常生活需要诸如配套医疗设施、社会交往等应引起足够的关注。排在第二位的是料理家务，与城镇住户均值基本持平。排在第三位的是因家务、健康、辞职等个人原因离开原工作，略高于城镇住户均值。

表 8.3　保障房住户目前没有工作的主要原因　　　　（单位：%）

主要原因	2017年	2015年	2013年
正在上学	2.6	3.9	0.8
丧失劳动能力	2	3.4	5.5
已离/退休	24.2	14.3	12.6
毕业后未工作	–	0.5	2.4
料理家务	9.8	12.3	8.7
单位原因（如破产、改制、下岗/内退/买断工龄、辞退等）	2	3.4	–
本人原因（如家务、健康、辞职等）离开原工作	4.6	8.9	5.5
承包土地被征用	2	1	2.4
其他（请注明）	3.9	1.5	1.6
不适用（有工作）	49	50.7	60.6
合计	100	100	100

　　保障房住户没有工作的这部分群体中打算工作的比重并不高，且呈现逐年下降的趋势。关于"如果现在有份工作，您能否在两周内去工作?"的问题，2013年100%表示能去，2015年94.4%表示能去，而2017年仅43.8%表示能去（见表8.4），说明没有工作的保障房住户的工作意愿强度明显下降。相较于城镇住户均值，保障房住户2013年、2015年准备找工作或自己创业或两周内能去工作的比重均高于平均水平，2017年均出现了反转，这种现象是否说明保障房住户生活水平提高，享受到了城市空间发展的红利还是因保障性住房集中在偏远地区导致其住户远离就业密集区，居住就业距离明显拉大，增加了通勤时间和成本（张京祥，李阿萌，2013）而降低了工作意愿，还有待进一步探究。

表8.4　保障房住户与城镇住户的工作打算　　　　　　（单位：%）

工作打算	2017年		2015年		2013年	
	保障房	城镇	保障房	城镇	保障房	城镇
在找工作	8.5	15.5	17.6	12.9	28.6	12.6
准备自己创业	2.8	3.9	3.5	3.3	4.8	2.1
没有找工作，也不打算自己创业	88.7	80.6	78.9	83.8	66.7	85.3
如果现在有份工作，能在两周内去工作	43.8	46.3	94.4	71.5	100.0	73.1

　　关于对自己所从事工作的性质认同情况，保障房住户以认为"需要一些专业技能"和"不需要专业技能"为主，占72.4%左右。从2013年到2017年，认为"不需要专业技能"的比重明显下降。2013年，保障房住户认为工作"需要很高专业技能"的比重高于城镇住户均值近4个百分点，之后均低于城镇住户均值2个百分点左右。保障房住户认为工作"需要较高专业技能"的比重略低于城镇住户均值，2015年差距最大，低3.4个百分点（见表8.5）。

表8.5　保障房住户与城镇住户的工作性质　　　　　　（单位：%）

工作性质	2017年		2015年		2013年	
	保障房	城镇	保障房	城镇	保障房	城镇
需要很高专业技能	8.7	10.2	6.0	8.8	10.7	6.9
需要较高专业技能	17.4	18.4	18.0	21.4	17.3	17.4
需要一些专业技能	50.7	41.3	36.0	38.6	25.3	28.6
不需要专业技能	21.7	29.8	39.0	30.8	40	44.6
其他/不知道	1.4	0.1	1.0	0.4	6.7	2.5

　　注：2013年的调查无"不需要专业技能"这一项，为"半技术半体力工作"和"体力劳动工作"两个选项，此处的统计值为两个选项之和。

从所从事的非农工作所在的单位/公司性质来看，保障房住户以从事私营企业为主，超过1/3，高于城镇住户均值；其次为个体工商户，但其比重低于城镇住户均值7~8个百分点；国有企业及国有控股企业的比重也较高，超过10%，除了2015年，保障房住户从事国有企业及国有控股企业的比例均高于城镇住户均值。保障房住户从事集体企业的比例均高于城镇住户均值，从事党政机关、人民团体、军队的比例均低于城镇住户均值（见表8.6）。

表8.6　保障房住户和城镇住户从事非农工作所在单位的性质　　（单位：%）

工作性质	2017年		2015年		2013年	
	保障房	城镇	保障房	城镇	保障房	城镇
党政机关、人民团体、军队	2.9	3.6	6.0	6.6	1.3	4.5
国有企业及国有控股企业	14.5	8.8	10.0	11.2	10.5	10.1
国有/集体事业单位	7.2	14.4	8.0	10.3	17.1	14.1
集体企业	2.9	2.3	1.0	0.9	2.6	2.3
私营企业	37.7	30	42.0	30.2	38.2	28
三资企业	1.4	1.1	2.0	2.5	1.3	1.9
个体工商户	17.4	25	17.0	23.8	14.5	22.7
民办事业单位（民办非企业单位）	1.4	1.4	1.0	1.4	1.3	1.0
社区居委会、村委会等自治组织	2.9	3.1	1.0	1.9	2.6	1.4
其他/不清楚	5.8	2.1	–	0.1	2.6	2.3
没有单位	5.8	8.1	12.0	11.1	7.9	11.8

　　注：2013年的调查多"协会、行会、基金会等社会团体或社会组织"一个选项，此处将其纳入"民办事业单位（民办非企业单位）"这一选项的统计值。

关于对目前工作各方面满意程度的调查，三个年度的调查内容不尽相同，2013年主要调查了八个方面的工作满意度情况，2015年调查了总体工作满意度，2017年则调查了八个方面和总体工作满意度，所以本研究不在三个时间截面做相互比较，在有相同统计口径的两个年份做对比参考，以同一年份保障房和城镇平均相对照分析为主。就工作总体满意度而言，保障房住户的满意度略低于城镇住户均值，2017年比2015年略有提高，从一般满意提高到比较满意。从工作的不同方面来看，2017年比2013年的满意度均有所提高。其中与同事的关系满意度最高，达到8.68分；其次为工作安全性和轻松程度，均高于8分，同时高于城镇平均；对晋升机会的满意度最低，为5.94分，对工作的收入及福利满意度也不高，为6.26分，同时均低于城镇住户均值（见图8.7、表8.7）。这说明保障房住户的工作晋升机会比较受限，收入待遇较低，未达到期望值，但工作风险不高，与同事领导相处比较融洽。

图8.7 工作满意度评价

表8.7 对目前工作各方面的满意程度

工作因素	2017年		2015年		2013年	
	保障房	城镇	保障房	城镇	保障房	城镇
工作环境	7.00	7.56	/	/	6.62	6.69
工作轻松程度	8.00	7.08	/	/	6.04	5.86
工作安全性	8.03	7.84	/	/	7.54	7.29
工作的收入及福利	6.26	6.37	/	/	5.61	5.45
与领导的关系	7.84	7.86	/	/	7.59	7.6
与同事的关系	8.68	8.47	/	/	7.98	8.22
晋升机会	5.94	5.99	/	/	5.35	5.04
个人能力发挥	7.46	7.24	/	/	6.59	6.70
工作总体	7.01	7.39	6.43	6.7	6.67	6.61

注：用1~10分来统计满意程度，1分表示非常不满意，10分表示非常满意。

8.3 保障房住户的社会保障评价

根据调查结果，保障房住户对政府社会保障工作的满意度明显上升，尤其是对养老保障的满意度，上升幅度较大。比较2017年与2015年的相关数据，保障房住户对政府社会保障总体工作满意度值由 2015 年的 5.65 分上升到 2017 年的 6.60 分，对养老保障的满意度由 2015 年的 5.64 分上升到 2017 年的 6.48 分。同时对政府提供的经济适用房等基本住房保障的满意度也有较明显的上升，对城乡最低生活保障状况评价的满意度上升幅度最小。在 2017 年的调查中，保障房住户对养老保障评价的满意度最高，其次为医疗保障、政府提供的经济适用房等基本住房保障。2015 年，保障房住户满意度最高的是医疗保障，其次为养老保障和政府提供的经济适用房等基本住房保障。有一点值得关注，无论是 2017 年还是 2015 年，均是对就业保障的评价满意度最低。而且与城镇住户均值相比，除了对就业保障评价满意度低于城镇住户均值，2017 年保障房住户各方面社会保障评价满意度均高于城镇住户均值，其中对政府提供的经济适用房等基本住房保障的评价满意度高于城镇住户均值的幅度最大。2015 年保障房住户亦是对基本住房保障的满意度高于城镇住户均值的幅度最大，对就业保障评价满意度低于城镇住户均值的差值最大，同时对医疗保障、养老保障的满意度也低于城镇住户均值（见图 8.8）。2013 年同类问卷仅对养老、医疗保障满意度做了调查，保障房住户的评价均在城镇住户均值以下，这说明享受了住房保障的群体对基本住房保障的认同度明显要高于未享受住房保障的群体。这几年，养老、医疗保障体系的建设成效比较突出，民众的认同感也较强，但就业问题依然严峻，任重而道远。

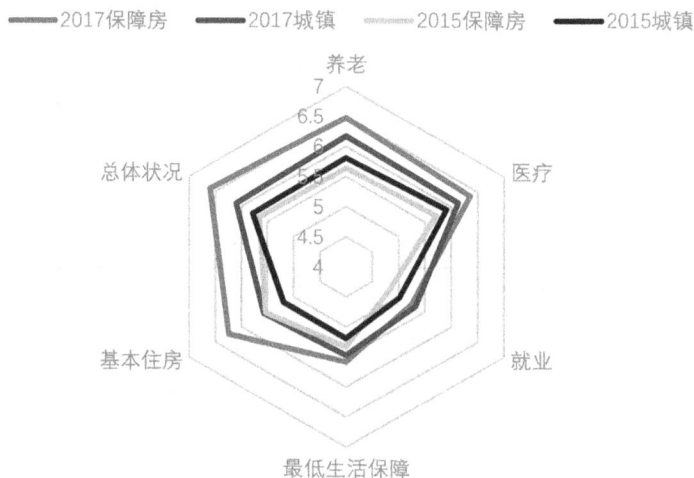

图 8.8　社会保障满意度

　　另外，医疗支出对居民的生活压力也有所减轻。在 2006 年的调查中，对于"生活压力"问题的调查数据显示，45.5% 的居民认为"医疗支出大，居民难以

承受"，而在 2008 年的调查中，这一比例下降至 37.6%，其中 23.2% 的居民认为
"压力很大"，11.8% 的居民认为"有一些压力"。

8.4 保障房居民的阶层认同和公平意识

个体的主观阶层认同与个体的社会意识有直接的关联（刁鹏飞，2012）。
一个人对自己社会经济地位的主观评价有时比客观的社会经济地位特征更能
影响人们对收入和分配等的公平意识（Kluegel，1988；Kreidl，2000；刁鹏
飞，2012）。

据 2017 年的调查，保障房住户对自我阶层的认同整体上呈现上升趋势。在
"上层、中上层、中层、中下层、下层"五个认同层级上，多数保障房住户受访
者认同自己处在中间层，近一半认同自己在中下层，约 70% 认同自己在中下和下
层。对比 5 年前的社会经济地位，认同自己在下层的比重减少，认同自己在中下
层的比重明显增加，达 9.1%，而对未来 5 年社会经济地位上升的可能，较多的受
访者持乐观态度，体现在认同上、中上、中层比重的增加，分别为 1.3%、7.2%、
6.5%，而认同中下、下层的比重明显减少，分别为 12.4%、7.8%（见表 8.8）。

与城镇住户相比较，保障房住户对社会经济地位的阶层认同集中在中下层，
而认同下层的保障房住户低于城镇住户均值。这应该与住房保障政策的保障对象
主要为中低收入家庭密切相关，但同时也说明部分被保障家庭向上一阶层流动的
希望（见表 8.9、图 8.10）。

表 8.8　2017年保障房住户的阶层认同　　　　　　（单位：%）

阶层	上层	中上层	中层	中下层	下层	不知道
现在的社会经济地位	0.7	2	27.5	43.1	26.8	/
5年前的社会经济地位	0.7	5.9	24.8	34	34.6	/
未来5年的社会经济地位	2	9.2	34	30.7	19	5.2

表 8.9　2017年城镇住户的阶层认同　　　　　　（单位：%）

阶层	上层	中上层	中层	中下层	下层	不知道	拒答
现在的社会经济地位	0.3	3.2	33.6	31.5	30.9	0.5	0
5年前的社会经济地位	0.7	5	29.4	28.1	35.3	1.4	0.1
未来5年的社会经济地位	2.6	17	36.4	21.3	18.8	4	0.1

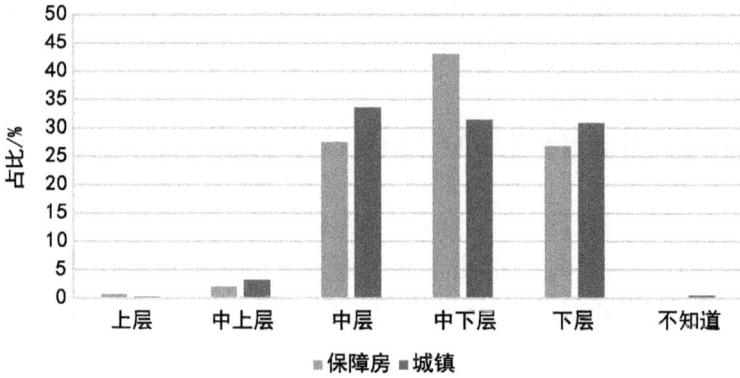

图8.9　保障房住户和城镇住户对现在社会经济地位的认同（2017年）

　　就不同年份而言，保障房住户对现在社会经济地位的阶层认同感呈现出下降趋势。2013年，保障房住户的自我阶层认同感最高，2015年认同下层的比重最大，2017年的阶层认同集中在中下层（见图8.10）。

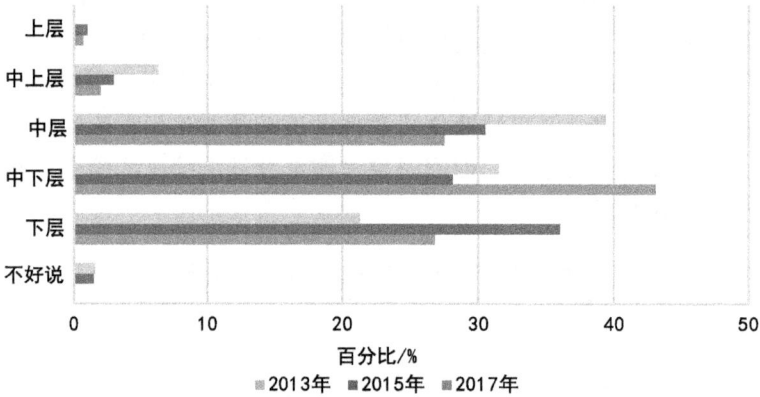

图8.10　不同年份保障房住户对现在社会经济地位的认同

9 保障房住区的社会空间效应

保障房住区是一种特定政策下而形成的城市空间形态，是国家住房政策及社会关系在空间上的落实和投影，其物质空间环境必然引发城市住区空间分异的形成与演化，而其所产生的累积效应则将进一步固化再生产社会关系。保障性住房对城市社会空间产生的影响是多元化的、复杂的，城市居住空间必然与社会关系存在紧密的联系，这二者是不可分割的整体，是"社会—空间统一体"的重要表现形式。当代众多的社会空间往往矛盾性地相互重叠，彼此渗透。保障房住区不仅仅是一种纯粹的地理空间概念，而是一个再生产社会关系，同时也再生产着阶层意识的空间。社会和经济关系的变化投影到城市空间便具化为城市社会空间结构的改变。

通过前文对保障房住区时空分异及演变特征、保障房住区及周边地区的空间演化和保障房住户的社会效应分析，不难得出保障房住区的空间发展形态和社会经济特征可能产生的方方面面的社会效应。

与西方国家政府直接干预或主导公共住房建设的成果相比，目前我国的保障性住房政策和保障房住区建设活动虽然还处在发展初期，但其建设规模、建设速度及影响覆盖面已远超西方国家。

大规模的保障性住房建设同样带来诸多的社会效应。随着住房保障政策覆盖面的持续扩大，以及保障房住区大规模的持续建设，其社会效应还将继续扩大。本章将对保障房住区，尤其是杭州市区的保障房住区形成的影响和效应进行归纳总结，梳理和分析其产生的路径及内在规律，以进一步探究效应的形成机制。

9.1 保障房住区的社会空间正效应

9.1.1 保障房住区对个人和家庭的正效应

保障性住房以政策为导向，以城市中的中低收入者为目标人群不断建设发展，使目标人群能够快速有效地获得社会福利，并将这些福利的反馈以各种劳动形式体现在社会生活中，从而优化体现个人价值的方式，同时为中低收入者的家庭生活带来物质保障。

9.1.1.1　改善居住条件，提高生活质量

由于主城区规划建设的开展，房产被拆迁的中低收入者不论选择外迁还是选择进驻中心城区，都能从保障房建设中感受到居住条件的明显改善和生活水平的提升。

例如，原大塘村居民搬迁到丁桥大唐苑保障房住区后，感叹房子比以前大了，生活水平得到了显著提高，自来水供应、独立厨卫、淋浴设备等各种基本生活设施的普及率达到或接近100%。由于大部分大唐苑居民为中低收入阶层，保障房的建设对他们来说意味着能够住上与杭州其他市民需要贷款才能购得的相似价值的房产，充分说明安置房的建设为中低收入家庭提供了改善住房条件的机会。

又如三墩镇德泽家园的经济适用房，给在城区工作的中等收入者提供了比商品房更优的选择，有效减轻了他们的购房压力，使得居民在享受经济适用房福利的同时减轻对房贷压力。

9.1.1.2　享受城市发展红利，增加家庭总收入

根据对嘉绿名苑的调查走访，回迁房正式交房后，尽管居民的就业率有所降低，但大部分家庭的年收入却增加了。这是由于部分家庭在拆迁和产权交换后，加上原来的房产，一共拥有不止一套房产，通过房屋租赁有了新的收入来源。

此外，随着整个杭州经济的不断发展，房价高涨，保障性住房的价格也随之抬高，如丁桥大唐苑由最初的5000元/米^2，涨到了2019年的2.3万元/米^2，涨了4～5倍，租房价格也在2000～2500元一套。

目前，杭州近江家园二手房价格每平方米5万元左右，比2002年的价格涨了近10倍，家庭资产大幅升值。这使得居民充分享受到了郊区城市化和新城建设发展的社会红利，把握好出租房产及产权交换的黄金阶段，就能够大幅增加家庭可支配收入。另外，由于住房保障与居民消费之间存在联动效应，收入的增加意味着消费支出的增加，这从某种程度上来说也为社会经济增长做出了一定贡献。

9.1.1.3　促进居民融入城市，增强自我认同感与归属感

据部分保障房住区居民反映，他们认为自己作为城中村的居民，原先对城市没有很强的认同感，认为城市只是工作赚钱的场所，归属感仅限于个人和家庭，如今得益于保障房的建设，住进了新居，感觉自己"终于享受到城市生活的好处"。这种观念的转变即居民自我认同感提升的一种表现形式，反映出中低收入者从居住在城市边缘和难以享受城市福利的地带迁往基础设施较完备、交通发达

和居住环境更优的地段后心理上产生的改变。人们在这种变化下，对房产的获得感和体验感转化为对在社区中生活的幸福感和憧憬感，从而增强对整个城市的社会认同。

随着生活条件的改变，迁居者的心理会逐渐产生变化，他们开始将自己视为城市居民的一分子，这种变化利于居民的心态朝向平稳良好的态势发展。受益者在享受城市发展红利的同时体现了个人价值、创造了社会价值，这有利于城市整体的精神文明建设与和谐社区建设。

9.1.2 保障房住区对周边环境的正效应

9.1.2.1 有利于完善周边配套设施

近年来随着社会经济的发展、新型理念的提出和新型技术的应用，居住区周边配套设施也正在逐步完善和优化，说明配套建设已经成为关系民生福祉的大事。随着保障性住房的建设，杭州五大保障性居住片区基本形成。以居住为主导功能的大型片区离不开基础设施，对于保障房住区居民来说，最值得关注的问题莫过于就业、医疗、教育、交通出行、休闲娱乐是否便利。

根据对北景园小区及其周边基础设施与环境的调查，2011年保障房建设快速发展以来，小区周边迅速入驻各类商铺，完善了以居住为主、商业为辅的功能布局，周边学校众多，教育资源丰富，这些都得益于保障房住区的建设和发展。

就调研小区内部的情况来说，除了基本的设施如垃圾桶、路灯、公共卫生间和景观小品之外，丁桥大唐苑于2019年10月底新装了64部电梯，成为杭州首个整体推进加装电梯的安置房小区。

据此分析，保障房住区需要建设小区内部的绿化、消防设施、环卫设施等，且应当考虑到外部设施的使用情况。随着人群的聚集，居住区周边配套设施日益完善，形成了便捷的生活圈，目前正在构建的"15分钟生活圈"也是一项建设居住区周边配套的重要举措。

从某种程度上来说，当大部分居民能够便利地使用周边配套时，保障房住区才算真正融入整个城市发展的趋势和潮流，可见周边配套设施对于保障房住区的建设具有相互的作用，在保障房住区建设推进周边配套设施日趋完善的同时，住区也会因为周边配套完善和商业发展逐渐由封闭式转向开放街区的混合模式，这距离公共资源共同公平享有的愿景又近了一步。

9.1.2.2 有利于改善城市面貌、推进城市化发展

城市面貌的良莠依赖于城市绿化、道路、建筑立面等多种要素，而城市中基

数最大的建筑当属居住性建筑。在居住性建筑中，保障房占据着相当一部分比重。

以丁桥大型保障房住区为例，根据2004年以前的杭州江干区用地性质分类图来看，丁桥还未撤销镇制，原先大部分土地用作农居点，虽然也是以居住为主要功能，周边的建设情况却不容乐观，建筑风格各异、新旧差异明显，城中村更是脏、乱、差。这种状况在2004年颁布了新的用地分类规划以后得到了改善，但真正的蜕变发生在2008年，城中村正式改为保障房住区这一建设项目下达以后，江干区政府拟定方案，正式整治周边环境，增加对商业、服务业、医疗、教育的投入，招商引资，加设若干环保设施点，这才彻底改变了周边的风貌，使之与整洁的城市风貌相统一与和谐。这类举措能够在实质上推动城市内部的发展，其最直接的效应就是改变了道路结构、景观环境，使地区重新获得了城市应有的活力。

除了保障房住区本身环境的改善，加强建设同时有利于周边住区环境的提升，这种提升是联动发展所产生的效应，具体表现在多个居住小区共用配套设施、共同建设和谐社区、共同提升小区面貌，可使整个地区的面貌通过居住区面貌改善而得到快速提升。

另外，伴随着城市化进程的加快，参考西方发达国家在住房短缺问题上的经验，在2008年我国城市化率达到45%左右的时期，适时提出大力建设发展保障性住房的政策与法规，建立多层次的住房保障体系。这说明保障房住区的建设与发展是城市化进程进行到一定程度的必然选择，其发展产生的社会空间效应必将进一步推进城市化朝向更高的目标发展。

9.1.3　保障房住区对社会和经济发展的正效应

对于城市和社会整体来说，保障房住区建设和发展过程中对其产生的正效应主要体现在经济和社会两方面，这些影响最终引起城市不同尺度内社会空间变化与再造重构的现象。保障房住区对社会整体的影响是一个长期的过程，这些城市区域内部物质及非物质要素的变化是潜移默化的，其影响效应则是不同时期内的因素和结果。

9.1.3.1　启动或催化城市郊区土地利用与开发，带动新区发展

由于级差地租的存在以及中心城区土地资源的日渐稀缺，加之保障性住房实行土地出让金减免、税费优惠等一系列政策不能带来城市政府财政收益，保障房住区在选址建设初期通常位于距离中心城区较远的城市边缘或外围尚未充分开

发、土地价值较低的地区，当时交通条件相对闭塞，设施配套较为落后，特别是一些保障房住区属于城乡接合部，如前文提到的杭州市近江家园小区，有些甚至是郊区农村，如丁桥大唐苑、北景园小区等，杭州近一半的经济适用房小区（占总套数的65.4%）位于离中心点10~20公里范围内。

大规模的保障性住房建设以及市政、道路等公共基础设施的配套建设，加上保障性住房的入住率高、人口密度高、入住时间集中，能够快速聚集人流，从而快速启动所在地区的土地利用与开发。经土地利用开发的住区区位逐渐由远郊区演化为近郊区，呈现出核心化趋势，这种现象随着时间的推移日趋明显。由此，保障房住区逐渐发展成为设施配套相对成熟的居住社区。

杭州市经济适用房的平均催熟时间约为10年，目前大型保障房住区已成为带动新区发展的先导因素。例如，曾经杭州主城区中低收入居民主要集中在城北地区，随着城市的快速扩张，为了提升内城经济活力与环境品质，这些地区进行了大规模、高强度的空间功能置换。中低收入家庭由于住房困难，老旧城区的居民由于改造和大量拆迁，基本都被安置在了较远的保障房住区，如嘉绿名苑、丁桥大唐苑、德泽家园、乾成园、北景园等所属片区。这些片区在规划建设之前基本上是大片的农村居民点和农用地。从地理意义上来说，保障房住区的规划建设有力地催化了所在片区的土地利用与开发；从社会意义上来说，保障房住区的建设带动了新区人口的集聚和发展。

9.1.3.2　保障房制度完善，使城市空间得到扩展

我国保障房制度的完善和保障性住房的大面积建设行动正在进行并将持续塑造和重构着城市空间，形成新的空间形态。我国大多数保障房住区都选址在主城边缘、城乡接合部或城市外围尚未充分开发的地区。在建设工作开展前，保障房住区所在区域的开发条件普遍较差，对房地产开发商的吸引力不大，因此难以享受城市发展所带来的红利。

政府推行的保障性住房制度给这些区域带来了发展机会。保障房住区及其周边的配套建设推动了所在区域的城市开发，大量中低收入家庭的集中入住又加速了地区的发展；同时，保障房住区也为大量外来务工人员提供了相对便宜的住房。

保障房住区的建设和居民的入住促进了所在地及周边区域的开发，也扩展了城市的社会空间。城市空间扩展所指不仅仅是地理意义上的空间，还包括城市化领域的扩张、投资空间的扩大和社会交流空间的扩展等不同层面、各种领域的向外扩展，即城市核心区对外围圈层的向心力和吸引力仍在逐步增强，人口、资源

从城郊流向城市核心区，资金、技术将从城市核心区域流向城市边缘和郊区。

以丁桥大型保障房住区为例，在保障房住区建成以前，明显存在与其他城市区域不同的异质化特征，落后的设施和经济条件使得周边地区与城市中心的分异十分明显。直到建成保障性住房片区后，丁桥居住片区才正式被接纳为社会意义上的城市居住空间，成为有人群聚集、有经济活力的城市区域空间。

9.1.3.3　切实解决中低收入者的住房问题，缓和社会问题

首先，在当前全面建成小康社会的大背景下，城市中最为突出的问题之一仍是住房问题。房价高涨不下是城市和郊区中低收入者苦恼的根源，为了缓解这一窘态，国家政府着力于保障房制度的完善和保障房及其周边的建设发展，双管齐下，朝大部分城市居民"住有所居"的最终目标不断努力。

其次，从宏观层面上来说，我国的保障性住房建设是一个长期的工程，这一工程不仅能保证中低收入者对住房的迫切需求，还能有效遏制城市内部不同阶层的居住空间分异，有效控制城市贫困社区的社会问题产生，存在积极的社会意义。

最后，从微观层面上来说，居民个人的居住满意度大幅度提升。根据美国和加拿大学者的研究，居民满意度高的社区会产生一种"集体效能"，即居民为共同目标或利益形成的相互信任关系，集体效能的提高对于维护社区安全、维持社会稳定是相当有利的。

但是随着时间的推移，部分地区土地开发速度过快，开发商的急功近利又在一定程度上导致了新的贫困社区问题的显现。如果不加以干涉，将会导致更加严重的社会不稳定因素的滋生。

总体来说，各类保障房住区的建设利大于弊，目前开展的建设工作能有效减少因贫困导致的居住问题，有效避免了贫困人口大量集聚产生的不良现象，有利于构建文明城市与和谐社区。

9.2　保障房住区的社会空间负效应

随着经济社会的持续发展和人口数量的持续增长，城市社会矛盾和空间之间产生冲突，住房问题仍形势严峻。保障房住区及其联动的周边地区也会不可避免地产生一些社会问题，对住区居民的生产生活、对社区与城市其他区域的沟通联系以及对城市整体空间结构都有一定的不利影响。

9.2.1　空间资源剥夺和失配现象的产生

9.2.1.1　容易产生争夺资源与设施的现象

在资源要素配置市场化的环境下，城市住区资源类型与质量的配置往往会因不公正而产生剥夺现象。保障房住区配套建设达不到规划要求、设施使用不尽如人意、空间分布不合理等问题层出不穷，公共服务设施分异严重，这使得住区居民的基本需求得不到有效满足。而且，公共服务设施的老化、难以升级换代更加重了保障房住区空间剥夺的程度。这种空间剥夺现象在老旧保障房住区更为明显，传统保障房住区与新建保障房住区之间的设施数量、质量、种类差异也会产生新的资源矛盾，加剧社会分异。

在2010年正式开展建设前，江干区丁兰街道保障房住区距离优质的教育、医疗、商业、大型文体设施等资源都比较远，交通和公共服务等设施可达性较差，空间剥夺较为严重。通过初步的询问和调查，至今相当一部分丁桥片区的适龄青少年仍然无法就近上学，周边优质的教育资源有限，导致入学压力大。不仅在杭州市，此类现象在其他城市的保障房住区也时有发生，容易造成同时期青少年所能获得的教育资源不公、入学困难、出行时间过长等不便，争夺教育资源的现象也不利于社区之间的友好交往、和谐发展，应当更加重视教育资源的合理分配。

9.2.1.2　空间失配——居住和就业之间产生矛盾

空间失配是1964年美国哈佛大学学者凯恩提出的概念，原指在黑人居住的区域比白人居住的区域拥有更少的工作机会，这样黑人寻找工作的困难就会增大，或者工资更低，或者要花费更多的通勤时间，从而造成失业率的上升。

目前空间失配现象主要指居住地和相应工作机会所在地两者的错开，造成了居民在地理上的一系列广泛的就业障碍，而这些就业障碍会使得相应的工作者在劳动力市场中处于不利地位。"空间失配"实质上是由于空间距离过远、区域交通无法匹配城市的快速发展的表现。

根据学者研究，美国"空间失配"的假设背景是低收入人口在市中心的聚集，而工作机会和高收入人群则聚集在郊区，所以美国低收入人口面临的是如何出城的问题。而我国城市的现状普遍与美国相反：郊区聚集了很大一部分低收入人口，而高收入者则聚集在市中心，这可以从国内诸多的城市房地产价格研究和城市居住空间研究中得到验证。我国城市范围的迅速扩大，城市交通网络建设的现状仍是市中心相对完善、郊区多不健全。因此与美国不同的是，我国人口郊区化的趋势使郊区成为城市低收入人口的聚集地。郊区人口的出行时间和成本都呈上升趋势，且出行困难的主要对象也正是该群体，这就陷入一种距离失配引发的恶性循环。

国内外相关的研究结果均表明，城市低收入人口的出行时间和成本的上升会导致他们远离和难以接近工作岗位。通勤障碍会导致低收入群体降低寻找工作的努力程度，降低和工作机会接触的可能程度，而过高的通行成本会使他们受雇用的可能性降低，从而使失业率上升。如上文所述，保障房住区居住与就业空间失配的具体表现就是因保障房住区郊区化和边缘化导致的通勤不便，从而给居民带来的就业障碍。

保障房住区居民多是因城市改造拆迁安置的家庭，政府通过行政手段将众多人口迁往城市边缘区，实现了人口的郊区化转移，然而相应的就业机会并没有随之转移。杭州大部分保障房住区也面临这一困境，根据调查，包括嘉绿名苑、近江家园、乾成园等在内的多个保障房住区的居民在拆迁安置到小区以后，就业率出现了大幅下降。文化程度不高、就业技能缺乏、保障房住区周边就业机会稀少是导致保障房住区居民就业率降低的主要原因。由于居住地的变化，约一半的被调查者工作地点发生了跨区的大变动。距离从前工作地点过远、通勤时间长、缺乏私人交通工具又没有固定的公共交通保障是保障房住区居民工作地点变动的一个主要因素。

9.2.1.3 易形成老年人口占比高的社区，加剧老龄化

就业环境的恶化，导致保障房住区内难以再就业的中老年人数量增多。且因交通和通勤问题工作调动甚至失业的居民大多数是40～50岁的中年人或接近退休年龄的中老年人，这就容易导致若干年后形成高比例老年人口住区，进而致使整个片区活力衰退。工作日期间保障房住区的公共绿地和广场、社区文化中心聚集着的几乎都是老年人，其他各年龄段居民则鲜少出现在保障房住区周边的公共场所。

这将在若干年后造成社区老龄化更加严重的现象：一方面，由于保障房住区的居民大多来源于老城区和城乡接合部，小区内老年人口比重和基数本身就较大；另一方面，年轻的劳动力不愿从事社区周边交通便利但工资水平低、对职工素质要求低的岗位，他们中的大多数人选择向中心城区靠拢，追求对文化学历要求高、职工技术素质要求高、工资水平高的工作岗位，为此他们愿意迁往市中心租房而居，这样一来实际居住在保障房住区的人数减少，老年人的比重相应增加，区域内老龄化程度也将加剧。

近年来杭州大型保障房住区中，北景园、三墩都市水乡、丁桥、九堡、杨家村五大保障房居住片区老年人口比重均比保障房住区新建成时期大幅增加，其中北景园因其学区房住区的定位，老年人口比重低于其他保障房住区。从杭州市保障房住区老年人口比重逐年增加的现象可窥见我国保障房住区居民年龄结构变动的总体趋势朝向老龄化发展，保障房及周边环境建设应考虑适老性。

9.2.2　社会空间分异和闭缩现象的产生

在城市空间分异的相关研究中，住房制度被视为影响居住分异的主要因素之一。相关学者分析了住房制度对居住分异的作用机制，认为住房制度改革导致了住房选择自由化、房地产自主开发和政府宏观调控转向，从而影响了城市社会空间分异。

9.2.2.1　造成居住隔离被强化，形成狭隘的交往空间

就居民来源和保障房具体类型来讲，德泽家园的居民大多为急需解决住房问题的中等偏下收入家庭；嘉绿名苑、丁桥大唐苑的居民大多是拆迁安置户，部分是因旧城改造和道路建设拆迁的城市居民，另一部分是农村集体土地征用安置的农民。

研究表明，拆迁安置之前的共生关系是居民社会交往的重要基础。城区居民和郊区农民的原住地的形成具有一定的历史背景，尤其是农村聚居点已有的血缘和地缘联系，这种联系是一种类似亲属的强关系，其对比因素是城市就业之间的弱关系。拆迁前居民之间的社会交往频繁，共生关系牢固，随着原住地的拆迁安置，居民间的共生关系也被带入保障房住区。然而这种长期历史发展形成的有机社区邻里网络并没有随着拆迁安置而实现整体迁移，多数邻里交往被瓦解，留下来的也只是部分。

保障房住区大多地处偏远，长距离和长时间的交通行程给居民走亲访友带来诸多不便，降低了保障房住区居民原有的交往频率，加之保障房住区与周边居住区、地区交往意愿较差，导致了拆迁安置居民社会交往空间的内缩与封闭。长此以往，保障房住区居民容易在地理和心理上都对城市社会空间产生一定程度的隔绝，交往活动通常只限于小区内部或者在生活圈的内部进行。假如由保障房住区带来的空间分化效应进一步演化成极化现象，容易造成"城市孤岛"的不良效应，弱化居民的场所体验感，使得社区内外的社会关系断裂、隔离。久而久之，保障房住区居民将难以融入城市。

部分保障房住区即使未处在偏远的郊区，与市中心也还是有一定距离的。早

年碍于交通的不便，没有私家车的住户对外的交往并不频繁；近年来，随着公共交通体系迅速完善，重新规划公共交通线路、新增公交站点之后才有所改善。就浙江省而言，城市地铁建设正在如火如荼地开展，建成后将进一步紧密住区与周边、住区与住区、区域与城市其他区域之间的联系。

9.2.2.2　造成社会分层和贫富关系标签化

政府大规模建设保障房住区的初衷是通过解决中低收入阶层住房困难，缩小不同阶层的差距。但是，城市边缘区不具备中心城区那样的高人口密度、就业密度和服务需求，无法为低收入群体创造大量就业机会和发展机会，政府将低收入群体从中心城区搬迁至城市边缘区，一定程度上剥夺了他们向上流动的机会。

此外，保障房的商品属性也容易使中低收入者无法真正享受红利，市场化选择使得保障房集中连片建设于城市边缘地带，布局特征更加明显，实际上相当于将原来散居于各个区域的低收入人群聚集起来。保障房住区布局过于偏僻和集中不仅将阻碍代内的社会流动，还将进一步影响代际的社会流动。由于城市边缘区缺乏优秀的人才资源、完善的公共服务和便利的交通条件，优质公共教育资源无法覆盖保障房住区，因而低收入群体的子女将无法享受到平等优良的教育资源，进而导致贫困在代际传递，进一步固化社会阶层分化。这样更加容易导致保障房住区与周边异质居住区的分化，产生阶层分化更加明显的心理变化趋势，贫富关系标签化的排斥机制，将有可能导致低收入群体偏离主流社会价值观，这不利于培养中低收入者的社会认同感。

不同社会群体在城市的居住空间格局一旦形成，往往很难在短期内改变。特别是对于低收入群体而言，由于自身经济实力的制约，一旦被安置在位置偏远的保障房住区，很有可能在相当长时期内定居在此。久而久之，保障房片区将从标签化走向整体的边缘化，从而不利于社会整体的和谐发展。

9.2.2.3　形成城市贫困空间，引发社会问题

由于经济条件的限制，低收入群体对于公共交通等公共服务设施的需求远大于中高收入群体，但基础配套设施滞后却是国内保障房住区的常态。英、法等西方国家公共住房建设的教训已经表明，大规模、高密度、高强度、边缘化的公共住房建设虽然能够以较低的成本短期内解决低收入群体的住房问题，但并不能从根本上提升这一群体的社会福祉，反而极易产生新的贫民区。

目前，我国大城市的贫困空间转移趋势是向城市边缘转移。比如，杭州市保障房住区大部分建设在城乡接合部。如果此类问题得不到妥善解决，保障房住区

可能会重蹈覆辙，转化成为新的城市贫困空间，带来诸多严重的社会问题，如失业率上升、老龄化程度加剧，甚至出现犯罪指数上升的情况。

　　针对一系列可能引发的社会问题，杭州市已经从建设上做出调整和改善，首要任务即改善交通条件，使住区与主城区的联系更为紧密；次要任务是扶持教育，合理分配教育资源，由此来降低住区内老龄人口比重，尽力避免贫困再生成的现象发生。保障房住区制度的完善，就是既要在大范围内实现住房保障，又能使大部分城市居民找到适合的空间位置；保障房住区建设的目的不仅仅是为中低收入家庭提供住房，还要为他们能够享受平等的居住权利与社会资源做出各种努力。

10 保障房住区演变过程的动力机制

在我国保障房建设过程中，国家与地方政府占据相当重要的主导地位。我国保障房建设项目早在20世纪90年代就开启了，1998年我国住房制度改革确立了房地产市场作为住房资源配置基础机制的导向，同时也构建了以经济适用房和廉租房为主的住房保障体系。

我国政府于2015年提出实行"五年新建保障性住房3600万套"的大手笔措施，当时就有许多学者认为，当前保障房建设中最大的挑战是如何解决地方政府对保障房建设的动力机制问题。

从各种观察来看，大部分地方政府对保障房建设的态度还停留在"要我做"，很少是主动的"我要做"。如果不解决地方政府的动力机制问题，目前以行政手段推动的保障房建设将会出现两个问题：保障房缺乏可持续性和保障房内涵容易变味走样。保障房要做到可持续，关键是要让地方政府建立关心居民住房的原动力机制，从源头解决保障性住房动力上显现的短板问题。

不论是从城市经济开发的角度还是从民生角度，我们必须在充分认识中国社会经济体制制度的前提条件下，综合研究保障房住区在演变过程中的多种动力因素，从社会经济、国家政策、民生诉求、管理体系等多个角度剖析目前保障房建设的动力机制。

10.1 国家制度的推动

在我国的住房市场中，中低收入家庭由于支付能力不足，一般难以通过市场自行解决住房问题，而需要通过政府的干预和介入来解决。世界主要发达国家经过近一个世纪的发展，逐步形成以美国政府主导的抵押市场模式、德国住房储蓄银行模式、新加坡公积金加公共组屋模式等为代表的较为典型的住房保障模式。

我国在住房制度改革过程中借鉴新加坡的经验，建立起以经济适用房为主的住房保障体系，体现的是产权保障而非居住权保障。

这种保障方式早期产生多个弊端：一是加大了中低收入群体在住房消费方面的支出，二是产权保障方式难以建立有效的退出机制。对于住房供应体系中低端的供应，可以通过租借方式实现而无须以产权方式解决；以产权保障形式为主的经济适用房制度降低了保障房资源的利用效率。目前经济适用房的退出问题，因需要解决住房资源获利的合理产权问题而困难重重。

因此，借鉴发达国家的住房保障模式时，需要将这些模式赖以生存的社会、经济背景考虑进来，建立中国的住房保障体系必须从中国的实际出发。对此我国国家制度在以下几个层面做了规定和新的调整，来适应当前保障房的真实需求。

10.1.1.1 宏观经济政策

国家的宏观经济政策是政府为了增进社会经济福利，改善国民经济的政策工具。宏观经济政策的调整往往会对社会发展的多个方面产生新的发展要求，保障房的发展也不例外。近年来，宏观经济政策以稳为主基调，强调供给侧改革，经济发展进入"新常态"时期，经济增长从高速增长转为中高速增长，经济发展由要素驱动、投资驱动转向创新驱动。

首先，通过制定制度帮助房地产市场"去库存"。在当前经济增速减缓的情势下，房地产市场高库存的问题一直存在。以前，保障房的房源主要来自政府新建房，带来的一些问题也与商品房市场完全隔离。而现在，打通了商品房与保障房之间的通道，政府通过市场购买商品房或者在商品房小区内配建一定比例的保障房，既可以弥补集中兴建保障房的缺陷，同时也可以起到一定程度的去库存的效果。

其次，重视供给侧改革。我国现阶段的宏观经济政策一直强调供给侧改革，认为当前并不是人民需求方面的问题，而是供给方面出现了问题，需要从供给生产端入手干预经济发展，这个情况也同样存在于保障房的发展过程之中。从问题驱动力和需求驱动力的分析中可知，目前保障房的建设量较为充足，但依然出现了供需不平衡的问题，说明保障房的供给端存在缺陷，政府提供的房源未能达到应有的保障效果。因此，基于供给侧改革的指导方针，需要进一步优化保障房的供给方式，向各类保障对象提供适宜的房源。

最后，放缓经济增长速度。社会发展应提升对国民生活质量、民生保障制度的关注度。保障房作为民生工程，应顺应经济社会发展速度，适当放缓其建设速度，这不仅是针对建设阶段，也是对保障房发展的各个阶段进行的更深刻反思。在此基础上提出可持续的发展要求，进而提高住房保障体系自身的健康水平。因此，保障房的转型发展既是国家经济发展的内在要求，也是其自身发展过程中不可多得的机遇。

10.1.2.2 户籍制度改革

我国的宏观经济政策要求保障房的发展模式必须转型。此外，户籍制度与保障房的发展也息息相关。我国于2014年7月开始进行户籍制度改革，推行新型户籍政策，建立城乡统一的户口登记制度，扩大基本公共服务覆盖面，稳步推进义务教育、就业服务、基本养老、基本医疗卫生、住房保障等城镇基本公共服务覆盖全部常住人口，把进城落户农民完全纳入城镇住房保障体系，采取多种方式保障农业转移人口基本住房需求，推进新型城镇化进程。此前保障房的覆盖范围仅限于中低收入的城镇户籍居民，以及符合条件的进城务工人员和新就业的大学生；而户籍制度改革要求保障范围由城镇户籍居民扩大到常住居民，对未来保障房的供给方式做出相应的改进，通过制定标准来规定提供的房源类型、房屋面积、准入退出门槛等，来面向不同的常住居民，使常住居民真正享受到保障性住房的红利。

10.1.3.3 关于"县改区""撤镇改街"的规定

近年来我国逐步意识到城乡差距的加大，因此着力于采取措施来促使城市反哺农村、致力于缩小差距，其中一项举措就是各地政府纷纷"撤县设区"，旨在通过统一的行政区划，统一分配城市对县市土地使用权及财政收入，使原本的县成为城市边缘核心区。以杭州为例，千岛湖、萧山、临安、富阳皆是如此。

另外，"撤镇改街"也是在这一背景下做出的另一区划调整。2014年，杭州市政府下发《关于江干区部分行政区划调整的批复》，同意撤销笕桥镇、彭埠镇、九堡镇、丁桥镇建制，其行政区域改由江干区政府直辖。在四镇原行政区域范围内，分别设立笕桥、彭埠、九堡、丁兰4个街道办事处，驻地均不变。行政区划调整后，江干区辖10个街道。[①]

例如，杭州丁桥镇在撤镇改街的列表内，这意味着丁桥地区由原先的城市边缘正式加入了杭城街道建设，周边基础设施将得到改善、交通设施也产生了新的调整，对于丁桥（现丁兰街道）的保障房住区周边设施建设、居民生活皆带来良好效应。

10.2 地方政策的主导

地方政策也是保障房建设的关键动力因素之一。然而，一些地方政府通过不

---

① 2021年3月11日，撤销杭州市上城区、江干区，江干区的行政区域(不含下沙街道、白杨街道)被划入新的上城区。

断修改政策和规划，征用农地用于城市开发，在土地性质转换过程中牟取制度套利。其他用地性质房产的所有者借机争相转换房产土地性质，参照商品房市场价格索取土地增值收益，使经济适用房无法建立正常的退出机制，从而致使保障房无法解决更多弱势群体的住房保障问题；拆迁房不论使用年限以及是否为出让土地，均要求按同地段商品房价格补偿，这极易引发社会冲突；而城中村民居、小产权房因农户身份限制不能转换土地性质，被排除在住房市场之外，既带来管理难题，又造成社会住房资源的闲置和浪费。融资渠道单一则是我国保障房建设的又一难题。针对这一系列问题，地方政府做出了相应的调整。

10.2.1　推进保障房建设的动力机制重构

具体做法是以按年征收土地出让金的方式出让住房用地，在《房地产管理法》《土地管理法》的法律框架下，具有与一次性征收70年土地出让金商品房用地相同的土地性质，因而在该类土地上开发的房产具有完全产权，可以交易、抵押和转让。

10.2.2　引导社会资金进入投资开发领域

由于按年征收土地出让金大幅度降低了房地产开发的土地成本和财务成本，房地产开发企业从"开发—出售"向"开发—租赁"模式转变成为可能。具有完全产权的公共租赁房能够吸引包括房地产企业在内的社会资金进入其投资开发领域，使各具竞争优势的房地产企业在产业链的各个环节分工协作，以市场化方式进行公共租赁房的投资、开发和建设，有利于"投资—置地—建造—租赁—运营"业务模式的形成。

10.2.3　引导民间资本参建保障房，缓解地方政府的财政压力

早在2012年，住建部会同国家发改委、财政部、国土资源部、中国人民银行、国家税务总局、中国银监会联合发布了《关于鼓励民间资本参与保障性安居工程建设有关问题的通知》，指出，"鼓励和引导民间资本根据市、县保障性安居工程建设规划和年度计划，通过直接投资、间接投资、参股、委托代建等多种方式参与廉租住房、公共租赁住房、经济适用住房、限价商品住房和棚户区改造住房等保障性安居工程建设，按规定或合同约定的租金标准、价格面向政府核定的保障对象出租、出售"。我国保障房住区建设面临的种种问题，其本质可概括为资金短缺和运用不当。为解决这些难题，可通过给予参建企业融资优惠政策，允许参建企业降低自有资金比例，且向其提供低息或无息贷款，提高其财务杠杆和

降低其融资成本；加快参建企业建设项目的审批过程，使参建企业的保障房项目以及配建的商品房项目投资进度加快，加速资金周转；对参建企业给予公开表扬和宣传，提升参建企业的美誉度，有利于保障房住区建设动力机制的优化和参建企业的长期发展。

10.2.4　通过金融创新，吸引社会资金进入；通过投资主体多元化，活化保障房建设

自2010年以来，保障房建设再迎"政策活水"，政府批示"银行业金融机构可以向符合条件的公租房项目以及地方政府融资平台发放贷款"，这意味着以公共租赁房为首的保障房能得到更有效的租赁和使用，以金融创新途径打破我国保障房建设资金困难的境地。我国完全可以由此实现公共租赁房建设资金的社会化供应，促进房地产市场从目前以商业银行为中心的间接融资体系，向以资本市场为中心的直接融资体系转变，并逐步化解房地产市场的系统风险和金融风险。

地方政府对保障房住区建设动力的影响不仅体现在建设住区内部，还体现在对周边设施、环境的建设上。以杭州的保障房住区为例，2005年竣工的嘉绿名苑位于杭州市西湖区古荡街道，属于经济适用房范畴。由于较早完工，虽然周边配套在当时比较完备，随着主城区的快速发展，嘉绿名苑居住小区周边设施还是不可避免地产生了与主城区脱节的趋势，为避免与主城区产生隔离分异的现象发生，急需政策指导建设推进。

2008年建成的江干区丁桥大唐苑属于拆迁安置房的范畴，由于2010年拆迁安置房的供地面积增加，其周边新增住区与大唐苑一起，构成居住连片区，便于建设和完善周边基础设施形成住区效应，且对于以丁桥大唐苑为代表的拆迁安置房，为实现保障安置房的真正使用价值，需要当地政府就资金方面做出进一步调整和完善。

基于此，杭州市于2010年就已出台并实施进一步加大保障性住房建设力度和规模的措施。坚持"租、售、改"三位一体方针和"六房并举"的总体要求，全面推进廉租房、经济适用房、拆迁安置房、经济租赁房、危改房和人才房等保障性住房的建设，加快实现拆迁安置房"房等人"目标，解决两个"夹心层"的住房困难问题。其中，主城区开工建设经济适用住房50万平方米，竣工50万平方米；开工建设廉租房5万平方米；开工建设拆迁安置房400万平方米，竣工300万平方米；建设经济租赁房42万平方米；开工建设人才专项用房50万平方米；完成180万平方米危旧房改善扫尾项目；通过收购、定向采购存量房以及普通商品房；增加保障性住房的房源。进一步加大保障性住房供地和配套建设力

度，确保主城区经济适用房供地500亩，经济租赁房供地200亩，人才专项用房供地500亩，拆迁安置房供地2300亩。

2020年11月22日，《中共浙江省委关于制定国民经济和社会发展第十四个五年规划和二〇三五年远景目标的建议》提出，"坚持房子是用来住的、不是用来炒的定位，租购并举、因城施策，有效增加保障性住房供给，促进房地产市场平稳健康发展。"尽管已经取得了不斐成就，但为了实现让高、中、低收入者"住在同一种屋檐下"，为了建立健全的保障性体系、完善合理的准入门槛和退出机制，地方政府仍有很长的路要走。

10.3 城乡居民的自主选择

对于不同的人群来说，选择购置保障房的原因也各不相同。通常来说保障性住房主要分为廉租房、公租房、经济适用房、定向安置房、安居商品房、两限商品房六种类型，其中廉租房和公租房针对低收入家庭，经济适用房、安居商品房和两限商品房主要针对中等收入家庭，定性安置房则是针对因城镇建设需要原住所被拆迁的人群。

10.3.1 经济适用房的选择

经济适用房相当于一种"更为廉价的商品房"，以杭州的保障房住区为例，北景园是由杭州城北石桥镇近郊居住点演进而来，作为目前浙江省最大的经济适用房建成区和聚集性保障房片区，不仅吸引了在杭州市区居住和工作的中低收入者，还有部分外来人口和近郊居民，经济适用房的大规模建设重新唤起人们的购房热情，有大批中等收入者选择在可承受范围内贷款购房；部分迁过户口的农村居民也因为保障房的红利而选择在城区购房。

10.3.2 回迁房、定性安置房的选择

对于拆迁户来说，原有房屋根据政府规定拆迁以后，要不要选择搬迁到安置房成为当前一个重大的选择难题。

依据我国相关法律的规定，对房屋进行拆迁的时候就需要对征收人进行经济补偿，补偿的方式包括产权调换和货币补偿两种。《国有土地上房屋征收与补偿条例》第二十一条规定：被征收人可以选择货币补偿，也可以选择房屋产权调换。

对于大部分拆迁户来说，属于中低收入群体的他们除了被拆迁房屋，没有第二套房产，杭州的房价又水涨船高。面临无房可住的艰难被动局面，被拆迁者往

往会选择居住在处在城郊或者离市中心有一定距离、周边配套设施正在建设并且具有相当良好势头的安置房，而不是直接领取政府发放的补贴；选择房产而不是资金的重要因素在于政府补贴的金额并未达到在杭州市区购置商品房的标准，而同等条件下分配的安置房则可以满足迁者紧急的住房需求。这一点显然是政策预计出现的结果，所以说在被动的局面下，大部分拆迁户会主动选择安置房的分配，是安置房建设的一种需求方动力来源。

拆迁户选择安置房，除了居住需求的紧迫，还有一部分原因在于居住条件得到了显著改善。我国对于被征收的房屋和安置房补偿的比例没有明确的规定，一般是由房屋征收方案确定的，被拆迁人选择产权调换的，由征收人与被征收人计算、结清被征收房屋价值与用于产权调换房屋价值的差价。

就杭州市的各个安置房居住片区来说，其中上城区望江街道的近江家园属于回迁安置房，由原先的农田改为居住用地，初步建成于2000年，2000—2010年间因杭州开启沿江发展新方向，近江家园借助临近新城中心区的区位优势抓住机遇迅速发展，做到了地区周边配套建设基本成形，完善了以居住为主、商业办公为辅的区域功能。近江家园的回迁安置房建设主要针对原先该地区拆迁的居民。

根据初步调查和走访得知，原先住所被拆迁的居民大多数为务农人员，有部分是开小店的个体经营户，收入难以支撑他们在市区购置商品房，因此他们之中的大部分选择入住分配好的回迁房。这实际上也是上文所述的"由于居民收入与房价不相匹配"而造成的一种被动选择。这种选择同时是双向进行的，在居民选择是否接受分配到的安置房的同时，政府也通过这种方式进行筛选，使不同需求的人群能够选择合适的居住地点。

丁桥大型居住区是当年杭州市拆迁安置房实现"房等人"的引领项目，在同期创造了杭州市城市建设两项新纪录——一次回迁农户数量最多、一次性回迁率最高。在高回迁率背后，"以民为本"贯穿丁桥大型居住区建设各个环节。以市国土资源局为主的丁桥大型居住区前期指挥部，严格按照市委市政府"高起点规划、高标准建设、高强度投入、高效能管理"要求建设丁桥大型居住区，坚持安置房先建设、10%留用地先定位、配套设施先实施、社会保险先落实，创造了杭州城市建设"四先经验"，实现了"先安居后建设"。这也就是在居民选项不多、主动选择空间狭隘的情况下，大部分居民做出的最优选择结果。

10.3.3　公共租赁房的选择

2011年，杭州市出台"国八条"细则，规定在商品房供地中，安排10%的土地用于配建公共租赁住房。相较于回迁安置房、经济适用房，公共租赁房的普适性更强，覆盖的群体更加广泛。其扩大保障范围的做法有利于克服其他种类保障房面向单一人群的弊端，为中等收入以下人群租房提供便利。以杭州市西湖区三墩镇的德泽家园为例，建设中期杭州市出台了《杭州市区经济租赁住房管理办法（试行）》政策，德泽家园开始规划建设经济租赁住房，并保持经济适用房与租赁房建设并重，到2017年完成保障房建设。

在我国，选择公租房的群体多为应届毕业生、新城市人口以及长期租房居住的年轻人，这类群体主动选择更为廉价、更加有保障的公共租赁房，使得个人出租住房的不足情况得到弥补，保障房体系涵盖的群体范围大幅扩大，保障制度日渐完善。

10.4 综合动力机制发展

根据杭州市各大保障房住区的现状，结合国家保障房机制的推动、杭州地方政府出台的种种有利于建设保障房住区的政策和举措，以及以拆迁户为主体的迁居者在权衡利弊以后的主动选择等各种方面的动力因素作用下，保障性住房片区进行过、并且仍在进行着以居住空间为主体的社会空间再造。在综合发展过程中需要解决的还有政府的动力问题，需要建立健全的机制来确保政府的作为能够真正解决居民住房问题。保障房的动力机制仍有许多亟待完善的面域，对此提出如下措施。

10.4.1. 建立和完善第三方监督机制

在保障房的建设过程中，通过自荐或推举的方式，在准保障房住户中选出代表，建立居民监督委员会，在保障居民和准居民充分知情的情况下进行保障房住区的建设或改造，使住户充分行使知情权，了解建设的整体过程。

建立第三方监督机制有利于使保障房建设和完善程序公开化、透明化，公开内容包括从规划到设计，再到具体的建造过程、周边各类配套的完备程度、建设资金的流向及竣工时的工程造价等。

10.4.2 完善准入和退出机制，加大惩治力度

目前我国保障房的准入和退出标准仍未健全，部分人群收入超出保障房准入标准却迟迟不退出的现象层出不穷。应通过合理确定保障对象，加强各部门协作联动审核、健全纠错机制，防范骗租骗购的现象发生。同时要做好廉租房、经济适用房与商品房之间的对接工作，确保不同收入层级的家庭能够成功过渡。通过完善贷款担保制度，对保证人的调查要透彻，同时对保证人的范围给予合理界

定，选择合法抵押物时应该规定抵押物是有效、足值的，确保发挥保障房的真正价值。通过完善循序渐进的分步退出机制，采取更为缓和的经济手段；确立更加精准有效的法规，违规人群一经精准核实，将面临严惩查处。事实上，上海市已有保障房退出机制的明确规定，"共有产权保障住房购房人购房后五年内可以购买政府产权份额或上市转让；上市转让或购买政府产权份额后，住房性质将转变为商品房"。这从很大程度上表明保障房退出机制的完善可以通过联动住房性质的转变来实现。

通过中央调控、地方政府主导和企业参建，通过构建保障性住房对象诚信机制、建立健全准入和退出机制，这些多元化的因素交织在一起形成了较为复杂的综合动力机制，不仅推动着城市中保障房住区的建设，对保障性住房建设本身有积极引导和快速推进作用，也推动了城市的经济发展、社会发展，对城市总体空间的再造、社会环境的重构有着重大的现实意义。

参考文献

[1] 〔美〕爱德华·苏贾, 2004. 后现代地理学[M].北京:商务印书馆.

[2] 〔美〕爱德华·苏贾, 2005. 第三空间:去往洛杉矶和其他真实和想象地方的旅程[M].陆扬, 等译. 上海:上海教育出版社.

[3] 〔美〕安东尼·奥罗姆, 2005. 城市的世界:对地点的比较分析和历史分析[M].陈向明, 译. 上海:上海人民出版社.

[4] 〔美〕保罗·诺克斯, 史蒂文·平奇, 2005. 城市社会地理学导论[M].柴彦威, 张景秋, 译. 北京:商务印书馆.

[5] 〔美〕理查德·皮特, 2007. 现代地理学思想[M].周尚意, 等译. 北京:商务印书馆.

[6] 〔英〕大卫·哈维, 2010a. 资本的空间 [M].王志弘, 王玥民, 译. 台北:台湾群学出版有限公司.

[7] 〔英〕大卫·哈维, 2010b. 巴黎城记:现代性之都的诞生[M].黄煜文, 译. 桂林:广西师范大学出版社.

[8] 〔英〕大卫·哈维, 2010c. 资本的空间 [M].王志弘, 等译. 台北:台湾群学出版有限公司.

[9] 〔英〕大卫·哈维, 2014. 叛逆的城市 [M].叶齐茂, 倪晓辉, 译. 北京:商务印书馆.

[10] 〔英〕大卫·哈维, 2015. 正义、自然和差异地理学 [M].胡大平, 译. 上海:上海人民出版社.

[11] Adesoji, David, Jiboye, 2012.Post-Occupancy evaluation of residential satisfaction in Lasos, Niseria: feedback for residential improvement[J]. Frontiers of Architectural Research (3): 236-243.

[12] Assen S, 1991. The global city [M]. Princeton: Princeton University Press.

[13] Atkinson R, Bridge G, 2005. The new urban colonialism:gentrification in a global context [M]. London: Routledge.

[14] Badcock B, 2001. Thirty years on: gentrification and class changeover in Adelaide's inner suburbs 1966-96[J]. Urban Studies (9): 1559-1572.

[15] Baum S, Arthurson K, Rickson K, 2010. Happy people in Mixed-up Places: the association between the degree and type of local socioeconomic mix and expressions of neighbourhood satisfaction[J]. Urban Studies (3): 467-485.

[16] Beauregard, R. A, 1986. The chaos and complexity of gentrification[C]//Smith N, Williams P. Gentrification of the city. Boston: Allen & Unwin.

[17] Brash J, 2000. gentrification in Harlem? a second look[D]. NewYork: Columbia University.

[18] Brown R, 2000. Social identity theory: past achievements, current problems and future challenges[J]. Eurpean Journal Social Psychology (6): 745-778.

[19] Cameron S, 2003. Gentrification, housing redifferentiation and urban regeneration: going for growth in Newcastle upon Tyne[J]. Urban Studies (12): 2367-2382.

[20] Castel M, 1978. Class and power[M]. London: Macmillan Publishers Limited.

[21] Chen J, Yang Z, Wang Y P, 2014. The new Chinese model of public housing: a step forward or backward?[J]. Housing Studies (4): 534-550.

[22] Curran W, 2004. Gentrification and the nature of work: exploring the links in Williamsburg, Brooklyn[J]. Environment and Planning A (7): 1243-1258.

[23] Davidson M, Lee L, 2005. New-build gentrification and London's riverside renaissance [J]. Environment and Planning A (7): 1165-1190.

[24] Fan C C, 2002. The Elite, the natives, and the outsiders: migration and labor market segmentation in urban China[J]. Annals of the Association of American Geographers (1): 103-124.

[25] Galster G C, Hesser G W, 1981. Residential satisfaction compositional and contextual correlates, [J]. Environment & Behavior (6): 735-758.

[26] Glass, 1964. Introduction: aspects of change: in centre for urban studies[M]. London: Mac Gibbon and Kee.

[27] Gu C, Shen J, 2003. Transformation of urban socio-spatial structure in socialist market economies: the case of Beijing[J]. Habitat International (1): 107-122.

[28] Gu C, Wang F, Liu G, 2005. The structure of social space in Beijing in 1998: a socialist city in transition[J]. Urban Geography (2): 167-192.

[29] Hackworth J, Smith N, 2010. The changing state of gentrification[J]. Tijdschrift voor Economische en Sociale Geografie (4): 464-477.

[30] He S, 2007. State-sponsored gentrification under market transition: the case of Shanghai [J]. Urban Affairs Review (2): 171-198.

[31] He S, 2009. New-build gentrification in central Shanghai: demographic changes and socio-economic implications[J]. Population, Space and Place (5): 548-564.

[32] Hu X, Kaplan D H, 2001. The emergence of affluence in Beijing: residential social stratification in China's capital city[J]. Urban Geography (1): 54-77.

[33] Kloosterman R C, van der Leun J P, 1999. Just for starters: commercial gentrification by immigrant entrepreneurs in Amsterdam and Rotterdam neighborhoods[J]. Housing Studies (5): 659-677.

[34] Lees L, 2000. A reappraisal of gentrification: towards a geography of gentrification[J]. Progress in Human Geography (3): 389-408.

[35] Lees L, 2003a. Super-gentrification: the case of Brooklyn Heights, New York City [J]. Urban Studies (40): 2487-2509.

[36] Lees L, 2003b. Visions of urban renaissance: the urban task force report and the urban white Paper, in urban renaissance?[C]// Imrie R, Raco M. New labor, community and urban policy. Bristol: Policy Press .

[37] Lin S, Gaubatz P, 2017. Socio-spatial segregation in China and migrants' everyday life experiences: the case of Wenzhou[J]. Urban Geography (7): 1019-1038.

[38] Mohit M A, Ibrahim M, Yong R R, 2010. Assessment of residential satisfaction in newly designed public low-cost housing in Kuala Lumpur, Malaysia[J]. Habitat International (1): 18-27.

[39] Morrison P, McMurray S, 1999. The inner city apartment versus the suburb: housing sub-market in a New Zealand city [J]. Urban Studies (2): 377-397.

[40] Phillips M, 1993. Rural gentrification and the processes of class colonization[J]. Journal of Rural Studies (2): 123-140.

[41] Pow C P, 2007. Securing the "civilized" enclaves: Gated communities and the moral geographies of exclusion in (post-) socialist Shanghai[J]. Urban Studies (8): 1539-1558.

[42] Shaw K, 2002. Culture, economics and evolution in gentrification [J]. Just Policy (28): 42-50.

[43] Slater T, Municipally managed gentrification in South Parkdale, Toronto[J]. The Canadian Geographer (3): 303-325.

[44] Smith D, 2002. Extending the temporal and spatial limits of gentrification: a research agenda for population geographers[J]. International Journal of Population Grography (6): 385-394.

[45] Smith N, 2002. New globalism, new urbanism: gentrification as global urbanstrategy[J]. Antipode (3): 427–450.

[46] Smith N, De Filippis J, 1999. The reassertion of economics: 1990 gentrification in the lower east side[J]. International Journal of Urban and Regional Research (4): 638–653.

[47] Smith N, Phillips D, 2001. Socio–cultural representations of greentrified pennine rurality [J]. Journal of Rural Studies (4): 457–469.

[48] Soja E, 1989. Postmodern geographies: The reassertion of space in critical social theory [M]. London: Verson.

[49] Soja E, 1996. Third Space: journeys to Los Angeles and other real–and–imagined places [M]. Oxford: Blackwell.

[50] Song Y, Zenou Y, Ding C, et al., 2008. Let's not throw the baby out with the bath water: the role of urban villages in housing rural migrants in China[J]. Urban Studies (2): 313–330.

[51] Stoker G, 1998. Theory and urban politics[J]. International Political Science Review (2): 119–129.

[52] Tafel H, Turner J C, 1986. The social identity theory of inter–group behavior[M]//Worchel S, Austin W. Psychologyof intergroup relations. Chicago: Nelson Hall.

[53] Wang D, Li F, Chai Y, 2012. Activity spaces and sociospatial segregation in Beijing[J]. Urban Geography (2): 256–277.

[54] Wang W, Zhou S, Fan C C, 2002. Growth and decline of Muslim Hui enclaves in Beijing [J]. Eurasian Geography and Economics (2): 104–122.

[55] Wang Y P, 2005. Low–income communities and urban poverty in China[J]. Urban Geography (3): 222–242.

[56] Wang Y P, Murie A, 2011. The new affordable and social housing provision system in China: implications for comparative housing studies[J]. International Journal of Housing Policy (3): 237–254.

[57] Wang Y P, Wang Y, Bramley G, 2005. Chinese housing reform in state–owned enterprises and its impacts on different social groups[J]. Urban Studies, 10: 1859–1878.

[58] Wu F, 2002. Sociospatial differentiation in urban China: evidence from Shanghai's real estate markets[J]. Environment and Planning A (9): 1591–1615.

[59] Wu F, 2003. Globalization, place promotion and urban development in Shanghai[J]. Journal of Urban Affairs (1): 55–78.

[60] Wu F, 2004. Urban poverty and marginalization under market transition: the case of Chinese cities[J]. International Journal of Urban and Regional Research (2): 401−423.

[61] Wu F, Li Z, 2005. Sociospatial differentiation: processes and spaces in subdistricts of Shanghai[J]. Urban Geography (2): 137−166.

[62] Wu F, Webber K, 2004. The rise of "foreign gated communities" in Beijing: between economic globalization and local institutions[J]. Cities (3): 203−213.

[63] Wu Q, Cheng J, Young C, 2017. Social differentiation and spatial mixture in a transitional city: Kunming in southwest China[J]. Habitat International ,64: 11−21.

[64] Wyly E K, Hammel D J, 1999. Islands of decay in seas of renewal: housing policy and the resurgence of gentrification[J]. Housing Policy Debate (4): 711−771.

[65] Yip N M, 2012. Walled without gates: gated communities in Shanghai[J]. Urban Geography (2): 221−236.

[66] Zhang T, 2000. Land market forces and government's role in sprawl: the case of China[J]. Cities (2): 123−135.

[67] Zhou Y, Ma L J C, 2000. Economic restructuring and suburbanization in China[J]. Urban Geography (3): 205−236.

[68] 包福存，张海军，2007．建筑业青年农民工的社会认同[J].沈阳大学学报 (1):21−23.

[69] 包振宇，朱喜钢，金俭，2012．城市绅士化进程中的公民住宅权保障[J].城市问题 (3):2−9.

[70] 边蕾，2009．基于我国居住分异现状的保障性住房混合居住模式的探析[D].青岛:青岛理工大学.

[71] 边燕杰，刘勇利，2005．社会分层、住房产权与居住质量:对中国"五普"数据的分析[J].社会学研究 (3):82.

[72] 蔡弘，黄鹂，2016.农民集中居住满意度评价体系建构:基于安徽省1121个样本的实证研究[J].安徽大学学报 (哲学社会科学版) (1):137−147.

[73] 曹康，刘梦琳，2019．空间生产视角下特色小镇发展机制研究:以杭州梦想小镇为例[J].现代城市研究 (5):25−29，48.

[74] 柴彦威，肖作鹏，张艳，2011．中国城市空间组织与规划转型的单位视角[J].城市规划学刊 (6):28−35.

[75] 陈爱，2010．中国城市保障性住房选址研究[D].太原:山西财经大学.

[76] 陈浩，张京祥，2010．转型期城市空间再开发中非均衡博弈的透视[J].城市规划学刊 (5):33−40.

[77] 陈劼，2016．基于通勤视角的天津市保障房空间失配演化研究[J].中国人口·资源与环境 (S2):409-412．

[78] 陈培阳，2015．中国城市学区绅士化及其社会空间效应[J].城市发展研究 (8):55-60．

[79] 陈宇琳，2019．中国大城市非正规住房与社区营造:类型、机制与应对[J].国际城市规划 (2):40-46．

[80] 戴晓晖，2007．中产阶层化:城市社会空间重构进程[J].城市规划学刊 (2):25-31．

[81] 戴晓晖，2007．转型期中国大都市中心城旧区的中产阶层化研究[D].上海:同济大学．

[82] 单菁菁，2011．居住空间分异及贫困阶层聚居的影响与对策[J].现代城市研究 (10):19-23．

[83] 党云晓，张文忠，刘志林，2014．北京经济适用房布局特征及影响因素研究[J].地理研究 (5):876-886．

[84] 邓大伟，诸大建，2009．保障性住房提供的强制性指标配建模式探讨:基于住房的属性[J].城市发展研究 (1):131-134．

[85] 邓治文，卿定文，2006．大学生的社会认同状况研究:以某高校为例[J].长沙理工大学学报(社会科学版) (2):120-123．

[86] 董世永，张丁文，2014．基于三方博弈的保障性住房选址机制研究:博弈失衡与角色重构[J].现代城市研究 (11):23-29．

[87] 段进军，倪方钰，2013．关于中国城市社会空间转型的思考:基于"社会—空间"辩证法的视角[J].苏州大学学报 (哲学社会科学版) (1):49-53．

[88] 方永恒，陈友倩，2018．基于年龄差异视角的保障性住房福利效应测度:以西安市为例[J].城市问题 (10):95-103．

[89] 方永恒，陈友倩，2019．国务院保障性住房政策量化评价:基于10项保障性住房政策情报的分析[J].情报杂志 (3):11-107．

[90] 冯革群，马仁锋，陈芳，等，2016．中国城市社会空间转型解读:以单位空间向社区空间转型为例[J].城市规划 (1):60-65．

[91] 冯健，林文盛，2017.苏州老城区衰退邻里居住满意度及影响因素[J].地理科学进展 (2):159-170．

[92] 冯仕政，2005．城市居民的阶层意识与社会认同[R].中国人民大学中国社会发展研究报告．北京: 中国人民大学出版社．

[93] 傅玳，2012．杭州市居住空间分异现象的统计调查分析[J].统计与决策 (4):123-125．

[94] 高鉴国,2006,.社区的理论概念与研究视角[J].学习与实践 (10):91-94．

[95] 谷凯丽，徐伟，李磊，等，2020.基于多指标的鄂西传统村落居住满意度评价方法[J].现代城市研究 (3):76-80，87.

[96] 顾朝林，于涛方，李平，2008．人文地理学流派[M].北京:高等教育出版社．

[97] 官卫华，徐明尧，王青，等，2018．住房制度改革背景下"人才住房"规划建设标准研究[J].规划师 (10):135-140.

[98] 郭星华，刘正强，2009．初级关系变迁与民间纠纷解决[J].江苏行政学院学报 (1):77-83.

[99] 韩静，2009．社会认同理论研究综述[J].山西煤炭管理干部学院学报 (1):55-57.

[100] 何立华，杨崇琪，2011.城市居民住房满意度及其影响因素[J].公共管理学报 (2):43-51，125.

[101] 何深静，2009．快速城市化时期广州的多种绅士化现象研究[C].中国地理学会百年庆典学术论文摘要集．

[102] 何深静，刘玉亭，2008．房地产开发导向的城市更新:我国现行城市再发展的认识和思考[J].人文地理 (4):6-11.

[103] 何深静，刘玉亭，2010．市场转轨时期中国城市绅士化现象的机制与效应研究[J].地理科学 (4):496-502.

[104] 何深静，刘臻，2013．亚运会城市更新对社区居民影响的跟踪研究:基于广州市三个社区的实证调查[J].地理研究 (6):1046-1056.

[105] 何深静，钱俊希，邓尚昆，2011．转型期大城市多类绅士化现象探讨:基于广州市六个社区的案例分析[J].人文地理 (1):44-49.

[106] 何深静，钱俊希，吴敏华，2011."学生化"的城中村社区:基于广州下渡村的实证分析[J].地理研究 (8):1508-1519.

[107] 何深静，钱俊希，徐雨璇，等，2012．快速城市化背景下乡村绅士化的时空演变特征[J].地理学报 (8):1044-1056.

[108] 何深静，于涛方，方澜，2001．城市更新中社会网络的保存和发展[J].人文地理 (6):36-39.

[109] 何泽军，王耀，李莹，2018.新型农村社区居民居住满意度感知维度分析[J].河南社会科学 (9):82-88.

[110] 洪世键，姚超，张衔春，2016．租差理论视野下城市空间的再开发[J].城市问题 (12):43-50.

[111] 胡述聚，李诚固，张婧，等，2019．教育绅士化社区:形成机制及其社会空间效应研究[J].地理研究 (5):1175-1188.

[112] 胡毅，2013．对内城住区更新中参与主体生产关系转变的透视:基于空间生产理论的视角[J].城市规划学刊 (5):100-105．

[113] 胡毅，张京祥，孙东琪，等，2014．资本的空间不平衡发展:城中村的空间生产[J].城市发展研究 (5):32-38．

[114] 宦丁蕾，2018．社会空间辩证法视野中的油田居民地域身份认同[J].江汉石油职工大学学报 (4):104-106．

[115] 黄斌，吕斌，胡垚，2012．文化创意产业对旧城空间生产的作用机制研究:以北京市南锣鼓巷旧城再生为例[J].城市发展研究 (6):86-90，97．

[116] 黄剑锋，陆林，2015．空间生产视角下的旅游地空间研究范式转型:基于空间涌现性的空间研究新范式[J].地理科学 (1):47-55．

[117] 黄幸，刘玉亭，2019．消费端视角的中国大城市新建绅士化现象:以北京宣武门ZS小区为例[J].地理科学进展 (4):577-587．

[118] 黄幸，杨永春，2010．中国西部城市绅士化现象及其形成机制[J].地理科学进展 (12):1532-1540．

[119] 黄扬飞，2019．保障政策下的城市住房来源构成时空演变分析:以浙江省为例[J].浙江科技学院学报 (5):426-432．

[120] 黄扬飞，冯雨峰，黄琴诗，2019．杭州保障性住区时空分异及其演变:基于经济适用房的探讨[J].城市发展研究 (9):10-14．

[121] 黄扬飞，孙嘉诚，冯雨峰，2020．特色小镇原住民邻里交往空间探析:以杭州梦想小镇为例[J].城市发展研究 (6):104-112．

[122] 黄扬飞，谭琪，陈笑笑，等，2012.城市规划专业留杭毕业生住房情况调查及分析:以浙江科技学院为例[J].浙江科技学院学报 (2):132-138.

[123] 黄卓宁，2007．农民工住房来源及住房水平的实证研究[J].珠江经济 (9):59．

[124] 江泓，张四维，2009．生产、复制与特色消亡:"空间生产"视角下的城市特色危机[J].城市规划学刊 (4):40-45．

[125] 姜文锦，陈可石，马学广，2011．我国旧城改造的空间生产研究:以上海新天地为例[J].城市发展研究 (10):84-89，96．

[126] 焦怡雪，2007．促进居住融和的保障性住房混合建设方式探讨[J]城市发展研究 (5):57-61．

[127] 景娟，钱云，2010．荷兰住房保障体系的发展及对中国的启示[J].现代城市研究 (10):27-32．

[128] 孔翔，吴栋，张纪娴，2019．社区参与模式下的传统村落旅游空间生产及影响初探:基于苏州东山陆巷古村的调研[J].世界地理研究 (6):156-165．

[129] 黎均文，钟燕芬，2014．基于社会公平与规划引导的广州市保障性住房空间选址策略[J].中国建设信息 (11):66-67．

[130] 李超，2016．城市轨道交通网络可达性与客流的协调关系研究[D].北京:北京交通大学．

[131] 李承嘉，2000．租差理论之发展及其限制[J].台湾土地科学学报 (1):67-89．

[132] 李德智，谭凤，陈艳超，等，2015．美国提高保障房项目可持续性的策略及启示[J].城市发展研究 (11):109-113．

[133] 李广磊，2015.深圳市典型片区居民居住满意度调查[J].城市问题 (2):72-77．

[134] 李海波，2018.保障房居住满意度影响因素及城际差异实证研究[J].经济研究参考 (50):11-19．

[135] 李锦华，等，2011．保障性住房选址问题及创新思路研究[J].住宅科技 (3):54-57．

[136] 李锦华，雷杰，陈楠，2011．保障性住房选址问题及创新思路研究[J]住宅科技 (3):54-57．

[137] 李晶，程久苗，范菲菲，2012．略论中国城市居住空间分异研究的进展[J].长江师范学院学报 (5):30-34．

[138] 李梦玄，周义，2018．保障房社区的空间分异及其形成机制:以武汉市为例[J].城市问题 (10):77-84．

[139] 李倩菁，蔡晓梅，2015．广州沙面空间的生产与重构[J].热带地理 (6):814-821．

[140] 李强，李洋，2010．居住分异与社会距离[J].北京社会科学 (1):4-11．

[141] 李世龙，2015.新生代农民工住房满意度影响因素与对策研究[J].重庆大学学报(社会科学版) (5):44-50．

[142] 李雪铭，汤新，2007．大连市居住空间分异的定量分析及其机制的初步研究[J].辽宁师范大学学报 (自然科学版) (2):223-225．

[143] 李友梅，2007．重塑转型期的社会认同[J].社会学研究 (2):183-186．

[144] 李志刚，吴缚龙，卢汉龙，2004．当代我国大都市的社会空间分异:对上海三个社区的实证研究[J].城市规划 (6):60-67．

[145] 李志刚，薛德升，魏立华，2007．欧美城市居住混居的理论、实践与启示[J].城市规划 (2):38-44．

[146] 连宏萍，何琳，2020．保障性住房政策网络的结构性问题与优化路径[J].新视野 (4):68-74．

[147] 梁肇宏，范建红，雷汝林，2020. 基于空间生产的乡村"三生空间"演变及重构策略研究:以顺德杏坛北七乡为例[J]. 现代城市研究 (7):17-24.

[148] 林李月，朱宇，梁鹏飞，等，2014. 基于六普数据的中国流动人口住房状况的空间格局[J]. 地理研究 (5):887.

[149] 林绮珊，2019. 我国城镇居民的住房与阶层认同[D]. 南京:南京大学.

[150] 林艳柳，刘铮，王世福，2017. 荷兰社会住房政策体系对公共租赁住房建设的启示[J]. 国际城市规划 (1):138-145.

[151] 刘彬，陈忠暖，2018. 权力、资本与空间:历史街区改造背景下的城市消费空间生产:以成都远洋太古里为例[J]. 国际城市规划 (1):75-80，118.

[152] 刘广平，陈立文，2019. 保障房开发对房价的溢出效应研究:回顾与展望[J]. 现代城市研究 (11):90-96.

[153] 刘含，罗谦，王魏巍，2011. 南京市老城南地块社会阶层分化下的居住空间分异现象[J]. 安徽农业科学 (8):4871-4874.

[154] 刘精明，李路路，2005. 阶层化:居住空间、生活方式、社会交往与阶层认同——我国城镇社会阶层化问题的实证研究[J]. 社会学研究 (3):52-81，243.

[155] 刘倩，刘青，李贵才，2019. 权力、资本与空间的生产:以深圳华强北片区为例[J]. 城市发展研究 (10):86-92.

[156] 刘少杰，2011. 城市化进程中的认同分化与风险集聚[J]. 探索与争鸣 (2):12-14.

[157] 刘望保，闫小培，曹小曙，2010. 转型期中国城镇居民住房类型分化及其影响因素:基于 CGSS (2005) 的分析[J]. 地理学报 (8):949.

[158] 刘勇利，2002. 居民住房水平明显提高:住房来源多样化[J]. 中国国情国力 (11):24.

[159] 刘玉亭，邱君丽，2018. 从"大众模式"到"剩余模式":1990 年代以来中国城镇保障房政策体系的演变[J]. 现代城市研究 (2):108-115.

[160] 刘长岐，王凯，2004. 影响北京市居住空间分异的微观因素分析[J]. 西安建筑科技大学学报 (自然科学版) (4):403-407，412.

[161] 柳泽，邢海峰，2013. 基于规划管理视角的保障性住房空间选址研究[J]. 城市规划 (7):73-80.

[162] 龙翠红，柏艺琳，刘佩，2019. 新生代农民工住房模式选择及影响机制[J]. 社会科学 (11):14-29.

[163] 陆小成，2016. 新型城镇化的空间生产与治理机制:基于空间正义的视角[J]. 城市发展研究 (9):94-100.

[164] 罗秋菊，冯敏妍，蔡颖颖，2018．旅游发展背景下民居客栈的空间生产:以大理双廊为例[J].地理科学 (6):927-934.

[165] 罗锐，邓大松，2014．新加坡组屋政策探析及其对我国的借鉴[J].深圳大学学报(人文社会科学版) (4):93-98.

[166] 吕艳，扈文秀，2010．保障性住房建设方式及选址问题研究[J].西安财经学院学报 (5):35-39.

[167] 曼纽尔·卡斯特，2006．认同的力量[M].曹荣湘，译．北京:社会科学文献出版社．

[168] 孟繁瑜，房文斌，2007．城市居住与就业的空间配合研究:以北京市为例[J].城市发展研究 (6):87-94.

[169] 孟庆洁，2010．社会空间辩证法及其学科意义:地理学视角的解析[J].学术界 (5):79-84，284-285.

[170] 孟庆洁，贾铁飞，郭永昌，2010．侵入与接替:上海市闵行区古美街道居住空间的演变[J].人文地理 (5):81-85.

[171] 孟延春，2000．旧城改造过程中的中产阶层化现象[J].城市规划汇刊 (1):48-51，80.

[172] 潘海啸，王晓博，Jennifer Day，2010．动迁居民的出行特征及其对社会分异和宜居水平的影响[J].城市规划学刊 (6):61-67.

[173] 潘倩倩，2017．安居与风险:廉租住房中外来务工者的生活秩序逻辑:以社会空间辩证法为视角[J].青年学报 (3):54-58.

[174] 潘泽泉，2007．空间化:一种新的叙事和理论转向[J].国外社会科学 (4):42-47.

[175] 平措卓玛，徐秀美，2016．历史文化街区绅士化对社区居民生活品质的影响:以拉萨八廓街为例[J].云南民族大学学报（哲学社会科学版）(4):68-72.

[176] 强乃社，2018．街区制与城市社会新空间的建设[J].新视野 (1):72-76，100.

[177] 邱建华，2002.“绅士化运动”对我国旧城更新的启示[J].热带地理 (2):125-129.

[178] 邵祁峰，2013．保障房住区的空间生产与社会再造[D].南京:南京大学．

[179] 申悦，柴彦威，2018．基于日常活动空间的社会空间分异研究进展[J].地理科学进展 (6):853-862.

[180] 师春梅，2010.城市居住空间分异问题研究综述[J].黑河学刊 (11):6-8.

[181] 石浩，孟卫军，2013．基于社会公平的城市保障性住房空间布局策略研究[J].重庆交通大学学报(自然科学版) (1):173-176.

[182] 宋健，李静，2015．中国城市青年的住房来源及其影响因素:基于独生属性和流动特征的实证分析[J].人口学刊 (6):14.

[183] 宋伟轩，2010．转型期中国城市封闭社区研究:以南京为例[D].南京:南京大学.

[184] 宋伟轩，2011．大城市保障性住房空间布局的社会问题与治理途径[J].城市发展研究 (8):103-108.

[185] 苏振民，林炳耀，2007．城市居住空间分异控制:居住模式与公共政策[J].城市规划 (2):45-49.

[186] 孙斌栋，刘学良，2010．欧洲混合居住政策效应的研究述评及启示[J].国际城市规划 (5):96-102.

[187] 孙洁，朱喜钢，宋伟轩，等，2018．文化消费驱动的高校周边地区商业绅士化研究:以南京大学与南京师范大学老校区为例[J].城市规划 (7):25-32.

[188] 孙童，肖霄，2016．中国农村住房状况的区域差异与影响因素分析[J].中国市场 (20):36.

[189] 孙莹，2016．法国社会住房的政策演变和建设发展[J].国际城市规划 (6):81-88.

[190] 塔娜，柴彦威，2010．过滤视角下的中国城市单位社区变化研究[J].人文地理 (5):6-10.

[191] 谭清香，张斌，2015.农村居民住房满意度及其影响因素分析:基于全国5省1000个农户的调查[J].中国农村经济 (2):52-65.

[192] 田莉，陶然，2019．土地改革、住房保障与城乡转型发展:集体土地建设租赁住房改革的机遇与挑战[J].城市规划 (9):53-60.

[193] 汪冬宁等，2010．基于土地成本和居住品质的保障住房选址研究:以江苏省南京市为例[J]城市规划 (3):57-61.

[194] 王承慧，2004．美国可支付住宅实践经验及其对我经济适用住房开发与设计的启示[J].国外城市规划 (6):14-18.

[195] 王承慧，2016．美国公共住房发展的多面性及启示:以芝加哥、纽约与波士顿为例[J].现代城市研究 (6):22-30.

[196] 王春光，2001．新生代农村流动人口的社会认同与城乡融合的关系[J].社会学研究 (3):63-76.

[197] 王法辉，2009．基于GIS的数量方法与应用[M].北京:商务印书馆.

[198] 王华，梁舒婷，2020．乡村旅游地空间生产与村民角色转型的过程与机制:以丹霞山瑶塘村为例[J].人文地理 (3):131-139.

[199] 王劲峰，葛咏，李连发，等，2014. 地理学时空数据分析方法[J].地理学报 (9): 1331.

[200] 王娟，2016.城中村改造安置区村民居住满意度调查:以郑州城中村改造为例[J].建筑学报 (S1):86-89.

[201] 王丽艳，贾宾，葛秋磊，等，2016. 我国城市住房保障政策转变研究 [J].现代城市研究 (6):31-36.

[202] 王敏，2019.住房、阶层与幸福感:住房社会效应研究[J].华中科技大学学报(社会科学版) (4):58-69.

[203] 王瑞林，2008. 杭州城市中、低收入家庭住房空间布点研究[D].杭州:浙江大学.

[204] 王效容，2016. 保障房住区对城市社会空间的影响及评估研究[D].南京:东南大学.

[205] 王效容，张建坤，李灵芝，2014.大学毕业生保障房居住满意度调查:以嘉兴人才公寓为例[J].城市问题 (4):95-101.

[206] 王毅杰，倪云鸽，2005. 流动农民社会认同现状探析[J].苏州大学学报 (2):49-53.

[207] 王苑，邓峰，2009. 历史街区更新中的社会结构变迁与空间生产:以苏州山塘历史街区为例[J].现代城市研究 (11):60-64.

[208] 魏强，2018. 空间正义与城市革命:大卫·哈维城市空间正义思想研究[J].南华大学学报(社会科学版) (6):62-66.

[209] 魏伟,2007.城市空间结构对人口分布态势影响研究[D].成都:西南财经大学.

[210] 魏宗财，甄峰，秦萧，2020. 广州市保障房住区居住环境品质及其制度影响因素研究[J].地理科学 (1):89-96.

[211] 吴启焰，2001. 大城市居住空间分异研究的理论与实践[M].北京:科学出版社.

[212] 吴启焰，崔功豪，1999. 南京市居住空间分异特征及其形成机制[J].城市规划 (12): 3-5.

[213] 吴启焰，罗艳，2007. 中西方城市中产阶级化的对比研究[J].城市规划 (8):30-35.

[214] 吴启焰，尹祖杏，2008. 城市中产阶层化研究进展回顾及未来展望[J].人文地理 (2):19-25.

[215] 吴启焰，张京祥，朱喜钢，等，2002. 现代中国城市居住空间分异机制的理论研究[J].人文地理 (3):4，26-30.

[216] 吴莹，陈俊华，2013.保障性住房的住户满意度和影响因素分析:基于香港公屋的调查[J].经济社会体制比较 (4):109-117.

[217] 夏永久，朱喜钢，2014. 城市绅士化对低收入原住民的负面影响:以南京市为例[J].城市问题 (5):92-96.

[218] 夏永久，朱喜钢，2015. 被动迁居后城市低收入原住民就业变动的成因及影响因素:以南京为例[J]. 人文地理 (1):78-83.

[219] 谢涤湘，常江，2015. 我国城市更新中的绅士化研究述评[J]. 规划师 (9):73-77，96.

[220] 谢宏杰，2008. 欧美公共住房制度比较研究及对我国的启示[J]. 重庆建筑大学学报 (4):48-52.

[221] 谢正峰，王倩，2009. 广州市土地利用程度的空间自相关分析[J]. 热带地理 (2):129-133.

[222] 徐卞融，吴晓，2010. 基于"居住—就业"视角的南京市流动人口空间分异研究[J]. 规划师 (7):113-120.

[223] 徐苗，马雪雯，2015. 基于社会融合视角的保障性住房研究评述及启示[J]. 西部人居环境学刊 (5):93-99.

[224] 徐苗，杨碧波，2015. 中国保障性住房研究评述及启示:基于中外期刊的计量化分析成果[J]. 城市发展研究 (10):108-118.

[225] 徐秀美，韩富贵，2013. 文化遗产地旅游绅士化的形成机制与影响分析:以丽江古城为例[J]. 旅游论坛 (3):16-19.

[226] 薛德升，1999. 西方绅士化研究对我国城市社会空间研究的启示[J]. 规划师 (3):3-5.

[227] 颜莉，2016. 英国住房政策阶段性演进评析:对上海住房发展的启示[J]. 国际城市规划 (6): 74-80.

[228] 杨迪，高银宝，赵潇欣，2020. 空间生产理论综述及其对中国城市研究的启示[J]. 江苏城市规划 (4):28-33.

[229] 杨帆，阎小培，2000. 近十年来中国城镇居民居住状况分析[J]. 城市问题 (4):21.

[230] 杨红平，宋伟轩，2012. 保障房空间布局中的问题及解决途径:以南京市为例[J]. 城市问题 (3):49-53.

[231] 杨洁莹，张京祥，张逸群，2020. 市场资本驱动下的乡村空间生产与治理重构:对婺源县Y村的实证观察[J]. 人文地理 (3):86-92，114.

[232] 杨靖，张嵩，汪冬宁，2009. 保障性住房的选址策略研究[J]城市规划 (12):53-58，86.

[233] 杨浚，2007. 部分国家及香港地区经验对北京保障性住房建设的启示[J]. 北京规划建设 (4):40-42.

[234] 杨忍，2019．广州市城郊典型乡村空间分化过程及机制[J].地理学报 (8):1622-1636．

[235] 杨上广，2005.大城市社会空间结构演变的动力机制研究[J].社会科学 (10):65-72.

[236] 杨上广,王春兰，2006.大城市社会空间结构演变及其治理:以上海市为例[J].城市问题 (8):47-53.

[237] 杨瑛，2014．借鉴德国经验加快建设以公租房为主的住房保障体系[J].城市发展研究 (2):77-82．

[238] 杨宇振，2010．焦饰的欢颜:全球流动空间中的中国城市美化[J].国际城市规划，25 (1):33-43．

[239] 杨竹,2017.住房状况、生活满意度与阶层认同:基于贵阳市保障性住房居民群体的数据分析[J].贵州民族大学学报 (哲学社会科学版) (1):196-208.

[240] 叶超，2012．社会空间辩证法的由来[J].自然辩证法研究 (2):56-60．

[241] 叶东疆，胡晓鸣，2003．旧城改造中的社会公平问题引发的思考[J].新建筑 (6):30-32．

[242] 易成栋，2004．制度安排、社会排斥与城市常住人口的居住分异:以武汉为例的实证研究[J].南方人口 (3):58-64．

[243] 易成栋，2006．中国城镇家庭住房来源与产权的省际差异:基于2000年人口普查资料的分析[J].经济地理 (S1):163．

[244] 易成栋，张中皇，2013．中国城镇家庭住房状况分析:基于第五次和第六次人口普查资料[J].中国房地产 (16):3．

[245] 于涛，张京祥，殷洁，2009．转型期我国城市营销的企业化倾向及其影响[J].经济地理 (4):608-612．

[246] 虞佳玲，王瑞，袁勤俭，2020．社会认同理论及其在信息系统研究中的应用与展望[J].现代情报 (10):159-167．

[247] 虞晓芬，徐筱瑜，2018．中国城镇家庭住房质量时空差异分析[J].城市问题 (6):30．

[248] 袁奇峰，蔡天抒，2016．基于空间生产视角的历史街区改造困境:以汕头小公园历史街区为例[J].现代城市研究 (7):68-77．

[249] 袁雯，朱喜钢，马国强，2010．南京居住空间分异的特征与模式研究:基于南京主城拆迁改造的透视[J].人文地理 (2):65-69．

[250] 曾广录，曾汪泉，2013．保障性住房建设满意度影响因素的实证分析:基于五省会城市住房保障对象的调查[J].财经理论与实践 (6):102-106.

[251] 曾文，向梨丽，张小林，2017. 南京市社区服务设施可达性的空间格局与低收入社区空间剥夺研究[J]. 人文地理 (1):73-81.

[252] 湛东升，孟斌，张文忠，2014. 北京市居民居住满意度感知与行为意向研究[J]. 地理研究 (2):336-348.

[253] 张波，2017. 保障性住房社区研究:回顾与展望[J]. 浙江工商大学学报 (2):122-130.

[254] 张纯，李晓宁，满燕云，2017. 北京城市保障性住房居民的就医可达性研究:基于GIS网络分析方法[J]. 人文地理 (2):59-64.

[255] 张凤，刘敏，2014. 城市居民住房来源途径与优化研究[J]. 开发研究 (2):33.

[256] 张海，卢松，饶小芳，2020. 西方绅士化研究进展及其对我国城市建设的启示[J]. 地理与地理信息科学 (1):121-128.

[257] 张海东，杨城晨，2017. 住房与城市居民的阶层认同:基于北京、上海、广州的研究[J]. 社会学研究 (5):39-63，243.

[258] 张恒，杨永春，2015. 保障性住房居民满意度实证研究:以银川市为例[J]. 地域研究与开发，34 (5):80-83，115.

[259] 张京祥，陈浩，2012. 南京市典型保障房住区的社会空间绩效研究:基于空间生产的视角[J]. 现代城市研究 (6):66-71.

[260] 张京祥，胡毅，孙东琪，2014. 空间生产视角下的城中村物质空间与社会变迁:南京市江东村的实证研究[J]. 人文地理 (2):1-6.

[261] 张京祥，胡毅，赵晨，2013. 住房制度变迁驱动下的中国城市住区空间演化[J]. 上海城市规划 (5):69-75，80.

[262] 张京祥，李阿萌，2013. 保障房住区建设的社会空间效应反思:基于南京典型住区的实证研究[J]. 国际城市规划 (1):87-93.

[263] 张京祥，于涛，陆枭麟，2013. 全球化时代的城市大事件营销效应:基于空间生产视角[J]. 人文地理 (5):1-5.

[264] 张京祥，赵丹，陈浩，2013. 增长主义的终结与中国城市规划的转型[J]. 城市规划 (1): 45-50，55

[265] 张清勇，2014. 中国住房保障百年:回顾与展望 [J]. 财贸经济 (4):116-124.

[266] 张文宏，雷开春，2009. 城市新移民社会认同的结构模型[J]. 社会学研究 (4):61-87，243-244.

[267] 张旭坤，2019. 中国城市居住空间分异的国际研究综述[J]. 现代城市研究 (5): 56-62.

[268] 张杨波，吴喜，2011.西方"住房阶级"理论演变与经验争辩[J].国外社会科学 (2): 32–37.

[269] 张伊娜，王桂新，2007．旧城改造的社会性思考[J].城市问题 (7):97–11.

[270] 张跃松，2017.租赁型保障房居住满意度影响因素分析与评价:以北京市为例[J].山 东建筑大学学报 (1):28–32，38.

[271] 张祚，陈昆仑，涂姗，等，2014．中国城市居民住房来源构成与省际差异:基于 "五普"与"六普"数据的分析[J].世界地理研究 (3):52.

[272] 章征涛，2010．和谐视角下重庆市主城区保障性住房居住空间发展研究[D].重庆: 重庆大学.

[273] 赵聚军，2014．保障房空间布局失衡与中国大城市居住隔离现象的萌发[J].中国行 政管理 (7):60–63，68.

[274] 赵万民，王智，王华，2020．我国保障性住房政策的演进趋势、动因及协调机制 [J].规划师 (11): 86–94.

[275] 赵雁鸿，2010.住房:城市空间的阶层化分割[J].黑河学刊 (4):128–130.

[276] 郑芳，2011．杭州市经济适用住房建设与利用绩效评价研究[D].杭州:浙江大学.

[277] 郑杭生，2009．中国社会发展研究报告：走向更有共识的社会:社会认同的挑战及 其应对[M].北京:中国人民大学出版社.

[278] 郑思齐，张英杰，2010．保障性住房的空间选址：理论基础、国际经验与中国现 实[J].现代城市研究 (9):18–22.

[279] 郑思齐，张英杰，张索迪，等，2016．兼顾社会效益与土地机会成本的保障房选 址评价方法:基于高低收入群体居住选址偏好差异的量化分析[J].管理评论 (7): 3–11.

[280] 钟炜菁，王德，张敏，2016．基于参与主体的拆迁农民集中安置社区的空间生产 研究:以镇江新区平昌新城为例[J].现代城市研究 (11):77–85.

[281] 钟晓华，2013．社会空间和社会变迁:转型期城市研究的"社会—空间"转向[J]. 国外社会科学 (2):14–21.

[282] 周广杰，2013．城镇化背景下城市居民住房来源浅析[J].辽宁经济统计 (4):25.

[283] 周婕，邹游，2018．空间生产核心论题视角下的城市更新实证研究:以武汉市为例 [J].城市问题 (9):20–26.

[284] 周立斌，周茂源，2016．马克思主义城市社会学派的空间分异理论探析[J].燕山大 学学报 (哲学社会科学版) (4):37–42.

[285] 周素红，程璐萍，吴志东，2010. 广州市保障性住房社区居民的居住—就业选择与空间匹配性[J].地理研究 (10):1735-1745.

[286] 周韬，沈体雁，戴宏伟，等，2020. 新古典逻辑主导的城市空间生产及其空间格局演化机理:以洛阳市为例[J].城市发展研究 (6):27-34.

[287] 朱喜钢，周强，金俭，2004. 城市绅士化与城市更新:以南京为例[J].城市发展研究 (4):33-37.

[288] 朱晓翔，乔家君，2020. 乡村旅游社区可持续发展研究:基于空间生产理论三元辩证法视角的分析[J].经济地理 (8):153-164.

[289] 朱亚鹏，2018. 中国共有产权房政策的创新与争议[J].社会保障评论 (3):112-122.

[290] 邹颖，卞洪滨，2002. 对中国城市边缘居住小区规划模式的思考[C]//国际住房与规划联合会. 国际住房与规划联合会（IFHP）第46届世界大会中方论文集.

后记
POSTSCRIPT

　　城市社会问题和空间研究一直是近年来本人的研究重点，城市问题尤其住房问题则是近年来主要的研究方向之一。我对住房问题的研究最先源于2010年省政府委托、省重点软科学"公共租赁房问题研究"课题。其间，对国内外住房保障政策与实践，各地的保障性住房规划及空间布局等进行了一定程度的分析，积累了相关的理论研究与应用技术的基础。之后，我进行了一系列的后续研究：保障性住房区位选择研究、保障性住房生活配套设施规划研究、保障性住房区位评价研究、保障房住区居民居住满意度调查研究等，并于2015年获得浙江省哲学社会科学规划课题立项。本书初稿即为该课题成果进一步深化的结果，陆陆续续进行了多次修改、资料补充及对最新研究成果的吸纳，形成今日之作。此次将其出版，也是对自己这些年来在保障性住房的系列研究做一阶段性小结。

　　本书从大的框架梳理了住房保障体系及保障功能，研究主要基于浙江省和杭州市实际情况展开具体分析，保障房住户的社会效应部分则采用了中国社会科学院社会学研究所在全国开展的社会基本状况调查——中国社会状况综合调查（Chinese Social Survey，CSS）2013年、2015年、2017年三次调查的数据，得以了解全国保障房住户的社会效应情况，但鉴于保障房住户的调研只限于其中少部分群体，样本量尤其是在2013年的样本数据显得有所不足，之后相关样本有所增加，虽然样本体量小，但是对把握全国保障房住户的概况还是起到了一定的作用。今后对这块的分析希冀能借鉴第七次人口普查的数据做进一步完善。

　　本书能够得以顺利出版，得益于一直支持我、关爱我的同事、学生和朋友。感谢浙江科技学院土木与建筑工程学院党委书记杨建辉教授，院长夏建中教授，城乡规划系施德法教授、冯雨峰副教授、郭莉副教授、丁康乐博士等全体同仁在工作和研究中给予我莫大的帮助和支持；感谢我的学生罗煦、杨永红、张楚祯、张诗雨、钱月雯、杨晓敏、潘雨欣、李凯日、俞沁、吴美婷、余诗乐、周柳惠、柯仪玮、毛小少、李兰欣、应家欣、李小疆、吴志祥、邹毅超、姜飞、徐鸳等承担了本书第六章、第七章大量的调研分析和制图绘制工作。

　　受本人水平所限，书中难免有疏漏、谬误和不当之处，敬请各界批评、指正。

黄扬飞
2021 年 3 月 20 日